广东省中小学"百千万人才培养工程"
省级培养项目系列丛书

让学生的素养在深度学习中生长

刘静娴　高惠琴—著

南方传媒

广东人民出版社

·广州·

图书在版编目（CIP）数据

让学生的素养在深度学习中生长／刘静娴，高惠琴著. — 广州：广东人民出版社，2023.11

（广东省中小学"百千万人才培养工程"省级培养项目系列丛书）

ISBN 978-7-218-16983-5

I. ①让… II. ①刘… ②高 III. ①素质教育—教学研究—中小学 IV. ①G6320

中国国家版本馆 CIP 数据核字（2023）第 193425 号

RANG XUESHENG DE SUYANG ZAI SHENDU XUEXI ZHONG SHENGZHANG

让学生的素养在深度学习中生长

刘静娴　高惠琴　著

出 版 人：肖风华

责任编辑：朱东岳　张　瑜
责任技编：吴彦斌

出版发行：广东人民出版社
地　　址：广州市越秀区大沙头四马路 10 号（邮政编码：510199）
电　　话：（020）85716809（总编室）
传　　真：（020）83289585
网　　址：http://www.gdpph.com
印　　刷：广州小明数码印刷有限公司
开　　本：787mm×1092mm　1/16
印　　张：23.5　　字　　数：358 千
版　　次：2023 年 11 月第 1 版
印　　次：2023 年 11 月第 1 次印刷
定　　价：58.00 元

总　序

　　党的二十大报告指出："教育是国之大计、党之大计。培养什么人、怎样培养人、为谁培养人是教育的根本问题。"百年大计，教育为本；教育大计，教师为本。教师是教育改革与发展的第一资源，教师强则教育强。作为人才强教、人才强省的一项重要改革举措，广东省中小学"百千万人才培养工程"深入实施，不断创新优秀教师培养机制，建立了省、市、县三级分工负责、相互衔接的中小学教师人才培养体系，坚持"系统设计、高端培养、创新模式、整体推进"的工作理念，分层分类培育教育家型教师、卓越教师和骨干教师并发挥他们的示范引领作用，辐射带动中小学教师队伍整体素质提升，为广东省加快推进教育现代化提供坚实的师资保障和人才支持。

　　韩山师范学院作为广东省中小学"百千万人才培养工程"小学理科名教师的培养单位，充分发挥百年师范办学沉淀下来的"勤教力学、为人师表"的优秀师德传统，密切结合新时代教师专业发展的新要求，遵循省级培养项目"师德为先、竞争择优、分类指导、均衡发展、公平公正"的工作原则，采用理论研修与行动研修相结合、导师引领与个人研修相结合、脱产学习与岗位研修相结合、国外学习与海外研修相结合、研修提升与辐射示范相结合以及集中脱产研修阶段、岗位实践行动阶段、异地考察交流阶段、示范引领帮扶阶段、课题合作研究阶段的"5结合5阶段"培养模式，致力于培养一批师德师风高尚、教育理念先进、理论知识扎实、教育教学能力强和管理水平高，具有国际视野、创新精神、较大社会影响力和知名度的小学理科教育家型教师。

教育家型教师一定要胸怀"国之大者"，立德树人，笃志于学，着力培养"有理想、有本领、有担当"的时代新人，成为塑造学生高尚人格、培养学生核心素养、促进学生全面发展的"大先生"。整个培养过程中，我们一直坚持"道"与"术"的深度融合，因为教师的发展永远是"道"与"术"的统一，没有"道"前提下的"术"往往是无源之水，没有"术"的自我之道也是无本之源，"道"的提升是名教师发展的必经之路。在"5 结合 5 阶段"的培养过程中，我们侧重于指导学员的教育教学新理念创新、学科前沿探究、教学改革行动研究、教学风格及教学思想提炼和传播等。35 名学员经过螺旋上升式的"学习+实践+反思"，不断打造自己的教学风格、凝练自己的教学思想，并物化成本系列专著。我们希望，这些承载着省寄予厚望的广东省中小学"百千万人才培养工程"学员们的教育成果能够发挥最大的品牌效应，引领更多教育人不忘初心、潜心育人，参与到广东省教育现代化的伟大事业中，为广东省基础教育高质量发展做出应有的贡献。

于韩师水岚园

自　序 ▮▮▮

深度学习（Deep Learning）即深层学习。1976 年，马顿（F. Marton）和萨尔约（R. Saljo）《论学习的本质区别：结果和过程》（*On Qualitative Different in Learning：Outcome and Process*）一文中明确提出深层学习的概念。这被普遍认为是教育学领域首次明确提出深度学习的概念。威廉和弗洛拉·休利特基金会在文献研究和广泛征求专家意见的基础上，对深度学习做了如下界定：深度学习是学生胜任 21 世纪工作和公民生活必须具备的能力，这些能力可以让学生灵活地掌握和理解学科知识，以及应用这些知识去解决课堂和未来工作中的问题，主要包括掌握核心学科知识、批判性思维和复杂问题解决、团队协作、有效沟通、学会学习、学习毅力六个维度的基本能力。

"让学生的素养在深度学习中生长"是我们近年研究的核心工作——致力于教师、学生的教与学变革，也是立项于广东省教育科学规划 2021 年度中小学教师教育科研能力提升计划项目、广东省中小学"百千万人才培养工程"专项科研项目的课题实验。2022 年的新课标要求培养有理想、有本领、有担当的社会主义合格的建设者和可靠的接班人，本书立足"教、学、评"的变革，培育深度课堂，培养学生的深度学习能力，有学科深度、交往深度和思维深度，从方向、能力、精神三个维度培养学生成为有理想、有本领、有担当的"三有"品质。另外，新课标也确立了核心素养导向的课程目标：义务教育数学课程应使学生通过数学的学习，形成和发展面向未来社会和个人发展所需要的核心素养。我们的研究指向了"大问题""大单元"促进"深度学习"的真正发生,有效地为学生提供一个自主学习的舞台,促进学生的思维向纵深方向发展,让学生学会数学观察、数学思维、数学表达,从而让素养的培养落地。我们强调并在实践中彰显了核心问题、问题串在知识建构和迁移运用中的意义,创立了"五导法"模式在基础型课程(语文、数学、英语)中的校本化实践样态——基于教材的常态化问题主线教学。在这一过程中,我们都一一记录并且不断反思,于是有了这本书。

立德树人,任重道远。

"基于深度学习的教学变革"已经悄然发生,但课堂革命离完全彻底达成还有很长的路要走。此专著《让学生的素养在深度学习中生长》意在梳理深度学习脉络,提炼深度学习规律,让教师们更好地深耕深度学习、夯实深度学习。此外,深度学习作为一项前瞻性教育实践研究,目前在各地各校还处于较为松散的"点状实验"状态,对提升学生深度学习能力影响有限。此番著书立说,意在呈现山区"梅州样本"多角度、常态化的特质,供教育同仁们参考。在完成整部专著的过程中,刘静娴撰写 18 万字,高惠琴撰写 17.8 万字。

感谢广东省中小学"百千万人才培养工程"项目办的大力支持,感谢韩山师范学院的成全和成就,感谢王贵林院长的亲力亲为,感谢各级领导对我们的关心和鼓励……因为有了你们,我们信心满满,动力十足!

未来已来!让我们为深度学习而求索。

刘静娴　高惠琴

前　言

　　《义务教育数学课程标准（2022年版）》以习近平新时代中国特色社会主义思想为指导，落实立德树人根本任务，强调育人为本，依据培养"有理想、有本领、有担当"时代新人培养要求，明确了义务教育阶段的目标。数学学科的"三会"核心素养，细化到小学阶段的11个核心关键词贯穿课标中的字里行间，形成清晰、有序、可评的课程目标。

　　作为一线教师，我们是使新课标精神落地"最后一公里"的领跑者和执行人，担负着用课堂上的教学实践将"文本的课标"转化为"行动的课标"的责任。这样的转化并不是轻易就可以达成的，尤其是新课标以全新的面貌出现在我们面前时，如何深入理解新课标精神，在实践中尝试运用呢？从先期轰轰烈烈的课改实践，到围绕"核心素养""大问题教学"等的小学数学深度学习策略研究，以及课题引领下的课堂实践、教学设计等，再到现在的践行新课标，内容、形式、方法正向纵深发展，深度学习、高阶思维学习理想态正在成为实然态。迭代的不仅仅是方式，还有教育思想、理念，要变应激状态为应然状态，借助改变教育形态进而改变教育生态。在这一过程中，我们都一一记录并且不断反思，于是有了这本书。

　　本书共有四个部分的内容，分别从与深度学习息息相关的各个视角入手，既包括小学数学深度学习的理论层面，也包括深度学习的课堂样态、课堂策略、实施案例等方面的内容，多角度、多层面地展开了对新课标统领下的深度学习的解读。前面两章主要采用漫谈的形式，借鉴当前教育学者、专家和一些教师的理论研究成果和实践成果，结合自己的思考，呈现深度学习的内涵、意义和样态；后面两章是自己的教育教学实践。

第一章是基础性章节，旨在形成对深度学习的准确认识和定位。第一节"小学数学深度学习，深在何处？"中，深度学习主要指向什么？或者说，小学数学应当沿着什么方向开展深度学习实践？这不仅仅是数学教育理论界需要关注的问题，也是一线教师期望得到解决的实际问题。《深度学习：走向核心素养（理论普及读本）》《深度学习：走向核心素养（学科教学指南小学数学）》《为深度学习而教》这三部有关深度学习的著作，理论与实践相结合，为我们开展深度学习的研究提供了有价值的指导和参照。

第二章是关于深度学习的样态认识，明确了深度学习的外在特征，为更好地把握如何进行深度学习课堂的设计奠定基础。

第三章、第四章是深度学习在课堂的落地策略。既从内容的维度、形式的维度、数学思想的维度、学科育人的维度等方面展开，又涵盖数与代数、图形与几何、统计与概率、综合与实践四大板块，呈现对深度学习的教学思考和实践策略构建，以期形成对深度教与学的整体性认识。

本书在立意、体例、选材等方面力求新颖独特：一是问题主线突出，二是内容精心安排，三是实例选择新颖，融汇了两位作者的教育教学智慧和美好追求，同时，收录了实操性较强、认可度较高的课堂教学案例及相关论文，让这本书有了实践与理论交融的韵味。本书对于一线教师在突破现有观念、寻找新方法、创生深度课堂教学改革方面提供了新的思考、新的方向、新的策略。

本书借鉴了喻平教授、朱红伟教授、刘月霞教授、郭华教授、田慧生教授等的一些研究成果，在此一并向他们表示感谢。由于作者水平有限，加之时间仓促，书稿中难免有不足之处，恳请读者批评指正。

目 录
CONTENTS

第一章 数学深度学习的内涵和意义 / 1

第一节 小学数学深度学习，深在何处？/ 2

第二节 基于"大问题"教学的深度学习策略研究 / 8

第三节 深度学习，教学相长 / 22

第二章 小学数学深度学习的课堂样态 / 34

第一节 核心素养下的小学数学深度学习 / 35

第二节 指向深度学习的课堂样态之认识与思考 / 42

第三章 小学数学深度学习的教学策略 / 59

第一节 教师行为转变的策略 / 60

第二节 计算教学的策略 / 68

第三节 概念教学的策略 / 84

第四节 问题设计的策略 / 97

第五节　素养提升的策略 / 103

第六节　常态课堂策略 / 151

第四章　深度学习下的教学实践 / 201

第一节　数与代数 / 202

第二节　图形与几何 / 235

第三节　统计与概率 / 274

第四节　综合与实践 / 285

第五节　作业设计 / 320

第一章
数学深度学习的内涵和意义

　　"深度学习"原是智能领域的一个概念。"深度学习"带来了机器学习的新浪潮，推动了"大数据+深度模型"时代的来临，以及人工智能和人机交互大踏步的前进。近年来，"深度学习"业已被广泛运用到教育教学领域。

　　马云鹏老师认为：深度学习，就是指在教师引领下，学生围绕具有挑战性的学习主题，全身心地积极参与、体验成功、获得发展的有意义的学习过程；而检验一个学习者是否进行深度学习的最高标准就是是否逐渐成为既具有独立性、批判性、创造性，又有合作精神的学习者。而小学数学的深度学习，就是在教师指导下，引领儿童围绕着具有挑战性的学习主题，使儿童全身心地参与、体验成功、获得发展的有意义的学习过程。

　　北京师范大学郭华教授认为：深度学习要"深"在人的心灵里，要"深"在系统结构中，"深"在教学规律中，"深"在精神境界上。唯有知识的深度生长和心灵的触动深入人心，才能使教育的果实生根发芽。只有将教师深度地教和学生深度地学有机融合起来，真正让学生感悟数学知识的本质，感悟数学的思想方法，才能让学生的数学核心素养落地生根。

第一节　小学数学深度学习，深在何处?

数学教学不能只浮于表层，要让学生的学习有深度，只有这样，才能让学生的数学素养得到更好的发展。深度学习是发展学生核心素养的有效途径。深度学习过程着眼于学生对所学内容的整体理解，促进学生的知识建构和方法迁移，并有助于学生高阶思维的发展，让学生在解决问题的过程中形成核心素养。那么深度学习，深在何处呢?

一、大单元备课与深度学习

当前，大单元教学已成为课程教学变革的一个重要趋向。《义务教育课程方案（2022 年版）》也明确提出，探索大单元教学，积极开展主题化、项目式学习等综合性教学活动。

目前数学教学中的备课，很多老师尝试采用大单元备课促进深度学习的方法。通过横向教材对比、纵向教材梳理，从更高的角度统领本单元内容。但是我一直有个疑惑，大单元备课后梳理出的重点还是这些重点，教学时还是要按照课本结构一节课一节课去教，似乎并没有体现出深度学习的效果。吴正宪老师在这方面有总结梳理，让我对深度学习有了醍醐灌顶的顿悟。吴老师提出以问题作为主线，把核心知识放在一起，让学生在探究当中不断产生新问题的教学方法，由一个主线问题不断派生许多支线问题，连成问题串，将具有本质特征的零散知识组成知识群，沟通知识间的内外联系，让核心素养统领整合某个板块内容的学习，这就需要老师站在大单元观的基础上，建立有利于构建数学知识的承重墙，而将单元间知识点勾连的过程，就是打通知识点间隔断墙的过程。

（一）关于大单元的内涵特征

崔允漷教授认为：单元是一种学习单位，一个单元就是一个学习事件、一个完整的学习故事，因此一个单元就是一个微课程；或者说，一个单元就是一个指向素养的、相对独立的、体现完整教学过程的课程细胞。雷浩、李雪认为，借助大概念、大任务、大问题或大项目（统称为"统摄中心"），按照学习逻辑构建相对独立且完整的学习事件，在知识体量、持续时长以及活动架构上都体现出"大"的特点，因此被称为"大单元教学"。

第一，从内容设计看，大单元教学需要用"大概念、大项目、大问题"等，统摄、凝练、概括相关的课程内容，实现多文本之间的内容（知识）关联，解决"只见树木不见森林"的问题。

第二，从实施方式看，大单元教学注重设计具有现实意义的情境及任务链（问题链），需要学生采取自主合作探究的学习方式，进阶式完成学习任务，解决"轻视学习逻辑"的问题。

第三，从资源条件看，大单元教学力图打破教材和课堂的限制，灵活运用富有生活味的课程资源（及搭建学习支架），帮助学生高质量完成学习任务，解决"学习与生活脱节"的问题。

大单元教学最明显的特征在其"大"：一是"大概念、项目、问题"，大单元要以大概念、项目、问题等进行内容统摄，更具概括性；二是"大情境"，大单元教学不再是具体的知识和技能的教学，而是具有特定情境性；三是"大资源"，为了使大单元内容有机联系，需要依托任务链（问题链）进行结构化统整，相应的课程内容、教学材料或课程资源会更多。

（二）关于大单元教学的主要类型

大单元教学的主要类型第一种是基于教材单元固有结构进行内容重组、资源补充与教学整合，可以称之为"自然单元"；第二种是打破教材单元固有结构，用系统论的方法对教材中具有某种内在关联性的内容进行分析、重组、整合，可以称之为"重组单元"，可以是学科内统整，还可以是多学科整合，或是跨学科重组。

（三）关于大单元教学的实践价值

核心素养具有整体性，因此素养导向的大单元教学将摒弃以知识点为单位的碎片化设计，走向完整的学习历程设计。

1. 立足高位思考课程整体育人

《义务教育课程方案（2022年版）》强调要聚焦核心素养，面向未来核心素养是课程育人价值的集中体现，是学生通过课程学习逐步形成的正确价值观、必备品格和关键能力，核心素养具有整体性。因此素养导向的大单元教学将摒弃以知识点为单位的碎片化设计，走向完整的学习历程设计。《义务教育课程方案（2022年版）》指出：完善培养目标，全面落实习近平总书记关于培养担当民族复兴大任时代新人的要求，结合义务教育性质及课程定位，从有理想、有本领、有担当三个方面明确义务教育阶段时代新人培养的具体要求。义务教育要在坚定理想信念、厚植爱国主义情怀、加强品德修养、增长知识见识、培养奋斗精神、增强综合素质上下功夫，使学生有理想、有本领、有担当，培养德智体美劳全面发展的社会主义建设者和接班人。

2. 立足课程视角落实以学为中心

《义务教育课程方案（2022年版）》强调要面向全体学生因材施教，为每一位适龄儿童和少年提供合适的学习机会。素养导向的大单元教学改变"教为中心"的教学方式，围绕学生的学习历程展开，呈现出"以学为中心"的特点。基于素养导向的大单元教学从"学会什么"出发，不仅要求学生明确"学会什么"和"怎样学"，更要掌握学生"学到什么程度"。按照学习逻辑对学习目标、任务情境、实施评价等要素进行系统设计，帮助学生学会如何实现学习进阶的方法。

3. 立足学生发展联结实际生活

《义务教育课程方案（2022年版）》强调要加强课程综合，注重关联，加强课程内容与学生经验、社会生活的联系，加强与生产劳动、社会实践的结合，充分发挥实践的独特育人功能。素养导向的大单元教学设计要求"强化学科实践"，要让学生学会学习、学会创造与实践，积极倡导"做中学""用中学""创中学"，设计学生喜闻乐见的大主题、大项目、大任务等，让学生通过运用知识的活动，经历知识生成和素养形成的过程。

二、深度学习与结构化学习

查阅一些国内外的文献资料，发现结构化的理论有列维的"结构主义"、皮亚杰的"认知结构理论"、布鲁纳的"学科基本结构"、奥苏伯尔的"有意义学习理论"、叶澜的"新基础教育"等等，结构化教学是不是可以这样表述，结构化就是根据知识的形成规律和学生的认知发展规律，通过沟通各元素间的联系来设计教学的一种方法。

依照我的理解，这里的结构化整合应该体现出两个方面的整合，一方面是内容的结构化，另一方面是学生认知的结构化，如果单纯地考虑内容的结构化，可能我们最后的落实还是摆脱不了教师"教"为主的尴尬境地。为了探索发展学生核心素养的路径，内容和认知必须实现整合，不能是两张皮。

按照这样的思考，数学结构化教学是指从数学知识结构和学生认知结构的角度设计和组织教学。这种方法着重体现在改善学生的数学认知结构，发展学生的认知水平，提高学生的认知能力，让学生在学习核心知识的过程中，发展自己的必备品格和关键能力，树立正确的价值观，提升数学核心素养。

深度学习主张从"知识点"走向"知识结构"，只有将零散的知识"结构化""系统化"，即把表象杂乱（复杂）的问题变得结构分明有序，成为有机联系的整体，才易于学生对数学知识的理解与迁移。因此，在教材研究、教学设计时，应从更高的层面去分析内容之间的联系，把每一个知识点都放到完整的知识结构中去理解，让学生"在森林里认识树木，而不是就树木认识树木"，形成整体性、结构化认知。

以学科"大观念"为核心统摄单元知识是结构化教学的有效路径。大观念（Big Ideas）是一个知识单元中抽象概括出来的核心概念和思想观念，它能反映学科的本质，处于更高层次。因而能够将各种相关概念、思想方法统摄成一个连贯的、相互联系的整体，便于提纲挈领抓住知识精髓和脉络，由此及彼、由表及里地理解知识，解决问题。教学中，要突出以学科"大观念"为核心的知识结构教学。

下面，以五年级"多边形的面积"单元教学为例，分析和提炼如下几个大的观念：

观念一：图形面积概念，测量图形的面积实质是测量该图形所包含的面积单位的个数。

观念二：图形及其要素之间的关系，可以借助图形与图形之间、各图形要素之间的关系，推导出多边形的面积计算公式。

观念三：转化思想，多边形面积计算公式的不同推导过程有着共同的道理，都是将未知转化为已知去解决新问题。

教学时，我们不能把教学目标仅限定为"掌握多边形的面积公式，会利用公式计算面积"这么简单，而应当着眼于学生的深度学习和长远发展，着眼于对统摄具体知识内容的"大观念"和数学知识本质的理解，着眼于形成结构化的学科知识，并能将之转化为理解知识、研究和解决问题的数学思想方法。因此，笔者以"大观念"为核心，对"多边形的面积"单元内容进行了结构化教学设计：将"转化"思想贯穿单元始终，逐步实现数学思想方法层面的"通"与"进"，各部分的着力点既前后关联又各有侧重，有助于持续深入地理解图形面积的本质，理法融合。

总之，深度学习是一种课堂变革的理念和课堂教学的设计思路，着重围绕核心内容的探究主题，以问题情境为突破口设计教学活动，从学科本质的分析和学情分析中，培养学生提炼学习主题所反映的高阶思维和关键能力，在掌握核心知识的过程中，培养学生的核心素养。

第二节　基于"大问题"教学的深度学习策略研究

"基于'大问题'教学的小学数学深度学习策略研究"是广东省 2022 年度中小学教师教育科研能力提升计划项目省级规划课题，课题编号为 2022YQJK413，于 2022 年 7 月立项。下面是我作为课题主持人对该项目的前期思考。

一、研究意义

（一）研究背景

1．时代背景

基于"双减"本质的思考，"双减"的本质是减负，最终的目标是提质增效，落脚点是课堂。本课题的研究指向建构有效的课堂模式，探索有效的教与学策略，促进教与学方式的变革，达到提质增效的目的。

2．理论背景

2022 年的新课标要求要培养有理想、有本领、有担当的社会主义合格的建设者和可靠的接班人，本课题拟从"教、学、评"的变革培育深度课堂，培养学生的深度学习能力，有学科深度、交往深度和思维深度，从方向、能力、精神三个维度培养学生成为有理想、有本领、有担当的"三有"品质人才。另外，新课标也确立了核心素养导向的课程目标：义务教育数学课程应使学生通过数学的学习，形成和发展面向未来社会和个人发展所需要的核心素养。本课题的研究指向了"大问题"促进"深度学习"的真正发生，有效地为学生提供了一个自主学习的舞台，促进学生的思维向纵深方向发展，让学生学会数学观察、数学思维、数学表达。

3. 现实背景

目前，我们周围的数学课堂教学中普遍存在的课堂顽症是教师成串的"连问"、简单的"碎问"、随意的"追问"，对创新能力培养的"程度不足、方式不当、资源不够、指标不明"，教师忽略"以学生为中心"的方式不当，等等，教师的这些教学行为和观念，只能让学生的学习处于"浅层"状态，严重地阻碍了学生素养的形成。

为此，我们寻求一种真正以学为核心的教学，关注学生的学习，强调给予学生大空间、呈现教育大格局的模式，于是课题组就提出了"基于'大问题'教学的小学数学深度学习策略研究"，通过"大问题"促进"深度学习"的真正发生，有效地为学生提供一个自主学习的舞台，促进学生的思维向纵深方向发展，从"深层思考"走向"深刻思辨"，达到提升学生核心素养的目的。

（二）研究价值

1. 学术价值

本课题的学术价值在于通过"大问题"教学促进学生深度学习的策略研究，探究基于'大问题'教学的深度学习模式，以在理论上指导深度学习的有效策略，从而丰富和发展了深度学习方面的理论，特别是要进一步探索、研究和实践有利于教师聚焦课程、立足课堂、关注学生的教学行为，从而促进教师的专业成长，提供现实意义的指导。

2. 应用价值

通过对"'大问题'教学促进学生深度学习的策略研究"的实施探索，包括精准设计"大问题"、积极有效的教与学行为转变等案例的研究，探索学生深度学习策略的可行性及有效性，从而为学生提供一个自主学习的舞台，促进学生的思维向纵深方向发展，从"深层思考"走向"深刻思辨"，从而达到提升学生核心素养的目的，为学生的终身学习能力奠定坚实的基础。

（三）课题的核心概念及其界定

1. "大问题"教学

（1）"大问题"：是指向教学内容本质、蕴含丰富的学科信息、具有极大的探究性、能引导深刻理解内容的数学问题。它具有思维的深度，具有探究学习的挑战性，蕴含丰富的活动体验，有利于学生的小组学习、合作学习和探究学习。

"大问题"必须符合一定的特征：能涵盖学科核心知识，贯穿学习过程；能促进能力形成和学法掌握；能顺应学生身心发展，激发学生学习兴趣；能培养学生意志品质，增强学习毅力和思辨精神。

（2）"大问题"教学：是指根据特定学生的心理特点、学习经验以及学习困惑点，采用一定的教学策略，对课程关系、问题引导、学习方式等多方面进行系统处理，以求最大程度地突破教学中主要矛盾的质量高、外延大、问域宽、数量精且挑战性强的教学。

"大问题"强调的是问题的"质"，有一定的开放性或自由度，能够给学生的独立思考与主动探究留下充分的探究空间；而"大问题"教学的最终目标是通过数学课堂探索，使学生获得思考、表达、提问等多维度数学素养的全面发展。

2. 深度学习

深度学习是指学习者能够批判性地学习新思想，并在原有认知结构的基础上建构新知识，在众多思想中作出分析和判断，迁移和运用新知识并解决问题的学习。这是一种积极主动的学习方式，与之对应的是浅层学习。

（四）核心概念外延

"大问题"可以是学段性的，也可以是知识板块类的，还可以是单元性的，本项目的研究指向课时性的"大问题"。"大问题"教学更多的是备课层面思考的核心，而"深度学习"是落实手段、学习规律、课堂变革的指导思想，"核心素养"是教育目标的具体化，"大问题"教学是促进学生深度学习的有效策略，深度学习能够促进核心素养的落地。它们之间的关系如图1-1所示：

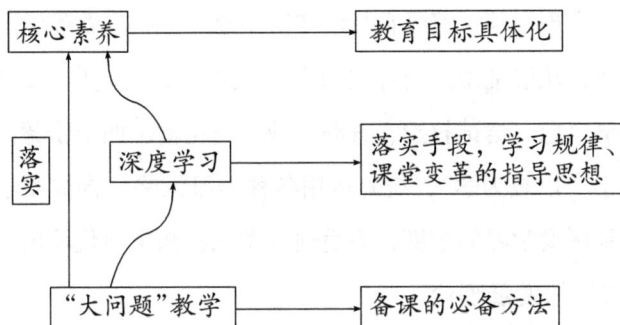

图1-1　深度学习与核心素养的关系

二、本项目的研究现状

（一）课标要求

课程标准是国家规范基础教育课程运作的纲领性文件，也是教育行政部门推进课程改革行动的指导性文件。2022年版新课标明确提出："义务教育数学课程以习近平新时代中国特色社会主义思想为指导，落实立德树人根本任务，致力于实现义务教育阶段的培养目标，使得人人都能获得良好的数学教育，不同的人在数学上得到不同的发展，逐步形成适应终身发展需要的核心素养。"本次义务教育课程标准修订，以立德树人根本任务为指引，以核心素养（人的全面发展）为导向，旗帜鲜明地把课程从学科立场转向教育立场，以人的发展特别是核心素养的形成为宗旨重建课程标准的方方面面。要培养学生的这些素养和能力，必须从课堂改革做起；而"大问题"下的深度教学，正是提升学生核心素养的有效途径。

（二）教育理论

1．费曼学习法

著名物理学家理查德·费曼在教学实践中总结并推广费曼学习法，它符合大脑的认知规律，从混乱走向有序的过程，从被动记忆走向主动理解并阐述。其主要包含理解概念、尝试教授、查漏补缺、简化输出四个步骤。费曼学习法的理论核心在于"以教为学"，统筹运用各种学习策略，将被动学习转化为主动学习，并达到深度学习的维度，最后通过类比将知识简化输出。

2．皮亚杰认知发展理论

认知发展理论（Cognitive-developmental Theory 或 Theory of Cognitive Development）是著名发展心理学家让·皮亚杰所提出的，被公认为 20 世纪发展心理学最权威的理论。皮亚杰（Jean Piaget）认为智力的本质是适应，"智慧就是适应"，"是一种最高级形式的适应"。他用了四个基本概念阐述他的适应理论和建构学说，即图式、同化、顺应和平衡，他的四步建构学说，对促进学生深度学习有着重要的借鉴意义。

3．布鲁纳的发现学习

布鲁纳是美国著名的认知教育心理学家，他主张学习的目的在于采用发现学习的方式，使学科的基本结构转变为学生头脑中的认知结构。布鲁纳认为，学习者不是被动地接受知识，而是主动地获取知识，学习者通过把新获得的信息和已有的认知结构联系起来，进而积极地构成其他的知识体系。

（三）公认的教育研究

深圳市教科院科技创新教育中心主任黄爱华老师基于"问题本位学习"

理论下的"大问题"教学，为本课题研究提供了大量的理论依据和实践经验。问题本位学习理论强调把学习设置到复杂的、有意义的问题情境中，通过让学习者合作解决真实性（authentic）问题，来学习隐含在问题背后的科学知识，形成解决问题的技能，并形成自主学习（self-directed learning）的能力。在问题本位学习的理论下，教师通过提出"不完全结构问题"，即"大问题"，一种开放性问题或具有多元思考方式的问题，鼓励学习者积极参与到问题解决中，使学生尝试寻找有用的知识、思考合适的方案来解决主要问题。基于"问题本位学习"理论的"大问题"教学，是通过特定学生的心理特点、学习经验和学习困惑点，采用一定的"核心问题"，对课程关系、问题引导、学习方式等多方面进行系统处理，以求能够最大程度地突破教学中主要矛盾的质量高、外延大、问域宽、数量精且挑战性强的"专业化"问题教学模式。

尽管"大问题教学""深度学习"教改项目取得了阶段性成果，但无论是在理论层面还是在实际操作层面都还很不完善，在理论上还需要进一步完善，在实践操作上还需要进一步细化，特别是在农村学校课堂上的落地。借鉴前期专家的研究成果，结合我们现实的课堂现状，引发我们对此课题的深度思考：如何依托学情精准地设计"大问题"？如何让"大问题"促进学生的深度学习？如何让学生带着问题从课堂走向课外，使知识得以系统化、条理化、深层化，实现了知识、能力的迁移？如何让学生学会更加数学地思考问题？等等。这些方面需要寻求更多的策略，也是我们课题组拟突破的重点。

三、本项目的总体框架和基本内容，拟达到的目标（阶段性目标及总体目标）

（一）研究的总体框架

研究思路：本课题从数学学科课堂入手，逐步探求深度学习理念下小学数学课堂深度学习教学策略。实实在在地展开实验,在实验过程中将根据实验情况采取实验法、观察法、分析法、个案研究法以及文献研究法等科学实验研究方法。按照课题方案和研究计划开展实验,建立课题资料档案,调查、收集、积累和分析有关材料与实验数据,进行课题研究的阶段性总结和评估,撰写课题实验研究报告、论文及有关课堂教学的资料等。

1. 指向数学知识的理解策略

形成知识体系,要深层地、动态地理解。主要是理解算法背后的算理策略,理解知识的结构体系策略,理解数学的思想方法策略。

2. 指向数学思维的发展策略

以具体的数学知识为载体,促进思维的发展。主要是逻辑思维的发展策略,空间思维的发展策略。

3. 指向数学知识的迁移策略

将学到的数学知识应用到其他情境中去解决问题。主要是现实生活情境中的迁移策略,学科知识情境中的迁移策略。

(二)本项目研究的基本内容

1. 课堂教学"大问题"的设计研究

课堂教学"大问题"的设计研究要点是"大问题"的本质特征、"大问题"的设计策略。

2. 课堂教学现状调查与研究

课堂教学现状调查与研究的要点是通过问卷调查、座谈与听课等方式,了解目前课堂教学现状,并对制约课堂深度教学的因素进行归因,为实施深度教学奠定基础。

3. 基于"大问题"的深度教学的策略研究

基于"大问题"的深度教学的策略研究要点是深度教学的内涵特征、深度教学的原则、方式、策略等。

4. 小学数学深度教学的范式研究

小学数学深度教学的范式研究要点是基于深度教学的情境设计，基于深度教学的大问题设计的实践范式。

5. 基于"大问题"的深度学习的课例研究

基于"大问题"的深度学习的课例研究要点是体现个案的真实性、典型性、全面性的要求，形成一批学科个案、教师个案、学生个案、项目个案在内的典型课例。

6. 全面提升教师层面的数学学科素养

通过课题研究，使广大数学教育工作者对数学核心素养、深度学习的教学模式和教学策略有更深入的理解，探索与开发出一系列具有典型性和代表性的、促进小学生数学核心素养发展的优秀教学设计与教学案例，供一线教师借鉴与参考。

（三）本项目拟达到的目标

总目标：围绕大问题驱动下促进学生深度学习的策略进行研究，转变学生的学习方式，通过"深度学习"有效地为学生提供一个自主学习的舞台，促进学生的思维向纵深方向发展，从"深层思考"走向"深刻思辨"，达到提升学生数学核心素养的目的。

1. 改变教师的行为

在"深度学习"理念的指导下，从整体上理解小学数学课程与教学，认识数学学习的价值，以及深度学习对于学生在数学理解与核心素养培养上的价值。通过典型的核心内容学习主题的教学设计，经历深度学习教学设计与实施的过程；通过实际课堂教学的碰撞与触动，更好地理解深度学习的实质和操作方式。

2. 改变学生的学习方式

以学习的内容为线索，针对学生学习的需求和数学学科内容的本质特征，提炼具有挑战性的"大问题"。在了解学情的基础上，设计有针对性的具体问题和教学策略，引导学生深度探究，理解核心内容，提升核心素养，帮助学生学会发现问题、分析问题，找到解决问题的策略，从而培养问题意识，发展数学应用意识，提高数学素养，促进学生整体素质的提升。

3. 以点带面，促进整个区域的教育发展

通过研究，形成"大问题"促进学生深度学习的有效教学策略，在更大的范围得以推广。

四、本项目拟突破的重点、拟解决的关键问题及主要创新之处

（一）拟突破的重点

（1）构建以学生为中心，促进学生深度学习的教学范式，让学生在丰富、生动的数学学习活动中实现由浅层学习走向深度学习。

（2）创建"以学生为中心"的深度学习的有效策略。

（3）设计促进学生深度学习的"大问题"，有效促进教师的教与学生的学。

（4）转变教师教学理念，促进教师的专业成长。

（二）拟解决的关键问题

比较系统地解决课堂教学中教师成串的"连问"、简单的"碎问"、随意的"追问"等课堂顽症；解决传统数学教学针对创新能力培养的程度不足、方式不当、资源不够、指标不明等四个突出问题；解决学生创新能力的培养程度不足、教师忽略"以学生为中心"的方式不当等问题。

（三）主要创新之处

以问题为主线，以学生提出问题为终极目标，正是"大问题"教学有别于其他教学模式的特色，是"大问题"教学的标签。依托大问题让学习深度发生，将理论问题研究与实践问题研究相结合，特别是在山区基层学校的课堂上落地的策略、方法、模式，目前国内外研究很少，这正是本项目研究的着力点。

五、本项目的研究方法、研究手段和研究计划

（一）研究方法

1. 经验总结法

通过实践与研究，不断总结促进学生深度学习的"问题解决"课堂教学模式、评价方法，形成一定的经验。

2. 调查研究法

对研究对象的基本学习情况进行前后的调查研究，及时了解及总结研究对象的学习方式、习惯及能力。

3. 文献研究法

通过查阅相关资料了解深度学习的内涵，掌握促进学生深度学习的相关策略、途径，了解其他课堂的实践表征、实施策略、评价体系，为本课题的研究奠定基础。

4. 行动研究法

注重教师的实践与反思，不断形成基于深度学习的课堂教学模式。

（二）研究手段

按照"边研究、边实践、边反思"的行动研究路径，不断改进"问题解

决"学与教的方式，促进课堂转型。

（三）研究计划阶段

1. 准备阶段（2022 年 5 月—2022 年 7 月）

（1）成立课题研究指导专家团队和确定课题组成员，明确课题研究分工。

（2）采用文献法查阅相关资料，学习深度学习理论，认识"问题驱动"课堂，并对此作出初步的概念界定；了解国内外对深度学习和问题解决教学的研究现状，认识本课题研究的价值，掌握开展课题研究相关知识与理论。明确课题的研究范围、方法重点和意义，形成《课题申报评审书》。

2. 实施阶段（2022 年 8 月—2024 年 3 月）

（1）在调查研究、收集资料以及广泛征求各方建议的基础上，撰写总课题研究实施方案和开题报告。

（2）通过问卷和课堂观察，分析针对"深度学习"教学中存在的教师与学生的问题，组织教师专题案例研习，更新了教师的教学观念，改变教学行为。

（3）组建课题研究团队，明确分工和课题研究内容。

①围绕促进深度学习的教学策略、促进小学生深度学习的"问题驱动"课堂教学模式、促进小学生深度学习的"问题驱动"课堂教学评价，进行分工。

②课题组定期集中讨论研究进展的情况，撰写《全称中期报告》，初步汇总研究成果，课题开展以来取得的成果，讨论课题研究过程中存在的问题，总结并改进研究方法，初步形成了"以问题驱动促进深度学习"课型雏形与教学策略，促进了教师的课堂教学行为转变，提高了学生的学习主动性，为课题进一步实施做好调整工作。做好中期评估各项准备工作，并接受中期评估验收。

3. 总结阶段（2024年4月—2024年5月）

（1）2024年4月：通过多次课题实验学校教研活动，对深度学习的课堂教学模式实践检验及相适应的教学新策略不断得到优化完善。

（2）2024年5月：总结、收集、整理研究成果资料；完成课题研究成果的鉴定和结题工作。

六、本项目负责人前期研究基础

本项目负责人前期研究基础包括负责人主要工作经历及目前从事的主要工作，近三年来完成哪些重要研究课题，已发表哪些相关成果，相关成果的评价情况（引用、转载、获奖及被采纳情况）；已收集哪些相关资料；完成本课题研究的时间保证，资料设备等科研条件。

（一）负责人已取得的相关研究成果（获奖或发表的相关论文）

近年来，我们梅州市各县、校推行"高质"课堂教学改革，为该课题的研究奠定了良好的基础。课题负责人是南粤优秀教师、新一轮省百千万名教师培养对象、市第八批拔尖人才、市名师工作室主持人，一直从事小学数学教学理论与实践研究，具有丰富的课题研究经验和扎实的教育教学理论基础，教育科研能力强。近三年来，主持或参与的省、市级课题3项：主持课题"信息技术与小学数学课堂的有效整合"于2018年获成果鉴定"优秀"等次，并获市普教系统第九届教育教学成果奖二等奖；主持省级小课题"小学数学作业讲评的新尝试"于2020年7月结题；参与省课题"小学生数学核心素养培养的途径与策略研究"（第二）于2020年获成果鉴定"优秀"等次，2021年11月结题。

出版专著《指向核心素养的小学数学教学探索与实践》于2021年11月由吉林教育出版社公开发行。发表相关论文7篇：论文《指向核心素养提升的深度学习》发表在《师道》（CN44-1299/G4，2021年3月）；教学论文《让学生的素养在"问题"中绽放》发表在《师道》（CN44-1299/G4，2021年11月）；教学论文《自制量角器探知角的度量单位和量角原理》发表在《小学教学参考》（CN45-1233/G4 ISSN1007-9068，2021年11月）；论文《让数学的本源在课堂尽情起舞》发表在《小学数学教育》（CN21-1426/G4，2018年1月）；论文《小学数学作业讲评新尝试——晒错化错法》发表在《中学生学习报·教研周刊》（CN41-0702/F，2020年11月）；论文《以信息技术为载体培养学生思维力》发表在《中学课程辅导》（CN14-1307/G4，2019年10月）；论文《现代信息技术与数学课堂的有效整合》发表在《广东教学》（CN44-0702/F，2018年7月）。

省、市、县获奖的论文、教学设计和课例有15篇次：论文《让素养在知识建构中生长》获广东教育学会2020年度学术讨论会暨第十六届广东省中小学校长论坛征文评比一等奖，《核心素养从"活动"浸润中来——"方程"教学设计》获2021年广东省小学数学优质教学资源征集的优秀作品，论文《现代信息技术与小学数学的整合策略》获广东教育学会2019年度学术讨论会暨第十五届广东省中小学校长论坛征文评比三等奖，课例"长方体的认识"获广东省第九届小学数学录像课评比一等奖，课例四年级下册"练习一"获"2018年一师一优课"的省级优课，课例二年级"表内乘法——整理与复习"（编号2011RJ2SSX0403）获2021广东省基础教育精品课，论文《问题驱动：让学生的思维向纵深发展》获广东教育学会2021年度学术讨论会暨第十七届广东省中小学校长论坛征文评比三等奖，论文《"五度"聚焦 让学习深度发生》获2020年梅州市小学数学论文评比一等奖，教学设计"分一分"获2020年梅州市小学数学教学设计评比一等奖，论文《关注数学思维 培养核心素养》获2019年梅州市小学数学论文评比一等奖，论文《让数感的培养在课堂上落地生根》获2021年梅州市小学数学论文评比一等奖，课例"体积和容积"获平远县线上教学一等奖，教学设计"乘法分配律"获 2018 年平远县教学设计评比一等奖，课题"温度"获 2021 年平远县研训一体化教研评比一等奖，微课"圆的周长"获 2018 年平远县首届中小学微课评比一等奖。2019 年参加广东省第十一届优质课展示获最高奖项，2018 年获市小学数学技能大赛第一名。

以上这些为该课题的研究做好了理论与实践的筹备。

（二）主要参加者的学术背景、研究经验

（1）课题组成员含主持人共 9 人、小学高级教师 2 人、小学一级教师 4 人、初级教师 3 人，均是学科带头人或骨干教师，本科学历。另外，主持人的市级工作室学员和网络学员共计 60 余人也作为非主要成员参与课题的研究。

（2）本课题组成员都是山区的骨干教师，不仅思想先进、思维活跃，且有较高的业务水平和科研能力，能在一定范围内进行课题实验研究和操作实施。我们是多次参与课题研究，且多篇教育论文在省、市、县级论文评比中获奖，有扎实的理论基础，有能力胜任此项课题的研究。

（三）完成课题的保障条件

（1）专家介入，我们将聘请市、县有关专家进行实验指导。

（2）课题组成员都是山区数学学科带头人。

（3）硬件设施保障，课题组成员所在的各学校都是"市教育技术装备先进学校"，均装备了现代化教学设备。

（4）经费保障，县教育局和各学校领导十分重视教育科研工作，始终奉行"科研兴校"的理念，积极主张和全力支持申报省、市级课题，并将科研经费支出放在学校所有支出的首位，会使本课题的科研经费得到充分保障。

第三节　深度学习,教学相长

理论阅读一：读《深度学习：走向核心素养（理论普及读本）》的感悟

由刘月霞和郭华两位专家主编的《深度学习：走向核心素养（理论普及读本）》一书，我花了一个星期读完，对课堂上核心素养的落地又多了一分感悟。

深度学习以培养学生核心素养为根本追求，是一种理解性的、符合学习科学基本原理的学习。这样的学习要求，倒逼老师去深入探讨教学规律，研究学生的学习规律，从而帮助学生的学习与成长。教师如何成为更好的师者，让学生成为更棒的自己，以下是我一些浅显的想法。"'师者，传道授业解惑者也。'深度学习，要求教师准确认识把握自己的角色，真正成为学生学习的服务者、导引者、合作者。"既不是将学习死抓不放，也不能自由散漫，听之任之。要知道，深度学习不是把知识平移、传输、灌输给学生，而是由教师带领学生进入知识发展发现的情境、过程，引导学生成为知识发现的"参与者"而非"旁观者"。

我们的课堂就是要立足学科特点，设计具体的学习活动和表达活动，核心素养正是在学生积极的实践活动中逐渐积累与构建起来的。学习一定不是给学生一个个答案，而应当让学生总结自己的思维过程。因而在教学过程中，教师可以适当"弱势"，让学生"强势"起来。学生自己承担学习行为，比如质疑、自学、探究、合作等。学生自己去动脑思考、动手操作、动口辩论、动眼观察，这对他们的学习能力、意志品质和感情磨炼都有积极的影响。当然，每个个体我们都要关照到，让他们参与到深度学习中去，得到全面成长。

深度学习，让学生"幸福、自由、智慧"地成长，让每一个孩子成为与众不同的"自己"，让学习真正发生。教师给学生的大胆质疑提供宽松的环境，给孩子的自主学习提供良好的时空，给孩子的展示提供多元的平台；同时，尊重孩子的差异，实施差异化的课程，执行差异化的教学，满足差异化的个性需求。因为深度学习就是一种具有综合性和实践性的沉浸式学习，是学生认知情感和行为等多个维度的全方位投入。需要教师引领着学生去认识幸福的真谛，由他律到自律，团结合作，卓越追求。"从要学，走向会学乃至学成。"正如书中所写的"深度学习，是师生共同经历的一场智慧之旅"。让自己，成为更好的师者；让学生，成为更好的自己。在这一段携手同行的学习之旅上，共促共长。

一、为什么要推进深度学习

"如果我们仍用昨天的教育培养今天的儿童，那么我们就是在剥夺他们的明天。"约翰·杜威的这句话提醒我们传统的教学模式对于学生未来发展的危害性和对学生未来发展的不负责任。所以我们需要改变，现代社会不需要只会读书的"书呆子"，如何使我们的学生适应未来急剧变化的复杂社会，需要培养学生学会独立思考、深度学习、思维敏捷、精神成长。深度学习是落实立德树人根本任务、实现学生发展核心素养的重要途径。明白为什么要推进深度学习，我觉得首先我们需要知道什么是核心素养：学生在接受相应学段的教育中，逐步形成的适应个人终身发展和社会发展需要的必备品格和关键能力。所以说，实现学生的深度学习能够帮助我们发展学生的核心素养，实现学生的全面发展。第四次工业革命已经来到，如今世界需要的是能与机器共舞的"聪明的创造者"，这样的创造者将具备机器所不具备的设计、创造和共情等能力。这次工业革命最突出的特点就是人工智能的普及，未来的人工智能必然会代替一部分"知识工人",如何让我们的学生将来不被人工智能所取代?最好的办法就是掌握人工智能所不具备的深度思考和学习能力。这对我们老师提出了更高的要求,课堂教学中我们需要改变传统的教学模式,设置能够引发学生深度学习的教学情境,激发学生内心的学习欲望,从而实现学生的深度思考、培养学生独立人格。

二、什么是深度学习

什么是深度学习,《深度学习:走向核心素养(理论普及读本)》一书是这样定义的:"所谓深度学习,就是指在教师引领下,学生围绕着具有挑战性的学习主题,全身心积极参与、体验成功、获得发展的有意义的学习过程。在这个过程中,学生掌握学科的核心知识,理解学习的过程,把握学科的本质及思想方法,形成积极的内在学习动机、高级的社会性情感、积极的态度、正确的价值观,成为既具独立性、批判性、创造性,又有合作精神,基础扎实的优秀的学习者,成为未来社会历史实践的主人。"简单地说,深度学习是指在课堂学习中,教师采用合适的教学情境,学生通过深度探究,在掌握基础知识的前提下,通过活动培养他独立思考的能力和健全的人格品质,以适应未来社会的发展。

苏霍姆林斯基曾经说过这样一段话:"著名的德国数学家 F. 克莱因把中学生比作一门炮,十年中往里装知识,然后发射,发射后,炮膛里就空空荡荡,一无所有了。"看到这段话,我脑海里立刻回忆起了我的学习生活,老师们"填鸭式"的教学给我们带来了太大的影响,传统教育带来的弊端对于学生将来在社会上的发展来说无疑是巨大的,思想呆板不会变通。所以教育部提出了发展学生的核心素养,培养全面发展的学生,适应将来的社会,并提出了深度学习来促进核心素养的实现,由此可见深度学习的重要意义。

三、怎样实现深度学习

深度学习中的教师，应该做什么，做到什么程度，才能引发学生的深度学习呢？这是我们老师比较关注的问题。比较好的实现方法就是单元学习，我们现在的教学实际上就是大单元整体学习。大单元整体学习有助于培养学生的逻辑思维能力，提高学生的学习力和学习兴趣，但是如何真正实现单元学习、体现单元学习的意义，这是需要我们仔细琢磨的。

单元学习我们需要确定单元主题、确定单元目标、设计单元学习活动和开展持续性评价四个步骤。对于如何确定单元主题，有几种方式：按照教材章节来选择、按照学科核心素养发展的进阶来组织、按照主题性任务来组织、按照真实情境下的学习任务来组织。比较常见的就是按照章节内容来选择，不需要打乱章节内容，对教材的内容改动比较小，对于教师规划教学活动来说较轻松；按照学科核心素养的进阶组织的话对教师的要求比较高，建议高中学段采用此种方式，前提是老师需要打通初高中六年的学习知识体系，明确课程标准中对于核心素养的进阶要求；按照主题性任务和真实情境下的学习任务来组织，需要对教材进行一定的改动，整合性较强，但是学生比较感兴趣。选择哪种方式确定单元主题，还是需要根据具体的教材和学情去决定。

确定单元目标类似于确定学习目标，学习目标的制定需要参考课标和学情，同时需要研究课堂结束之后学科核心素养是否能够实现，学习目标的制定在一定程度上决定着学生课堂学习的效果。所以教师在制定学习目标时，需要体现学生的发展需求。

好的学习活动可以激发学生的学习动机，所以设计单元学习活动时，需要考虑学生的兴趣喜好，设计有挑战性的活动，也就是需要考虑学生的"最近发展区"；同时我们需要对学生在学习中可能会遇到的困难进行预设，保证课堂教学效果。

　　单元学习的最后一步，需要对所教内容进行持续性评价，教师对学生学习成果进行评价，确保教学过程形成闭环，帮助学生更好地巩固所学。评价方式有单元检测、课堂小测、课堂随机提问等，方式方法多种多样，教师可以根据实际教学情况进行选择。

　　单元学习是促进深度学习实现的重要途径，作为教师，深入贯彻大单元整体学习，在教学活动中促进学生与真实的任务情境持续互动，这样有意义的深度学习才会发生，学生的核心素养才会形成。

　　在课堂上，我们需要充分发挥学生的主体地位，我们现在采用的是小组探究、合作学习，因为学生们的身份相同、年龄相近，认知方式也相似，彼此更加熟悉，更加容易接受对方的观点；同时，学生思考问题的角度、思维方式可以与同伴互相启发。学生间开展互动，他们会感到比较轻松，交流的语言比较亲和有趣。所以在课堂中教师不需要对知识进行过分的讲解，教师只需要适时出场，发挥教师对于课堂的主导作用即可，把课堂还给学生。

　　在社会竞争如此激烈的今天，作为一名教师，我们所要做的不仅是教学，还承载着"育人"的重要责任，"教学生十年，为学生想三十年"，立足学生的终身发展，为学生的一生奠基，做到为未知而教，为未来而学。

理论阅读二：读《深度学习：走向核心素养（学科教学指南·小学数学）》的感悟

　　美国教育家杜威说："如果我们用昨天的教育培养今天的儿童，那么我们就是在剥夺他们的明天。"培养学生的数学核心素养是时代的呼唤，而"深度学习"是培养学生核心素养的重要路径。那么什么是小学数学深度学习？深度学习深在哪里？小学阶段的学生还处于形象思维、向抽象思维过渡的阶段，如何立足学情开展深度教学？如何基于学科落实实践？《深度学习：走向核心素养（学科教学指南·小学数学）》一书中把相关概念阐述得非常详细，理论与实践相结合，为我们开展深度学习提供了有价值的指导和参照。我也从书中得到了一些启发。

一、深究知识，提升自身素养

书中说，深度学习的过程是师生共同成长的过程。深度学习的教学设计需要教师确定单元学习主题，并能深入解读主题、确定单元学习目标、设计单元学习规划和进行持续性评价方案设计。这一系列的操作都需要教师要有深厚的基本功，并能扎实深入地进行学习内容的研读。同时深度学习不仅仅是指向一节课，而是要基于单元整体规划，目标聚焦数学核心素养的培养。教师要站得高看得远，从整体设计；活动设计要有挑战性，能够培养学生的高阶思维和综合素养。这对教师提出了更高的要求。

要给学生一杯水，教师要有一桶水。作为一名小学数学教师，除了掌握看似简单的数学知识外，更应掌握与小学数学相关的知识点、相关性质以及逻辑关系，了解数学的发展历史和趋势等。随着时代的发展，学生的成长不再简单，学生接受知识的渠道在拓宽。教师终身学习才能满足教学的新要求和新需求，需要不断吸纳新知识、学习新理论、研究新问题。

二、深知学情，促进情感共鸣

亲其师，信其道；尊其师，奉其教；敬其师，效其行。师生关系和谐，学生才愿意亲近老师，才能心悦诚服地接受老师的教育，才能激发出他们的探究欲望。同时，进行单元主题教学设计时，更是要从学生的基本学情出发，了解学生的现有知识水平，构建能让学生积极思考的课堂，学生才能进行有深度的学习。本书中除了高屋建瓴的理论知识，更有可借鉴学习的深度教学案例，其中吴正宪老师执教的"小数的意义"的教学片段令我受益匪浅。

上课前，吴正宪老师提了一个这样的问题："你们见过小数吗？小数在你心中长什么样？"她俯身倾听每位同学的发言，大家纷纷回答：小数得有 0，还得有个点儿；小数是不整齐的数，比如 0.3 就是不整齐的小数；小数很小，小数是比 1 小的数；钱就是小数，0.5 元就是 5 角钱。课堂上吴老师让学生观察方格纸，一张正方形纸平均分成 10 份，取了 6 份多一点，该用什么数表示呢？学生开始自觉地在 0.6 与 0.7 之间探寻新小数出现的可能，发现只要将单位不断地细化下去，就会不断地产生新小数，乃至无穷无尽。吴老师关注学生的基本学情，了解学生对小数的理解，从学生的出发点考虑，设计这节课，用"取了 6 份多一点点，该用什么数表示呢？"引发学生的思考，引导学生进行深度学习。吴老师提问后认真倾听，鼓励探究，她真正走进了儿童的世界，愿意站在儿童的角度和他们一起学习数学、探究数学。

三、深入思考，提升核心能力

深度学习就是要走进学生的思维深处，而不是停留在学习知识层面；要触及学科的本质和知识的内核，而不只是教授表层的知识。书中总结出的"大情景"或"大问题"的教学策略值得去摸索和尝试。

"大情景"或"大问题"是反映数学学科本质的，能引起学生的探究欲望，使学生产生不断探究的需要，还会与学生的经验和前概念有冲突。让学生在解决冲突的过程中，通过探究理解数学本质，从而达到培养学生核心素养的目的。我想吴正宪老师让学生寻找"一张正方形纸平均分成 10 份，取了其中 6 份多一点点"的小数正是一个大问题，它基于学生原有的学习基础，引领学生进行积极的思考、探究，在思考探究中建立计数单位和小数的关系，让学生对小数的意义有了更鲜活的理解，让学生的思维得以生长。

四、深化评价，增强学习动能

持续性评价是深度学习的保障，是以单元整体目标为依据，以具有序列性的课时教学目标为着眼点而设计的不同层次和水平的评价。评价关注过程，贯穿整个学习活动，并采用多角度和多样化的方式进行，并考虑不同学生的特点和个别差异。评价方案包括过程性评价、终结性评价，检测性评价、激励性评价，正式评价、非正式评价。我们既可以设计检测性题目进行评价，也可以根据课堂中的表现进行评价，抑或让学生进行自我评价。书中《小数除法》的评价方案从评价目标、评价任务、评价标准、评价方式四个维度提供了有效、可借鉴的持续性评价案例。

北京师范大学郭华教授认为：深度学习要"深"在人的心灵里，要"深"在系统结构中，"深"在教学规律中，"深"在精神境界上。唯有知识的深度生长和心灵的触动能深入人心，能使教育的果实生根发芽。只有将教师深度地教和学生深度地学有机融合起来，真正让学生感悟数学知识的本质，感悟数学的思想方法，才能让学生的数学核心素养落地生根。

理论阅读三：读《为深度学习而教》的感悟

当下，大部分学生都可以通过智能手机获取许多知识，因此在现代世界中，迫切需要培养人更全面的能力。《为深度学习而教》这本书正是为我们提供了一些有力的工具，使学生逐渐具备相关的能力。今天读到"预测和假设"这部分内容，其中"基于预测和假设的引子"让我想到了平时教学中如何用好的问题引发学生深度思考，进而达到深度学习。

在一堂课的开始，教师给出的一个好"引子"，也就是好的问题，会激发学生的好奇心，鼓励学生回顾之前学过的知识，并让学生尝试建构意义。虽然设计出好的引子有多种方法，但最有效的方法莫过于让学生自己进行预测或生成不确定的假设，并在课堂或单元学习时验证这些假设。比如：

问题一：是的，但这是为什么呢？

用这样的问题来引发学生更深入的思考。比如在我校举行的一年级、二年级、三年级"数学计算技能"的研讨课中，一年级林老师在教学"两位数加一位数"不进位加法的过程中，先让学生摆一摆、拨一拨、画一画或算一算来得出84+4的结果，并让学生分别展示不同的计算方法：有计数器、小棒、数线图、竖式、口算、数数等。但是无论用哪种方法，都是要把4和84个位上的4相加，这时老师提出思考性问题："是的，4要和84个位上的4相加，这是为什么呢？"再让学生借助计数器、小棒、数线图、竖式等解释："4表示4个一，84个位上的4表示4个一，而8表示8个十，所以只能是个位和个位相加。"

让学生通过独立思考，给足思考空间，结合动手操作，数形结合，经历由具体实物到抽象的过程，经历算法整理的过程，引发学生对加法竖式算理的深度探究与思考，加深对算法的理解。

问题二：如果……会怎么样？

用这样的问题来激发学生的探究欲望。比如，在探究《三角形三边关系》时，给出指定长度的几根小棒：2厘米1根、3厘米2根、4厘米1根、5厘米

1根、6厘米1根。先让学生预测可以选择哪三根小棒？学生可能把所有的搭配都说出来：2，3，4；2，3，5；2，3，6；3，3，4；3，3，5；3，3，6；3，4，5；3，4，6；3，5，6。然后老师提出问题"如果选择……这三根小棒，结果会怎么样呢？"让学生小组合作探究，组长合理分工，并借助学具完成表格（如表1-1所示），这样学生的探究欲望被激发起来，在合作中完成探究过程，并很快得出结论。

表1-1　三角形三边关系探究单

选择哪三根小棒	结果会怎样呢？
2，3，4	
2，3，5	
2，3，6	
3，3，4	
3，3，5	
3，3，6	
3，4，5	
3，4，6	

问题三：归纳学习

归纳学习的目的是帮助学生学习通过归纳继而发现大概念并作出明智的预测。这个工具的一大优势在于，能够激励学生对正在学习的内容进行概念上的综述。这是一个大胆的教学行动，将对学生的理解产生巨大影响。

比如在某一单元或者某一模块学完之后，让学生试着用思维网图的形式进行小组合作总结本模块的内容，提升学生的归纳总结能力（如图1-2至图1-5

所示)。思维网图是一种非线性的格式，它允许学生自由地组织思维，如此一来，他们就可以把更多的注意力放在捕捉和处理信息上，而不是单一地遵循与传统提纲相似的格式。思维网图的格式使学生无法进行低级的复制抄写行为，必须将所学内容转换成可视的信息进行自己的意义建构，特别适合帮助学生表示事实和概念之间的关系。

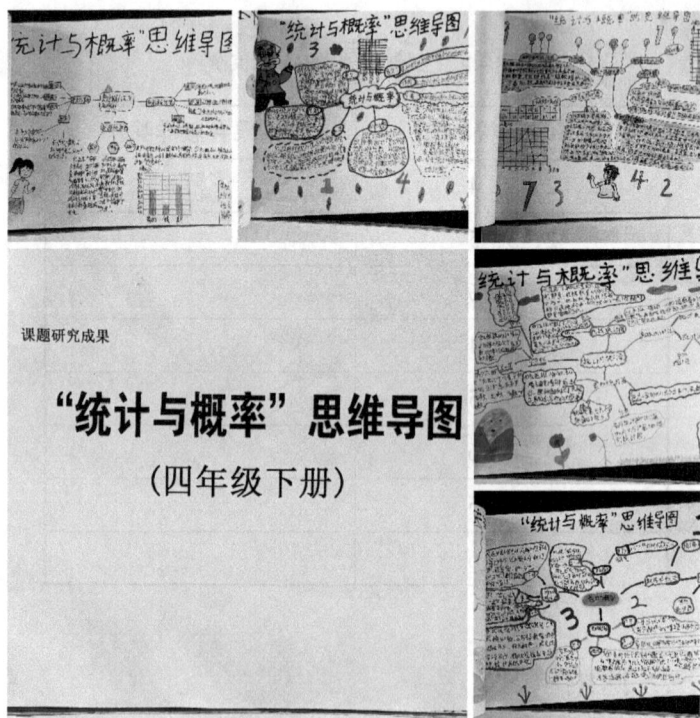

图 1-2　学生思维网图作品 1

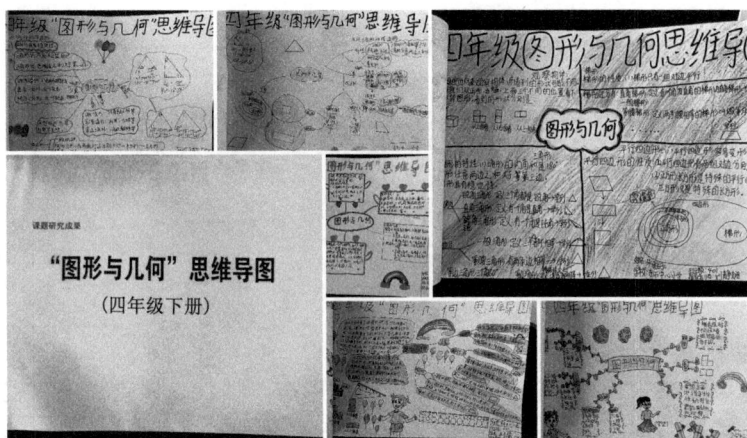

图 1-3 学生思维网图作品 2

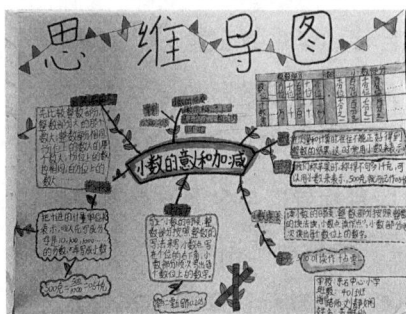

图 1-4 学生思维网图作品 3

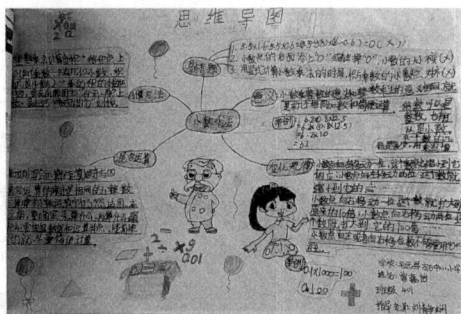

图 1-5 学生思维网图作品 4

很多时候，我们的学生只获得了肤浅的、流于表面的知识，这些知识无法帮助他们应对现实世界更复杂的挑战。而好的问题的设计往往是学生通往深度学习的桥梁。陶行知先生说："发明千千万，起点是一问。"课堂中教师用问题引领教学，就能把准学生的思考方向、拓展学生的思维广度、提高学生的思考深度、提升自己的教学智慧，从而实现高效的课堂教学。

第二章

小学数学深度学习的课堂样态

▶ 本章导读

何为样态？简单地说，样态即样式、形态、情状。课堂样态，就是课堂的状态，它是"教育本质规律的真实外显"，具有活动、生态、特色的属性，因学习目标、内容、方式和学习方法上的侧重不同，所呈现的"学生状态""教师表现""课堂特征"维度也就各不相同。帮助学生学会"深度学习"是"深度教学"的一个重要目标。学生真正意义上的深度学习需要建立在教师深度引导的基础之上，深度教学是教师教与学生学有机融合的教学活动，是两者不可或缺的统一体，它注重教师与学生共同地、积极地、广泛地、全身心地参与，注重阶段目标导向与全面发展取向，注重知识与知识的关联、知识与世界的联系，注重教师引导下学生主动探究、有效感悟和科学建构，通过高质量的教学活动促进学生在思维水平、认知能力和学习能力上的深入和发展。郑毓信教授认为，从某种意义上说，深度教学是一种超越，超越具体知识和技能深入思维的层面；超越具体的数学方法和策略过渡到一般性的思维策略与学生思维品质的提升；超越"学会数学"提升到帮助学生"学会学习"，超越"数学学科"逐步走向"学会思维"，真正成为学习的主人，真正落实核心素养。

第一节　核心素养下的小学数学深度学习

核心素养是学生应具备的适应终身发展和社会需要的必备品格和关键能力。2022年版义务教育课程方案和课程标准修订的关键抓手，就是要把党的教育方针和国家的教育目的具体化、细化，转化为学校教学可把握、可落实的具体要求，即明确和培养学生的核心素养，通过核心素养为学生"画像"，这个画像有三个基本要求：政治立场鲜明、价值导向清晰、知行要求明确。每门课程有各自不同的育人功能，共同完成学生这个"人"的"画像"。这就要求学校和教师必须转变育人理念和育人方式，回应核心素养教育的时代要求。在这个方面，深度学习的理念和实践可为我们提供有益的启发和借鉴。

"深度学习"的概念最早源于人工神经网络的研究，1976年瑞典学者马顿和萨乔将深度学习引入教育和学习领域，引起人们的广泛关注，相关研究逐渐兴起。国内关于深度学习的研究相对较晚，伴随着新一轮课改而逐渐展开。事实上，著名教育理论家杜威倡导的"做中学"就蕴含着深度学习的思想，他强调学生自主学习和反省思维。我们不难发现，心理学家皮亚杰的认知发展理论、布鲁姆的教育目标分类学、布鲁纳的发现学习、奥苏贝尔的有意义学习等观点，都包含着深度学习的理念。关于深度学习的内涵，目前心理学界主要有以下几种理论观点，这几种观点有内在的一致性。

一是深度理解说。这种观点强调学习者对知识的理解，认为深度理解是深度学习的基本标志。无论是学习的目的与方式，还是学习的过程与结果，深度理解都是深度学习的核心要义，是学习者运用多种不同的学习策略发现知识与知识之间的纵横联系，灵活地迁移运用知识解决实践情境中具有挑战性的复杂问题，从而达成对学习材料的理解。

二是一般迁移说。这种观点既强调学习者对知识的深度理解，又强调学习者在问题解决中的知识迁移与运用。深度学习不仅要求学习者通过多次信息加工、精细的深度建构和复杂的高阶思维去获得新的知识和技能，而且要求学习者能够主动改变自己的认知结构、思维模式和行为方式来迁移运用新获得的知识、技能，作出决策和解决问题。

三是体验学习说。这一观点将学习视为一个体验的过程，认为体验是人类学习与发展的根源，学习是学习者掌握经验、改造经验和运用经验适应外部世界的持续过程，是体验、反思、归纳、应用等环节整合学习的过程。

四是三元学习说。这种观点基于实证分析，认为整合性学习、高阶学习和反思性学习是深度学习的三个主要成分。其中，整合性学习是学习者基于已有的生活经验和认知结构，融汇多个学科领域的知识，并通过多种不同途径和方式对知识进行学习；高阶学习是学习者将更高层次的认知能力，比如分析、综合、评价、创造等运用于知识的建构和问题解决过程中；反思性学习是学习者对自己的思维模式、学习策略和问题解决过程进行认知、监控和调节，是一种元认知的学习。

一、深度学习的误区

"深度学习"是当下的热门词汇，是一种受到中小学教师追捧的思潮。课堂深度学习是课堂上学生在教师的引导下，通过对知识的理解与创造，实现认知结构完善、实践能力发展和复杂情感体验的过程。课堂深度学习存在于课堂这一特定情境之中，尤其关注学生学习结果的丰富性、学习环节的完整性和学习过程的引导性，教师倘若对其把握不准，很容易陷入误区。

误区一是重"难"轻"得"：知识目标单一。

有些教师认为，教学内容越难，就越能实现学生课堂深度学习，以"难"为"深"，事实上，教师片面加大难度，一方面直接影响学生对知识的深度理解——当教师过于追求知识难度时，在有限的时间里可能呈现的是大量碎片化、缺乏来龙去脉和清晰结构的知识，极易违背学生的认知规律，导致学生理解"困难"；另一方面影响了学生的心理发展，学习内容的艰涩容易让学生产生"挫败感"，直接影响学生的学习兴趣和自信心，甚至自我认知，学生很难得到真实的发展。所以，当教师一味地追求知识难度，以知识的难度代替学生学习的深度时，学生在课堂中的实际收获是非常有限的，甚至可能因为"受挫"而对后续学习产生消极影响。

误区二是重"高"轻"低"：学习环节单一。

单一高阶思维是发生在较高认知水平层次的心智活动，或较高层次的认知能力，它在教学目标分类中表现为分析、综合、评价和创造。在教学实践中，有些教师对课堂深度学习和高阶思维的理解过于片面，以至重"高阶思维"轻"低阶思维"：有的课堂只重知识的"拔高"而忽略了学生对基础概念和原理的学习；有的课堂过于强调"迁移"。从而忽视了学生对文本本身的"理解"。虽然深度学习是针对浅层学习提出的，但倘若教师将两者完全割裂，只是片面强调高阶思维而忽视学生对知识的记忆和理解，其结果将是：一方面，学生并没有完全理解所学内容、基础不牢，"低阶思维"也没有得到相应的发展；另一方面，学生的高阶思维因为失去了"根基"，成为无源之水、无本之木，难以实现真正得到发展。

误区三是重"学"轻"教"：教学关系偏离。

课堂深度学习强调学生在学习中的参与性、主动性和创造性。但在实践中，有些教师将课堂深度学习简单地等同于学生自己学习，教师几乎完全放手。学生在课堂上看起来在"深度参与"，实际上因为缺乏教师的有效引导而陷入形式化、表面化和简单重复的学习中。很多教师的课堂看似学生"自主学习"，但失去教师合理而充分的引导，学生的合作只能是表面化、形式化的，其思维活动呈现低层次、重复性现象，学生的学习是低效甚至无效的。事实上，课堂深度学习反对的是教师将学生视为客体，让学生被动地甚至被迫地进行机械记忆、简单提取的学习，但并不反对课堂中教师的引导作用。当然，课堂中教师对学生的任何引导，只有在触发或优化学生的学习活动时，才能真正发挥作用。所以，教师要准确把握在自己课堂中的地位与作用，切实促进学生的课堂深度学习。

二、数学深度学习的特征

什么是深度学习？教育部基础教育课程教材研究中心主持的"深度学习"教学改进项目提出，深度学习是"在教师引领下，学生围绕着具有挑战性的学习主题，全身心积极参与、体验成功、获得发展的有意义的学习过程。在这个过程中，学生掌握学科的核心知识，理解学习的过程，把握学科的本质及思想方法，形成积极的内在学习动机、高级的社会性情感、积极的态度、正确的价值观，成为既有独立性、批判性、创造性，又有合作精神、基础扎实的优秀学习者，成为未来社会历史实践的主人"。核心的目标指向学生的核心素养发展。深度学习强调的重点在于培养学生的高阶思维和问题解决能力，都可以理解为高阶思维。那么，小学数学应当沿着什么方向开展深度学习实践？这是我们一线教师期望得到解决的实际问题。

（一）理解

理解一是理解算法背后的算理，小学数学的许多规则就是算法，掌握算法是学习数学的基本功，需要学生会用这些规则解决问题；但是，算法的基础是算理，会使用算法只是一种工具性理解，明白这其中的算理才能达到关系性理解。二是理解知识的结构体系，对知识点的理解只是表层的理解，要让学生明白知识之间的联系、构建起知识网络才是真正的理解。数学中，许多新概念都需要在旧概念的基础上来定义，如果学生对旧概念不清楚，或者没有辨析新旧概念的内在联系，就难以理解新概念。三是理解数学的思想方法，只要有数学知识就有潜藏于知识深层的思想方法，两者相互融合、共同流淌。符号化思想是小学阶段出现得最早的数学思想，从数的表示到数的运算、数的大小比较……数学符号无处不在。符号从表示个别（具体数字）到表示类别（字母代数），形成了数学这棵大树生长的经络。深度学习，就是要教师挖掘潜藏的思想方法，揭开遮掩的面纱，转隐性知识为显性知识，引导学生去领略数学思想方法的美丽容颜。

（二）生成

生成即诞生新的思维成果或学习产品，学习是一种生长而不是复制，建构主义的落脚点是新知识、新方案的产出。素养立意，深度学习，需要两次问题解决历程，第一次是从旧知到新知的问题解决历程，第二次是从新知到未知的探路奠基历程。新知学习最好的方法是从旧知走向新知，新知实质上是旧知的重新组合与创新。如果能让学生从已学知识、技能、方法等入手，大部分新知内容就可以迎刃而解，并没有那么生涩难懂。

（三）迁移

迁移分为近迁移与远迁移，近迁移指将所学的经验迁移到与原初学习情境比较相似的情境中，远迁移指个体能将所学的经验迁移到与原初的学习情境极不相似的其他情境中去。近迁移可以设计知识迁移的情境，创设有故事、有趣味、有探究问题的空间，不仅训练学生解决问题的能力，还培养他们提出问题的能力。远迁移最常用的是数学思维，或知识用到其他学科，如语文学科中也常常出现可以应用数学知识的场景，用定量方法研究某个作家的用词习惯，用黄金分割方法设计景物的构图等等。"为迁移而教"，举一反三，融会贯通，运用知识、思维的迁移规律，帮助学生塑造良好的认知结构，不仅是一种高效的学习方式，也是素养立意"培养学生做事能力"的基本需求。

三、小学数学深度学习的载体

崔成林老师认为深度学习的三个学习载体是大单元设计、教学评一体化教学原则和结构化思维教学。素养也好，新课标也好，没有有效的教学载体是难以落地的。

（一）大单元设计

大单元设计是以大任务、大情境、大活动开展相关的学习活动，以整体的目标任务为驱动力，依据课标，将教材单元转化为大单元，围绕大单元主题（大概念），促进学生迁移应用，设计大作业，发展学生的课程核心素养。作为一名一线教师自己本身要有结构意识，然后根据单元知识维度和认知维度，重新调整课时内容和课时安排，首先对教材和对应的课程标准进行分析，提炼单元大概念，建构单元课程，设计单元教学、单元反思，把知识串起来对知识重新进行建构。不过需要注意的是，这里的单元设计不是自然的单元设计，而是对内容的重新整合，仅从概念上来看，单元整体教学或又称大单元教学，它指的是教师从整体的角度把握知识结构和数学思想方法，更加关注系统的学习概念，把每一个单独的知识点放到完整的系统架构中去理解。因此大单元整体教学需要我们老师以序列化的思想对待自己的数学课堂，解读教材，分析学生，重新整合单元知识，将"点"上的课时研究放置于"面"的知识体系进行架构，帮助学生以知识网络或概念域的形式进行存储，从而促进学生自主建构，把所学的知识联系起来，更好地学习。

（二）教学评一体化

教学评一体化即目标、教学、评价一致性教学原则，这是教学设计与组织的本质，同时又可以以此搭建"驱动性问题""挑战性问题""嵌入性评价"三大学习支架。让"有教学、无评价"成为过去时，当下的教学一定是嵌入评价量规，即评分标准，在思维障碍处、学生困难处搭建"问题解决"或"活动规则"评价支架，引导学生高质量"做事"。在真实情境中开展知识迁移、思维进阶的大活动，遵循"学、展、评"的学习链，遵循"提出问题—组织学习—成果呈现—交互反馈—梳理归纳"的问题解决流程，从而不断丰富自己，形成成果，进行反思评价，完善自己的学习历程。

（三）结构化教学

我们作为课程和课堂的实施者，要高度重视教学结构化。结构化学习是以数学知识体系为基础，从学生已有的知识体系出发，进行转化、迁移、梳理、归纳、整合，从而形成新的知识体系的学习过程与方式方法。学生在学习过程中需要观察、思考、假设、验证、反思，需要找到知识点之间的联系，需要发现本质的数学规律，从而建构出全新的认识结构。结构化既体现在内容的结构性上，也体现在数学思想方法的结构性上；既体现在知识系统的结构性上，也体现在学生认知过程的结构性上；既体现在老师课堂结构、板书形式的结构性上，也体现在学生思维结构性的孕育和发展上。

深度学习是教育适应信息化社会发展要求的必然结果。学校和教师需要转变"学习即知识获得"的传统观念，系统改进教学和学习生态，使学习进入学生的心灵深处和知识内核，触及学生作为人的根本部分：意义、情感、价值、生活和问题解决等，其实这些就是学生的核心素养，是学生作为一个人真正有用的关键知识、态度和能力。

第二节 指向深度学习的课堂样态之认识与思考

何为样态？简单地说，样态即样式、形态、情状。课堂样态，就是课堂的状态，它是"教育本质规律的真实外显"，具有活动、生态、特色的属性，因学习目标、内容、方式和学习方法上的侧重不同，所呈现的"学生状态""教师表现""课堂特征"维度也各有不同。朱德江老师的《重塑学习 小学数学深度学习课堂样态新探八讲》一书的下篇主要结合典型课例，阐述了五种课堂样态的要义、学导策略及关键技术，对我们的小学数学课堂样态做了很好的指导和引领，下面是我在阅读过程中的精彩摘要。

一、精彩回放

在平时的教学中，我们经常能看到或听到这样的现象："学生好像都听懂了，做题却错很多""类似的题都会，变式或综合一点的题就不会了，迁移应用解决实际问题更困难"导致后面越学越没有兴趣学。这些现象产生的原因是"听讲+记忆+操练"的传授型教学为主导造成学生经历体验不足，知识碎片化、零散化的结果。这些现象就是美国学者戴维·珀金斯提出的"脆弱知识综合征"，戴维·珀金斯提出有三种值得关注的知识学习结果。

一是惰性知识，这种知识存在着，却不起任何作用，除非明确提示，比如考试，否则我们不会想到用它；

二是幼稚知识，学生在学习后重新回到早期对问题部分或全部错误的直觉理解状态；

三是模式化知识，这是一种问题解决的常规知识，学生机械地执行处理事务的方式，只学习解决问题的步骤，而不理解使用这种步骤的原因。

这样的"脆弱知识"形成的原因，主要是学生经历的是浅层学习，只是记住了这些知识，没有真正理解知识，也就不会灵活应用知识。

只有推动学生真正理解的深度学习，促进学生知识的内化和结构化，实现知识的灵活迁移应用，才能减少"脆弱知识"现象，而且相较于接受普通教学的学生，进行深度学习的学生在复杂问题解决、协作、学业投入、学习动机和自我效能等方面均显示出更高水平。现代社会已进入信息化、网络化、智能化的时代，育人目标、学习环境、学教方式也都在发生深刻变革，在注重学生能力素养发展的背景下，学生的学习急需通过教学的变革进行重塑。朱老师认为，重塑学生的学习可以从以下四个方面进行改进。

1. "放大学"

教学中给学生更多的自主学习的机会，让学生的"学"有充分的时间和空间，在丰富的学习活动中，主动、积极地参与学习过程，逐步实现"会自学、会思考、会倾听、会表达、会提问"。另外，"优化导"。教师要从"课堂讲授"转向"组织学习"，从"教学"转向"助学"，通过学习组织、学习指导、学习反馈，以"导引方向，引路搭桥"等方式有针对性地帮助学生学习，促进学生能动而有效地学习。也就是说，重塑学教关系，重视"学"但又不能忽视"导"，做到"学"与"导"的合理契合，学生在教师有目的的引导下开展有深度的学习，实现高质量的学习。

2. 重塑学习内容

一方面，要以单元整体教学的视角看教材，厘清单元学习目标，以单元"大概念""核心任务"为统领，适度调整、适度整合、适度拓展；另一方面，教学要尽可能选择真实情境、真实任务作为学习材料，沟通数学学习内容与生活的联系。

数学学习学什么？学生的学习时间总体是有限的，怎样选择和重塑学习内容，促进学生在数学学习中有自己的思考、自己的发现、自己的顿悟，增知识、长见识、悟道理，实现思维的发展、素养的生长和心智的成熟？一方面，要以单元整体教学的视角看教材，厘清单元学习目标，以单元"大概念""核心任务"为统领，适度调整、适度整合、适度拓展；另一方面，就一节课而言，也要基于教材和学情挖掘"深度学习点"，把握核心学习内容，促进学生的学习着力于关键点、困惑点。也就是说，通过研读与重构，要明确学习内容的优先顺序，促进教学着力于应当深入持久理解的内容，也就是格兰特·威金斯（Grant Wiggins）和杰·麦克泰（Jay McTighe）提出的"大概念和核心任务"。数学学习中的大概念，可以是数学学科的核心概念，如位值制、十进制、加法、减法、乘法、除法、方程、函数、度量、模型等，也可以是一些学科重要观点，如"加减法计算的本质就是相同计数单位的数相加减""把未知图形转化为已知图形探究图形面积的计算方法""统计数据和统计图表的选择要根据具体问题的需要""解决问题要基于问题的本质寻找有效信息""点动成线、线动成面、面动成体"等等。无论是学科核心概念，还是学科重要观点，这些"大概念"具有聚合事实、主题、经验等作用，可帮助学生形成思维框架，促进有效迁移和应用。另外，教学要尽可能选择真实情境、真实任务作为学习材料，加强数学学习内容与生活的联系。

学生解决真实情境问题时，学习的动机更强，学习的程度更深，学习的获得更多。

德国学者有过一个精辟的比喻："将15克盐放在你的面前，无论如何你难以下咽，但当将15克盐放入一碗美味可口的汤中，你早就在享用佳肴时，将15克盐全部吸收了。情境之于知识，犹如汤之于盐。盐需溶入汤中，才能被吸收；知识需要融入情境之中，才能显示出活力和美感。"因此，教师选择和重构学习内容时，要善于用蕴含问题的真实情境呈现学习任务，激发学生积极的学习情感和深度思维的产生。

3. 重塑学习方式

数学学习怎么学？当前，很多课堂学习还是以"听讲+模仿+操练"为主要学习方式，还存在着"以听代学""以练补学"等现象，学生的思维活动被导向到回答、印证、记忆标准答案和操作程序等，学习浮于面上，学生被动地、机械地、孤立地记忆所教授的知识，没有主动的深层思考，没有真正理解知识，不会灵活应用知识。

转变学习方式是重塑数学学习的关键，促进学生的学习从"被动学习、机械学习、浅层学习"走向"主动学习、意义学习、深度学习"。学生的"学"不能是"喂食式"，核心是引导学生"参与、建构、表达"，提高学习参与深度。可以通过具有开放性、挑战性、探索性的"核心问题"和"大任务"，驱动学生"卷入学习"，开展"自学、思考、表达、倾听、提问、讨论、反思"等学习，学习过程充分展开，促进学生"入学、真学、深学"，在挑战中建构，在交互中深入，实现理解的通透、知识的迁移、心智的成长，真正从"浅层学习"走向"深度学习"。

4. 重塑课堂样态

课堂是学生学习的主阵地。学习内容有多样性，学习者具有差异性，不同的年段、不同的内容、不同的课型就需要有不同的教学方式及其学导路径。因此，促进深度学习的课堂样态也应是多元的。课堂样态是指课堂上学生学与教师导的教学方式、教学结构等，是实现深度学习的路径与方式。促进学生深度学习的课堂样态可以是多元的，如"问题导学""预学分享""做中学""混合式学习""长程学习"等，每一种课堂样态都具有自身特定的功能、学导路径和适用范围等。教师可以根据学习内容的特点、学生的学习特征等选择适合的课堂样态，撬动学生的"入学、真学、深学"，实现深度学习。

朱德江老师描述了下面五种数学深度学习的课堂样态：

（1）"问题导学"课堂样态：从"敢问"走向"会问"。问题是数学的心脏，是导向深度学习的关键。"问题导学"课堂样态，通常是用围绕学习目标具有"大张力"的"大问题"或者一组具有一定结构的"问题串"，以问题来引导学生沉浸、深入、彻底地思考，促进学生学习的真实发生。这种课堂样态是以问题为主轴，借助多元对话互动、反馈、导向性评价，实现对知识的整体和多角度表征；导学中的问题，可以是教师围绕重难点的预设问题，也可以是学生自己发现、提出的问题。教师通过创设轻松和谐的课堂氛围，激发学生积极的学习情感，提出"你发现了什么？知道了什么？""能提出什么数学问题？"……引导学生发现某种数学事实、提出预答式数学问题或疑惑式数学问题；教给学生发现和提出问题的策略，让学生从敢问、有问走向会问。

（2）"预学分享"课堂样态：从"学会"走向"会学"。预学分享的课堂样态，是基于独立预学的分享讨论式学习的数学课堂。通过转换学教结构，通过"独立预学—分享交流—深度讨论—应用拓展"的学教结构，实现由"教为中心"到"学为中心"的转变。在这种"先学，后分享，再讨论"的课堂样态中，教师要深入研究"学什么，怎么学""分享什么，怎么分享""讨论什么，如何将学习导向深入"等关键技术，注重学生参与的深度和探究的深度，引导学生关注知识背后的为什么，从学会走向会学，促使学习走向深入。

（3）"做中学"课堂样态：从"学做"走向"思做"。苏霍姆林斯基说："儿童的智慧在指尖上。"做中学的课堂样态，体现"做中学—学中思—思中做"的教学理念，旨在通过有层次的做来建构活动经验，让学生在动手与动脑中"做""思"结合，在做中体验，在做中思考，在做中内化，通过有效度和深度的"思"，让"做"更有指向，更有内涵和品质。

（4）"混合式"学习样态：从"单一"走向"多元"。随着新技术的发展及在教育教学中的应用，"资源就在身边，交互即时出现"。"混合式学习"的课堂样态，就是数字化学习环境下线下学习与线上学习相结合的教学方式，通过线上的差异化自主学习及线下的深层次交互学习，促进学习更深入、更真实地发生。换言之，就是科技赋能，充分发挥"互联网+"作用，使智慧课堂升级为信息技术与学科融合化、师生交流互动立体化、学习时空开放化的课堂，在交互中让学习方式从单一到多元，促进学生综合素养的发展，培养高阶思维能力。

（5）"长程"学习样态：从"课时"聚焦"整体"。"长程学习"是指整体把握学习目标，突破课时限制，以问题或项目学习为引领，以"放长学习过程、思考过程、理解过程"为核心，让学生在更从容的学习和思考中，更深地"入"、更好地"学"、更透地"悟"，促进知识间的联系综合、迁移应用，实现深度学习。所以，为落实课程育人目标的达成，我们教师要提升教学设计的站位，从关注单一的知识点、单节课时转变为有结构的单元整体教学设计，以单元为主题，关注知识间的相关性，进行整体建构、整体谋划、整体思考，把碎片化的知识点形成知识体系，提升学生的学科思维能力，真正实现教学设计与素养目标的有效对接。

二、我的思考

这五种课堂样态指向明确，从"是什么""为什么""怎样做"给出了具体的指导，其精髓都是指向深度学习，发展核心素养，促进学生成长，彰显了"新样态课堂"的理念。何为新样态课堂？中国教科院基础教育研究所所长陈如平给出了解释：新样态并不是要创造一个什么样的新状态，而是要回到育人的根本，回到教育教学本质规律上来审视课堂教学是否真正符合规律，是否跟教育常识一致，是否跟基于大量教育教学实践所积淀形成的教学规范、教学常态一致；让课堂"有人性""有温度""有故事""有美感"。所以说，教学绝不单单是知识的传递，教学的目的是实现学生的全面发展，让学生在知识学习中形成核心素养，在学习中得以成长和发展。而我们探究课堂教学样态的目的，就是打造高效品质课堂（何为高效？课标给出了明确的解读：高——观念高、育人目标高、教学目标高；效——在日积月累中享受终身受益的教学效果，使得学生的心灵不断得到润泽），指向深度学习，实现思维进阶，实现小学数学培育人的本质。当然，这几种课堂样态并不是孤立、割裂的存在。单一、固化的样态是刻板的，一以贯之地使用，便会在僵化中兴趣索然；多元、多样的课堂样态，才能不拘泥定法，不断创新，新颖有趣，更加丰富多彩，更加个体化。所以，我们在实际教学时要结合自己的班情、学情，将其作为一种参照性的指导方略，灵活应用。

佐藤学在《静悄悄的革命》一书中指出：课堂如果改变，学校就会改变，由此可见课堂的价值和意义。课堂既是开展学习活动的基石，也是教师提高自己课堂教学质量，为学生发展乃至终身发展奠定基础的重要阵地。我们要发挥这块阵地的最大效益，就要转变观念，创新方法，努力提升与丰富教学方式，上好每一堂课，要让学生经历真实的探究、创造、协作与问题解决；关注个体成长，从知识的习得进阶到情感、价值、智慧的集成，让深度学习在课堂中真正地真实发生，践行"创造适合于每一位学生发展的数学教育"的学科发展目标。

那什么是具体的深度学习呢？一位老师怎样才能在课堂上实现深度学习？读完本书，给我以下启发。

（一）要熟悉教材，把握学习内容的数学本质

在一次讲座上，尤一老师说过："语文老师是整本书阅读，数学老师应该是 12 本书阅读。"整体把握了教材的结构，才能够做好上下串联，实现知识结构化，这是实现深度学习的前提。记得省技能大赛特等奖获得者许贻亮老师执教的《折线统计图》就是从整体结构出发，关注折线统计图的核心问题。其教学导入就与众不同，给人耳目一新的感觉。

【案例】（许贻亮老师的课堂教学导入）

师：很高兴和大家见面，话筒来不及递怎么办？

生：那就大声说。

师：今天要上什么课，知道吗？

生：折线统计图。

师：很好。看，屏幕上两个什么字？

生：故事。

师：喜欢听故事吗？

生：喜欢。

师：为什么喜欢听故事？

生：因为故事有趣。

生：因为故事情节丰富。

生：因为小故事大道理。

生：因为故事可以带我们到达我们走不到的地方。

师：非常好，今天上一节什么课呢？就上数学故事课。今天讲的故事跟什么有关？

生：线。

师：我们学过什么线？

生：直线、射线、线段。

师：好，我们就上一节跟线有关的数学故事课。

（出示上中下三条线段）

师：仔细看，这是一组线，你看到了什么？有什么特点？

生：颜色不同，长短相同。

师：这是一组互相平行的平行线，这个故事特别简单，一看就懂。变化一下，会不会有点儿不一样呢？（移动上下两条线段）从左往右看，你又发现了什么？

生：呈放射状。

师：上面哪一条？（升）中间一条？（平）下面哪一条？（降）稍微变化一下，这个故事就有点儿不一样，升、平、降（学生一起做手势）。如果把这三条线合在一起，这个故事会不会更不一样？为了说这个故事，首先带来一件科技产品，（出示步数手表）这个手表能做什么？（测步数）这个叔叔买了步数表，他记录了一周的数据，你能读懂它吗？交流一下，谁来说说你读懂了什么。

许老师通过故事情境、平等对话展开教学，设疑促思、激发兴趣，在准确把握教材整体结构的基础上，寻找知识之间的关系，将"碎片"的知识结构化，让"隐藏"的联系显性化，让学生在系统中感受整体，在结构中实现建构，在思维中学会思考，从而最终实现"为思维而教"的核心素养指向的培养目标。由此可见，数学课堂教学，教师可以在全面把握教材结构的基础上，关注教材知识横向、纵向关联，引导学生将学到的知识举一反三地迁移到新的情景之间，在新的情景中完成自主构建，让学习真正发生。

（二）设计沉浸式的学习历程

没有让孩子经历过程，不可能有深度学习。问题产生和解决的过程是不可压缩的，因为有过程的学习能促进学生对知识的深刻理解，从而"知其然，知其所以然"。那么，如何实现有过程的学习呢？我想要设计合理的学习路径，还要有开放性的、探索性的、挑战性的问题或者学习任务，驱动学生积极思考、探究。激活学生的思维状态，层层递进，引导课堂学习的走向和思维活动的深入。

知识之间不是孤立存在的，教师可以将新知纳入更为宽广的背景中，横向联系、多角度构建，形成网状知识结构，进行深度学习。例如在学习"角的度量"中，可以将量角器和刻度尺进行横向"求同"对比，观察发现它们都有起点、标准刻度、终点。度量方法都是用终点刻度减去起点刻度。在教学

"体积单位"时,可以将体积单位与长度单位、面积单位进行横向对比,探究发现,计量时三者都是先确定标准单位,再计量出有几个这样的标准单位。数学教材在编排内容时,一般都是遵循螺旋上升的认知的过程,将同一个知识点的内容安排在不同的学段进行学习。教学时,教师应把握教材的整体脉络,解读不同学段的教学目标,将所学知识进行纵向关联,形成结构化知识网络,进行深度学习。例如,教学五年级用数对确定位置和六年级用数对和方向确定位置时,教师应探寻两种确定位置方法的相同之处,建立融通的认知结构,进一步理解确定位置各要素的必然联系,从而凸显两线相交确定交点的内在本质,提升学生的思维,为后续的学习和发展奠定基础。

数学知识具有很强的内在逻辑性,许多同类知识具有相似的学习结构,教师在教学中应善于捕捉知识之间的相同结构,并迁移到新的学习任务中,开拓学生自主探究的空间,促进学生高级思维的发展。例如,在教学"交换律"时,加法交换律和乘法交换律有相似的学习结构,教师可以整合教学内容,在加法交换律的教学中提炼出"猜想—验证—概括—拓展"的学习结构,并引导学生思考:减法、乘法、除法中交换律是否都成立?为学生的探究搭建"脚手架",给学生自主探究留出时间。用教材教而不是教教材。教师要善于分析教材、理解教材,挖掘教材的结构特点、内在联系和育人功能,从而发展学生思维,提高自己的教学品质。数学具有结构化的特点,数学结构化教学可以促进学生主动学习能力的提升。在教学活动中,对于联系比较紧密的知识,教师可以适当地采用结构化教学的方法,突出知识间的联系。对于关联性不是十分明显的知识点,也可以进行知识间的梳理和重组,尝试教学创新、发展学生能力,提高教学质量。

(三)以学生为中心组织教学,促进深度学习的有效实践

在外出培训中,很多专家都提到了"学习金字塔"(如图2-1所示),它

用数字的形式，形象地展示了不同方式学习后的保存效果。由图呈现的结果可以看出，从听讲—阅读—视听—演示—小组讨论—个人实践，学习内容留存率越来越高，由5%增至75%；而最后一种在金字塔基座位置的学习方式是"教别人"或者"马上应用"，可以记住90%的学习内容。所以课堂应从讲授转向组织学习，以学生为中心，自主学习和教师引导相结合，让学生多讲、多做、多分享。

图2-1　学习金字塔

正确的学习方法是影响学生有效迁移的重要因素。教学中，教师应注重学生学习方法的研究，指导学生如何带着问题学习、如何听课、如何复习等，只有在正确的学习方法指导下，才能提高学习效率。许多知识内容之间具有相似性，教师在教学中还可以让学生把熟悉的学习方法迁移到相似的学习任务中。例如，在教学"三角形的面积""梯形的面积""组合图形的面积"时，由于学生学习了"平行四边形的面积"，而后续其他平面图形的推导过程和"平行四边形"的方法是一样的，都是用转化法将未知的图形通过割补或剪拼转化成学过的图形。因此，在教学时，教师可以引导学生独立思考，尝试通过"拼"或"割"的方法将平行四边形面积公式的推导方法迁移到其他平面图形或立体图形，在迁移过程中构建知识、完成任务，体验学习的快乐。

三、我的策略

"深度学习"的课堂理念和课堂教学设计思路，成为近年来我们课堂教学改革的热点之一。如何在课堂教学中引领学生深度学习的发生？这是作为每一位教育者都应思考的问题。在朱德江老师理论的引领下，笔者结合自己的教学实践，从聚焦学习主题、目标、过程三方面促进"深度教"进行了有效尝试。

（一）聚焦学习主题，促进深度学习

深度学习的重要范畴是知识本身。深度学习要围绕挑战性学习主题展开，学习主题的确定是以数学核心内容为基础的，小学数学主要包括数的认识、数运算、常用量、数量关系、图形的认识、图形的测量、符号的认识、数据收集和整理，每个核心内容又可分为一些小的核心内容，教学设计的核心内容解决的不是一个问题，而是一类问题。

美国教育学家、心理学家布鲁纳认为："学生对所学材料的接受，必然是有限的。怎么能使这种（有限的）接受在他们以后一生的思想中有价值？对这个问题的回答是：不论我们选教什么学科，务必使学生理解该学科的基本结构……掌握学科的结构以理解这个学科，可以使许多其他的东西与该学科有意义地联系起来。简而言之，学习结构就是学习事物是如何联系的。"数学知识是有结构的，数学教学也是有结构的。结构化的教学需要立足"类"的建构，把握数学知识之间的整体结构，要关照"联"的统整，体现数学教学中的元素关联、活动关联和方法关联，要聚焦"变"的实施，在变与不变的辨析中理解知识的本质内涵、主动建构知识、形成结构。深度学习不同于教师在课堂上只遵循教材将一个个已经明确的知识点、概念、意义教授给学生，只关注将

多个零散和孤立的知识点讲明白、讲透彻，而是让学生在深度学习的主题单元中，通过一系列活动在探索中理解知识，在经历知识的过程中，体会知识是可分析、可增长、可延伸的，体验到学科知识背后的思维方法、思维方式、思想观念，感受到学科独有的魅力。

比如具有共同的本质特征的重要内容"常见的量"，包括长度、面积、体积、质量和时间等，这些内容都具有"度量"的本质，小学阶段的度量，都可以通过实物操作，使学生理解测量的本质是度量单位的建立和累加。再如，"数量关系"这个概念的本质，是两个数量之间的相差关系或倍比关系的抽象表达，纵观小学阶段两个量之间倍比关系（比率）的内容，有整数倍、小数倍，表示比率意义的分数、百分数和比的内容，后者都可以看成是对"整数倍"扩展。因为这一组核心内容的相同关键思维，都是研究两个数量之间的倍比关系。因此，在"数量关系"内容的教学设计中，可以抓住这类知识教学的核心作为课堂教学的突破点。

找出了核心内容，再确定深度学习主题，比如"小数的意义"作为核心内容，可成为深度学习的主题，像吴正宪老师的"小数的意义"可以作为"数的认识"单元主题中的起始课，也是种子课，就可以进行深度学习的教学设计。"倍的认识"这节起始概念课可以作为"数量关系"这一组深度学习主题中的重点课题进行研究，"认识钟表"可以作为"时间的认识"的起始课，对于同一内容的学习具有启示性作用，也可以覆盖更多类似内容的学习。再如"面积"这一单元学习主题的确定，是基于文本研读而形成的。把"面积"作为一个完整的主题来分析，研读一年级到六年级的教材与课标，提炼出关于面积的核心内容，其核心内容就包括面积的认识、面积单位、长方形和正方形的面积以及面积单位的换算。核心素养指向：空间观念和数感。本单元可以"度量"为基础的持续性探究过程贯穿整个面积的学习。

（二）聚焦学习目标，促进深度学习

深度学习的目标包括对核心知识的理解和掌握，在掌握核心知识的过程中培养学生的核心素养。核心素养的确定，需要通过核心内容的整体单元分析来完成，也就是说，核心教学目标的提炼是对单元内容进行整体分析的结果，要从学科本质和学习情境的分析中，提炼出学习主题所反映的高阶思维和关键能力。

下面结合"面积"主题单元进行分析：通过对教材纵向的分析发现，一维空间的长度度量、二维空间的面积度量、三维空间的体积度量，每一个度量对象的学习都经历了同样的过程："认识测量对象，建立概念—认识度量单位—用单位直接度量—用公式直接度量—实际应用。"由此可以发现，"面积"这一主题内容的核心应该是"单位"的理解与运用，可以将面积的学习聚焦在"单位"这一主线上，这样面积的本质是一个数量，是某一个单位的个数。

通过对各版本教材的横向分析，学生都要感受面积度量的本质，体会由非标准单位到标准单位的度量，并会用单位进行度量，解决问题。所以在教材分析的基础上，教学设计时以"单位"为核心，将单位作为度量的标准，帮助学生辨析困惑，正确理解度量单位最终完成对面积的定量刻画。

根据以上的单元内容分析，确定"面积"单元整体目标和第一课时"面积与面积单位"的具体目标，"面积"的单元整体目标是本单元在学科内容领域上要达成的整体的终极目标，"面积与面积单位"的教学目标是对单元整体目标纵向上的系列化、序列化分解。面积的知识属于"常见的量"，小学阶段常见的量有很多，比如"长度""时间""体积""重量""角"等，其本质是度量，概念的深度理解依靠对度量单位的理解（如图 2-2 所示）。

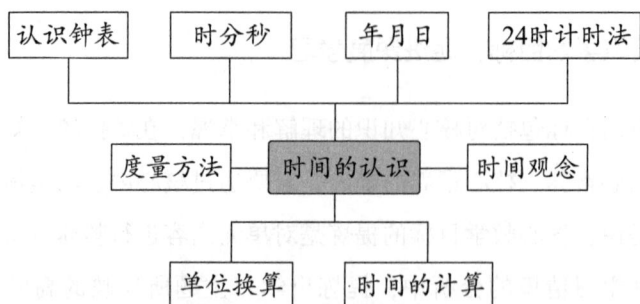

图 2-2　单元整体目标纵向的系列化、序列化分解

当然，把知识放大到整个"常见的量"的体系里，我们还可以利用"数轴"形成"时间尺"，将抽象的、不断流逝的时间与直观的数轴建立联系，将"时刻"与数轴上的"点"建立联系，将"经过的时间"与两点间的距离建立联系（如图 2-3 所示）。

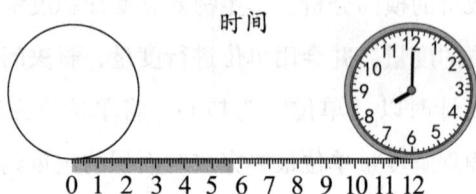

图 2-3　"时刻"与数轴上"点"的联系

（三）聚焦学习过程，促进深度学习

小学数学深度学习活动的教学设计与组织是开展深度学习的重要一环，在深入分析学习主题和确定目标的基础上，将单元学习内容进行重组或分解，对于重点体现单元目标的内容进行深度学习设计。教学设计的突破口在于针对学习主题和学生学习特征创设问题情境，提出引发学生深度思考的关键问题，设

计解决问题的操作或实验活动，组织学生围绕关键问题进行深度研究。

以"面积"这一课为例，本课设计的核心活动为：比较两个不同图形的面积大小。该活动中，学生面临的第一个"大问题"是两个图形的面积哪个更大，也指向了"什么面积？"这个问题，而且引发了学生对面积概念与周长概念的认知冲突，进而引发深度学习。第二个大问题是"用什么工具来测量面积进而进行比较？"教学设计中，学习任务的设计要渗透学习的方法和步骤，这样的教学活动设计使学生的操作和探究更具有时效性。我们可以为学生提供规范的学习指导，如"先用手摸一摸这两个图形""再想一想怎么比较这两个图形面积的大小（可以剪一剪、拼一拼，也可以借助学具袋里的学具摆一摆，还可以尝试其他方法）""想好后，先把自己的想法写在学习卡上，再动手试一试，验证自己的想法是否正确"。学生通过自主思考和挑选工具来测量两个面积的大小，这样的情境活动给了学生探究的"大空间"，每个学生的选择虽然有所不同，但是对面积本质的理解都是形象和深刻的。

在"时间的认识"初始课"认识钟表"中，我们可以借鉴长度的测量经验，设计体验活动一："经历钟表这一计时工具的产生。"利用动态演示，把一个由 12 个大刻度的直尺弯曲成一个圆形，先让学生理解刻度 0 和 12 的重合，可以认为 12 下面隐藏着 0，那么 12 既可以代表时间的开始，也可以代表一段时间的结束，这同时也解决了 8:00，分隔符前用 8 表示"时"，用分隔符后面的 0 表示"分"。

体验活动二："了解钟表的测量原理。"让学生拨动指针，经历时针和分针从 0 开始由小数走格子转动走向大数，体会顺时针方向的产生，从而为后面教学快几时了，几时过一会儿，和计算经过的时间等教学重难点都做了基础和铺垫。心理学的研究表明，调动起学生的不同感官，有助于学生对标准时间单位建立清晰、准确的感知。

由此可以设计体验活动三："单位时间内（1 秒、1 分或 1 时）能做什么?"将时间的长短与某些行为的次数建立联系,将抽象的时间转化为能够具体感知的"量",能帮助学生体验时间的长短,感悟计量的本质,使学生对时间的认识更具体、更直观,从而有利于促进学生对时间的理解,帮助学生建立时间观念。

总之,深度学习力求聚焦数学核心内容,实现少量主题的深度覆盖,是师生共同成长的过程,对学生学习和教师教学提出了更高的要求,教师只有认真钻研、深入研究,才能真正引领学生的深度学习。

第三章

小学数学深度学习的教学策略

▶ 本章导读

　　课堂是学生学习的主阵地。学习内容有多样性，学习者具有差异性，不同的年段、不同的内容、不同的课型需要有不同的教学方式及其学导路径。因此，促进深度学习的课堂样态也应是多元的。我们教师可以根据学习内容的特点、学生的学习特征等设计恰当的教学策略，撬动学生的"入学、真学、深学"，实现深度学习。

第一节 教师行为转变的策略

◇ "五步提升策略" 转变山区小学数学教师教学行为的实践研究

摘要：近几年到各县、市（区）听课、调研，发现我市小学数学教师专业知识素养的发展不容乐观，在顺应新课改教育理念方面还存在明显差异。"教师是知识的传播者，学生是知识的接受者"的传统观念仍然普遍存在，我市小学数学课堂教学中被动、单一的接受式学习仍居主导地位，这一现象令人深思。究其原因，主要体现在以下几个方面：教学理念、教学行为更新不够及时，课标、教材理解不够深入等，从而影响教学行为，导致教学质量不高。我深感有责任和义务进一步寻找一种符合提升我市小学数学教师专业知识素养的策略，加快更新教师教学理念，转变教学行为，从而更好地培养学生的核心素养。

关键词：小学数学教师；专业知识素养；策略研究；教学质量

一、问题提出的背景

（一）落实立德树人的需要

《义务教育数学课程标准（2022年版）》中的课程理念中提到："义务教育数学课程以习近平新时代中国特色社会主义思想为指导，落实立德树人根本任务，致力于实现义务教育阶段的培养目标，使得人人都能受到良好的数学教育，不同的人在数学上得到不同的发展，逐步形成适应终身发展需要的核心素养。"因此，只重视传统知识的教学，而忽略对学生良好学习习惯，以及学习能力养成的教学模式已难以支撑新课标提倡的"以生为本"的理念，反之教师要不断更新教学理念，转变教学方式，要注重学生"学"的过程。

（二）培养学生数学核心素养的需要

《义务教育数学课程标准（2022年版）》中的课程目标提道：课程目标的确定，应立足学生核心素养发展，集中体现数学课程育人价值，新课标提出的：数感、量感、符号意识、运算能力、几何直观、空间观念、推理意识、数据意识、模型意识、应用意识和创新意识这11个核心词，要求从以下三个方面去培养：一是会用数学的眼光观察现实世界；二是会用数学的思维思考现实世界；三是会用数学的语言表达现实世界。这11个核心词是相互关联、融合的，培养学生的核心素养则需要在教师的指导下才能达成。因此，在课堂中教师用怎样的教学行为指导学生有效学习并培养学生的核心素养，就成为山区教师还需思考的问题。

（三）改变我市山区小学数学教学现状，提高教学质量的需要

近几年，从我到各县（市、区）听课、调研的情况来看，我市小学数学课堂中教师蜻蜓点水式教学现象还比较严重，依旧是用传统教学行为灌输学生掌握"双基"，使学生的核心素养得不到培养，学生无法获得真切的情感体验，学习兴趣不高，教学质量提高不明显。主要表现如图3-1所示：

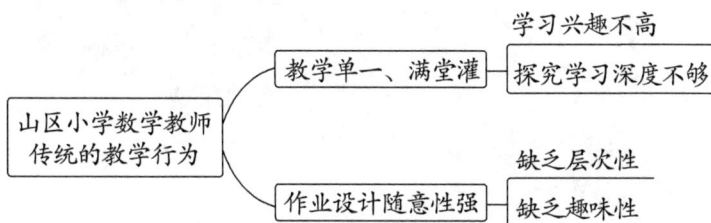

图3-1 山区小学数学教师传统的教学行为

针对以上情况，我深感有责任和义务寻找一种落实新课标要求、符合我市山区学情的教学策略，更新教师教学理念，转变教师教学行为。经过多次下校调研和文献研读，最终提出了"提升小学数学教师专业知识素养的策略研究"这个课题。课题组根据我市小学数学教学中存在的"单一、满堂灌"的教学现状，经过两年多的反复探索、实践和验证，形成了更新教师教学理念，转变教学行为的"五步提升策略"，为一线教师提供了一套提升自身专业知识素养的策略，并通过较大范围的试验，来提升我市小学数学教师的专业知识素养的策略可行性。

二、"五步提升策略"策略结构

为了提升小学数学教师的专业知识素养，促进教师教学行为的转变，提升课堂教学能力水平。本课题拟通过从文本解读、课堂研讨、作业优化、讲座培训、成果推广"五步提升策略"来提升我市小学数学教师的专业知识素养，从而提高教学效果，培养学生核心素养的发展。"五步提升策略"每项内容各有具体的策略研究，它们相辅相成，环环相扣，形成阶梯式整体（如图3-2所示）：

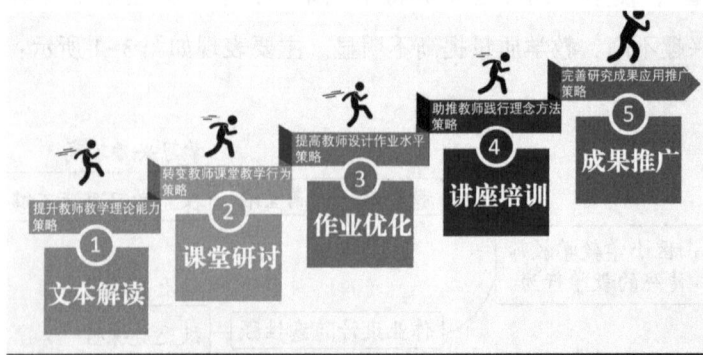

图3-2　"五步提升策略"转变山区小学数学教师教学行为

三、"五步提升策略"策略实施步骤

（一）提升教学理论策略——文本解读

把教材、教参、课标作为教学的主要依据，我们将立足提升教师对文本的解读能力的研究，提高教师理论知识水平。教师承担着教书育人的重要职责和使命，无论是课堂上还是课后，教师面对的诸多问题都需要足够的知识储备进行解答，这就要求教师要持续不断地学习。首先，我们要组织小学数学教师深度研读课标、教材，准确理解和把握课标的具体要求，钻研教材，准确地把握每一课时的教学重难点等；其次，学习有关书籍、专著，学习报刊专栏中相关专题的提升策略，了解同行们最前沿的思考与探索，学习新理念下的教育教学，从而更深刻地领会、把握教育的内涵与规律。

（二）转变教学行为策略——课堂研讨

教师教学行为的转变是本次课题研究是否能深入推进的关键因素，主阵地仍然是课堂，为了能更好地提升我市小学数学教师队伍的专业素养和教学能力。我多次组织了常规教研、校本教研、区域教研等活动。比如：2020 年 7 月 3 日上午，我率先带头在市区域教研活动中为教师们展示了一节《队列表演二》的精彩课例，本节课中，我基于学生的认知起点，从单元整体教学的视角出发，充分运用教材提供的知识，把以前学习的"两位数乘一位数"进行正迁移，从激活旧知到理解新知再到最后的串联整合，环环相扣，层层深入，在师生融洽的课堂氛围中，充分凸显以学生为主体的新课程理念，把学生的主体作用发挥得淋漓尽致，真正做到把课堂还给学生。这节计算示范课为教师在计算教学中如何正确处理算理和算法的关系，提供了很好的示范领航作用，让听课老师更深刻地认识到计算课给学生带来的不只是会计算，更重要的是学习背后渗透的数学思想和方法。

（三）提高作业设计策略——作业优化

为深入贯彻落实中共中央办公厅、国务院办公厅印发《关于进一步减轻义务教育阶段学生作业负担和校外培训负担的意见》的相关要求，落实新时代立德树人教育根本任务，促进全市小学数学教师积极探索"双减"政策背景下的作业优化设计，提高作业质量，助力学生全面发展，我把小学数学教学中的作业设计作为研究内容之一，深入分析当前作业设计中存在的主要问题，提出了解决对策。2022年3月我组织了梅州市小学数学优秀作业设计评比活动，以此转变教师教学行为，提升自身专业知识素养。

（四）助推践行理念、方法策略——讲座培训

我邀请了名师、专家通过讲座、报告等形式贯彻新理念。2020年12月11日上午，广东省特级、正高级教师古芹巧校长在丘成桐国际会议中心给课题组成员及与会教师做了一场"课标解读"的精彩讲座；2021年4月27日，广东省特级、正高级教师钟玉坤副部长，应邀到平远县东石镇中心小学为课题组教师做了"提升小学数学教师专业知识素养的策略研究"专题讲座，专家们高屋建瓴的理论引领为课题组教师做了理论指导和专业引领，促进教师转变教学理念，使到会的每一位教师对积极探索转变教师教学行为的方向有了进一步的思考。

（五）完善成果推广、应用策略——成果推广

为了更好地验证成果的可行性，"五步提升策略"在市区域性的同课异构，省、市名师工作室联合教研活动，全市小学数学青年教师技能比赛中多次广泛应用、推广，培养青年教师快速成长，并在实践中不断反复完善研究成

果，也进一步提升了我市小学数学教师专业知识素养发展，促进了教育教学质量的提升。比如：2020 年 12 月梅州市小学数学教师技能大赛在我的组织下，在蕉岭县桂岭学校顺利举行，课题组成员黄惠娟、陈德生、梁媛民分别指导的三位青年教师也参加了此次比赛，均获得一等奖；2021 年 5 月 19 日我组织了梅州市"聚焦课堂教学变革，构建科学评价体系"（小学数学学科）课堂教学评比展示活动在梅江区林风眠小学举行；2021 年 12 月梅州市小学数学教师技能大赛在我的组织下，在大埔县城东小学顺利举行。这些教学展示比赛活动的举办，聚焦教材，直击课堂，不仅给参赛教师践行了新的教学理念，转变了教学行为，展示了自己的教学风采，更为我市小学数学教师营造了一个互相学习、相互借鉴、彼此交流、共同提升专业知识素养的平台。

四、"五步提升策略"提升小学数学教师专业知识素养的特点和优势

第一，随着时代的发展及我国实际教育需求的变化，教育部于 2022 年 4 月 21 日公布了新《数学课程标准》，从数学眼光（即会用数学的眼光观察现实世界）、数学思维（即会用数学的思维思考现实世界）、数学语言（即会用数学的语言表达现实世界），这三个层面深刻阐述了 11 个数学核心素养，用怎样的引导方式去培养？真正的挑战在于教师的课堂教学，所以我们教师一定要不断学习新课标、更新教学理念、转变教学行为，更好地提升自己的专业素养，从而改变学生的学习方式。那么，我们本课题以"五步提升策略"为实践研究，是《义务教育数学课程标准（2022 年版）》要求把培养学生的核心素养落实到我们的学科教学中来最明显的特点。

第二，通过"五步提升策略"的理论学习和实践研究，更新了小学数学教师的教学理念，转变教学行为，改变学生的学习方式，创设了平等、民主、

和谐、以生为本的高效课堂教学模式。

第三，通过"五步提升策略"实践研究，鼓励全市小学数学教师追求高效而富有个性特色的课堂教学，进一步提升教师的科研兴教意识和教育科研能力，提高教师的整体素质和业务水平，促进教师的专业化发展。

第四，通过"五步提升策略"的实践研究，找到提高我市小学数学教学实效性的策略，推动教师对数学课堂教学行为的转型，对教师在教学实践中具有一定的参考价值或指导意义。

第五，通过开展小学数学学科特点的"五步提升策略"模式的探究，拓展校本研究的思路，为我市山区小学数学学科教学提供可借鉴的经验，为全面提升我市山区学校教学水平提供参考，促进山区学校教学优质化，通过开展切实可行的理论学习和教学研究，转变教师教学理念，提升教师的专业素质和教学能力。

五、"五步提升策略"提升模式在教学实际中的反思与后续研究方向

第一，"五提升策略"每项内容各有具体的策略研究，它们相辅相成、环环相扣，但每一个策略又可分段分时间实施，利于我们边总结教学经验，边把总结出的教学经验运用到教学实践中，验证理论成果和实践操作的合理性，再进行教学反思，再研究、再探讨、再升华，将教学与科研有机结合，提高研究的效率和教学的效果。

第二，"五步提升策略"的模式在我们实践研究中来看，能在很大程度上帮助我市小学数学教师提升专业知识素养。在课堂教学中，课程提倡自主、合作、探究的学习方式；而学生在智力水平、学习习惯、学习能力等方面存在着明显差异，尽管教师应用各种方法调动学困生学习的积极性和主动性，但效果

还是会参差不齐。

第三，"五步提升策略"对于我市课堂的有效性有待进一步提高，一些教师的课堂管理能力不足，难以关注到全体学生，导致有些课堂的"合作"流于形式，总是优秀学生展示的机会多，学困生则成了观众和听众，缺乏独立思考，直接从好学生那里获取信息，没有达到应有的学习目的。甚至还有部分教师思想相对保守，不够信任学生，还在牢牢掌握着课堂主导权，这就需要我们在接下来的实践研究中不断去调整和优化。

第四，"五步提升策略"转变山区小学数学教师教学行为的实践研究，研究周期较短，研究成果还不够成熟。研究的很多方面都是初步探索尝试，在落实上还需继续完善补充。如教师能否拥有准确把握教材、课标的能力；储备丰富的相关学科领域的知识，不能局限于教材范围的知识，教师要学会"用教材"而不是"教教材"等。

总之，教师专业知识素养的高低会直接影响课堂教学质量的效果，提升教师专业知识素养也是一个长期的系统工程。所以，我们只有客观面对教师在课堂教学中存在的问题和不足，进一步加强组织教师理论学习，提高自身专业水平，更新教学理念，转变教学行为，使教师能自发、自主地结合日常教学工作开展教学研究，提高课堂效率，不断推进梅州山区课程改革均衡、协调、稳步发展，努力推广好的经验，为我市基础教育的可持续发展作出应有的贡献。

【参考文献】

[1] 中华人民共和国教育部：《义务教育数学课程标准（2022 年版）》，北京师范大学出版社 2022 年版。

[2] 张海红：《小学数学教师课堂教学行为转变研究——基于小学生数学核心素养提升的背景》，硕士学士论文，江苏师范大学教育科学学院，2018 年。

第二节　计算教学的策略

◇指向深度学习的计算教学

摘要：深度学习是学生感知觉、思维、情感、意志、价值观全面参与、全身心投入的活动，它是针对实践中存在大量的机械学习、死记硬背的浅层学习现象而提出的，指向学生高级认知和高阶思维、立德树人、发展核心素养，指向培养全面发展的人。文章从深度"厘清运算意义——解决算从何来（Where），理解算理——解决为什么这样算（Why），掌握算法——解决用什么策略算（What），应用算律——解决如何让计算更简单（Way）"4个方面进行阐述，探索运用4W策略，让深度的教与深度的学在计算教学中真正发生。

关键词：深度学习；计算教学；4W策略

深度学习是学生感知觉、思维、情感、意志、价值观全面参与和全身心投入的活动，它是针对实践中存在大量的机械学习、死记硬背的浅层学习现象而提出的，指向学生高级认知和高阶思维、立德树人、发展核心素养、培养全面发展的人。深度教学和深度学习是时代的呼唤，是教育发展的必然，也是课标落地的重要策略。

小学阶段的计算教学包括对运算意义的理解、对算理和算法的理解以及对算律的运用，其中运算意义的理解是解决算从何来（Where），理解算理是解决为什么这样算（Why），掌握算法是解决用什么策略算（What），应用算律是解决如何让计算更简单（Way）。下面以北师大版小学数学四年级下册小数的加减法和乘法这一板块的教学为例，探索运用4W策略，让深度的教与深度的学真正发生。

一、深度厘清运算意义——解决算从何来（Where）

整个小学阶段数的范畴主要是整数、小数和分数，计算教学就是对以上数的加减乘除。在这里，首先是要孩子们知道计算的本质是什么，这些数的计算有什么共同点和不同点，对共性的知识可以开展结构化教学，促使学生进行联结性的学习。对于不同点则展开不同维度的辨析。这种属于意义性的教学，一般都安排在某个知识学习的起始，起着统领后续板块学习的作用。所以，弄清楚此内容的本质，能够为后面理解算理、掌握算法、应用算律奠定基础，在此基础上进行迁移性的数学学习。这样的教学，从本质上对运算的内涵有了更清晰的认识，并进行有效的意义建构，在结构化学习、迁移性学习中促使深度学习真正发生。如"买菜（小数的不进位加法和不退位减法）"的教学，它的实质是"相同计数单位的个数相加减"，所以小数加减法也是在这一共同本质统领下来展开学习，解决算从何来（Where）。

【**教学片段**】

师：孩子们回忆，怎样进行整数加减法？

生 1：相同数位要对齐。

生 2：相同数位上的数才能相加减。

生 3：个位对齐。

师：对！整数加减中"有同数位上的数"的实质就是"相同计数单位的个数"。小数的计数单位指的是什么？请你们举个例子具体说一说。

生 4：小数点右边的第一位是十分位，它的计数单位是十分之一，比如这里的 4，就表示 4 个十分之一。

生5：小数点右边的第二位是百分位，比如0.48的"8"，表示8个百分之一。

师：0.4+0.2如何相加？

生6：4个十分之一加2个十分之一，就是6个十分之一，也就是0.6。

……

以上教学是在脱离了具体的"元、角、分"情境下进行的，这样既厘清了小数加减的本质是什么，也为后续学习分数加减法积累学习经验，利用知识的迁移，深刻理解分数单位相同的分数就能直接相加减的内涵。这样的教学，学生厘清了"算从何来"的意义，同时为后面理解算理、掌握算法、应用算律奠定必要的知识基础，从而能进行有效的迁移性数学学习，让学生从本质上对加减法的内涵有了更为清晰的认识并进行有效的意义建构，实现结构化学习、迁移性学习，促使深度学习真正发生。

二、深度理解算理——解决为什么这样算（Why）

"算理"是学生进行计算的根据，它是计算教学的灵魂，是理论的根基，它的功能就是让学生明白为什么这样算（Why）。算理有一定的抽象性，小学生的年龄特点决定了他们的思维是以形象思维为主的，所以要明白计算背后的原理是有一定难度的。所以我们可以从多层次、多视角进行"算理"教学，从不同的维度让学生对算理进行探究和体验，感悟很多算理的相通之处，从而深度理解"为什么这样算"。在这个过程中，我们可以采用数形结合、算用同步、横竖对应等策略实现算理的深度理解。

以教学小数加减法中"买菜"的教学为例，课本呈现了"售货员收了3.66元，对吗？"这一问题情境，在学生列出算式"1.25+2.41"后，让学生画一画，多角度地利用旧知识解决新问题。在此基础上，引导学生对算理进行深度探究：可以利用已有的知识经验，把 1.25 元化成 1 元 2 角 5 分，2.41 元化成 2 元 4 角 1 分，列出算式 1 元+2 元=3 元，2 角+4 角=6 角，5 分+1 分=6分，合在一起就是 3 元 6 角 6 分即 3.66 元（如图 3-3 所示）。

```
1 元+2 元=3 元
0.25 元+0.41 元=0.66 元
1.25 元+2.41 元=3.66 元
```

图 3-3

　　再在面积模型直观图上圈出 1.25 和 2.41，从而明晰 1.25 和 2.41 各个数位上的位值，理解 3.66 这个值的意义，实现"以形助算"（如图 3-4 所示）。

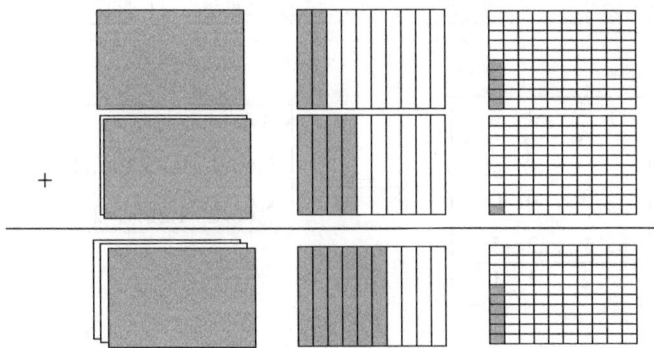

图 3-4

　　最后引导学生列出竖式，同时追问每一步求出的意义，百分位的 5 个0.01 加上 1 个 0.01 就是 6 个 0.01，与横式中 5 分+1 分=6 分是一致的，十分位的加法求出的是几角，个位求出的是几元（如图 3-5 所示）。

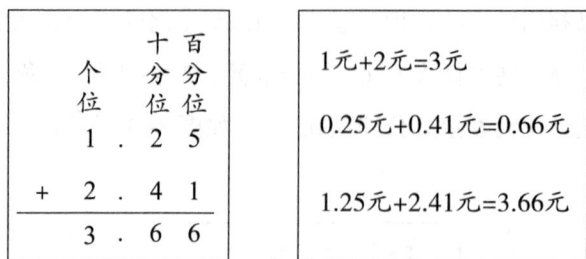

图 3-5

减法也一样，面积模型直观图上圈，进行横式与竖式进行对应（如图 3-6 所示）：

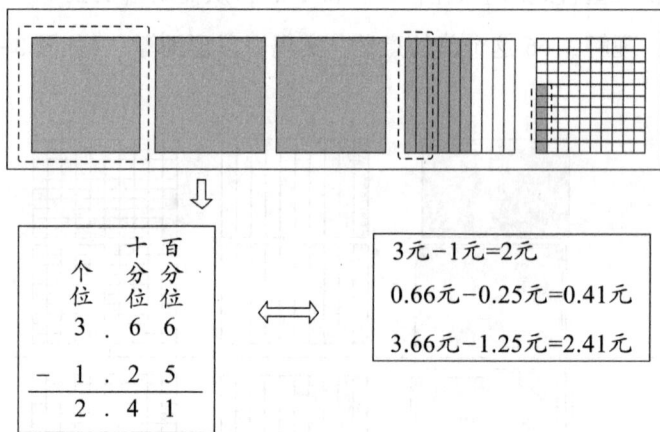

图 3-6

这些计算方法都是借助元、角、分这一现实背景进行的，竖式计算小数加减法实质就是呈现第一种计算方法的思维过程，利用生活经验帮助学生理解"小数点为什么要对齐"的深层含义。在本例题的学习中，小数点对齐，即是"元"为单位的数对齐，"角"为单位的数对齐，并通过第二、第三种方法的对比，沟通整数加减法和小数加减法之间的内在联系，小数点对齐实质就是相同数位对齐，实现知识间的迁移。通过算用同步、数形结合，弄清横式的思路和意义后，着重让学生剖析竖式中每一步的算理，通过一一对应将横式与竖式进行对照，运用横式中获得的"理"深入理解竖式每一步计算的依据，重点突出竖式中"为什么6角写在十分位，6分写在百分位"的道理。这样通过多种手段、多次沟通将学生对小数加减法笔算算理的理解不断引向深入。

三、深度掌握算法——解决用什么策略算（What）

算法是解决用什么策略算的问题，它是学生在理解了算理后对计算过程的归纳和概括，熟练的算法策略对提高学生计算的准确率有着非常重要的作用。在引出算法的时候，教师要有的放矢地运用"联结"的思想，有意识地让学生沟通和提炼方法间的内在联系，帮助学生形成网状的知识结构，并且逐层递进。这样，学生经过归纳算法整理原有的知识体系，让学生的迁移性学习能力得到有效提升，从而促进学生可持续性学习力的发展，这种学习方式正是深度学习的体现。

例如，在教学小数加减法中的"比身高"时，可以让学生先回顾笔算整数加减法的计算方法：相同数位对齐，满十进一，不够减时向高一位借"10"。接着让学生回顾不进位、不退位的小数加减法的笔算过程，关键是小数点对齐。此时，学生计算 2.4 米+1.7 米，可能还是根据小数的意义，以 0.1 为计数单位，看成 24 个 0.1 加上 17 个 0.1，把小数加减法转化成整数加减法。但我们要引导学生注意策略的最优化，用竖式计算是最快捷、最方便的方法，十分位上的 4+7＝11，满十向个位进一，小数点的位置不变（如图 3-7 所示），依此类推，百分位满十向十分位进一。

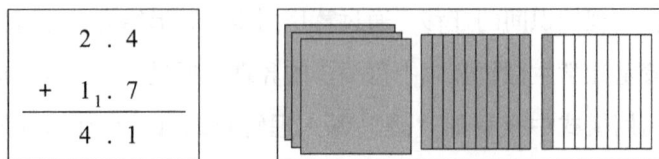

图 3-7

计算 6-2.4，在理解了小数末尾补"0"的根据后，利用整数退位减法的计算经验迁移到小数的退位减法，十分位上的"0"不够"4"减，要向个位的"6"借 1，变成 10 个 0.1。2.4-0.8 中，向个位"2"借 1，个位就变成 14 个 0.1 了，减去 8 个 0.1 还剩 6 个 0.1，个位写 6（如图 3-8 所示），这样不管是几位小数加减几位小数的算法都能自己类推出来。

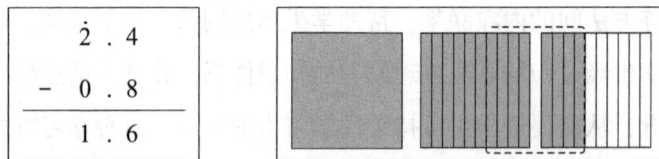

图 3-8

通过数形结合，理解用竖式计算两位数乘两位数的算理，发展学生的计算能力和演绎推理能力。这种抓住共同本质进行迁移、抓住不同之处进行辨析的内联式算法学习，能使计算教学向高级阶段深入挺进，有力地发展了学生的迁移性学习能力。

四、深度应用算律——解决如何让计算更简单（Way）

"算律"即运算定律，它是"算法"的升级版，通过对"算法"的改造或变形，让计算变得又准又快。在小学阶段，学生对运算定律的掌握是"一听

就会，一做就错"，特别是乘法分配律，经常发生与乘法结合律混淆或者是
"丢三落四"的错误，这样造成很多学生不愿意去灵活应用简便算法。作为教
者，我们应该深入地思考如何来定位运算定律的教学，学生在完成准确计算即
"对"的基础上，就要拔高一些要求——算得"快"，找到简便算法的关键。
所以，运算定律的教学，要以"算得快"为任务驱动，激发对算式、运算符
号等进行观察、比较，从而恰当地进行改造，建立数学模型，感受"又准又
快"的成功体验。这样的教学能使学生体验到学习新知的必要而产生强烈的
内驱力，让运算定律的探究不断向深度发展。

比如小数乘法的"手拉手（小数的加、减、乘混合运算）"的教学，出
示情境（如图3-9所示）。

物品	练习本	铅笔盒	《数学家的故事》
单价/元	2.8	6.1	7.2

图 3-9

让学生自主地发现问题并提出问题，随机抽取与课本情境相近的问题：给
希望小学的5名同学分别买1本练习本和1本《数学家的故事》，一共要花多
少钱？学生自主解决并分享：

生1：我是这样做的，用5本练习本的钱加上5本《数学家的故事》的
钱，列式是2.8×5+7.2×5=14+36=50元。

师：还有不同的想法吗？

生2：我是先算1本练习本和1本《数学家的故事》共多少元，再算5本
的总价钱。列式是（2.8+7.2）×5=10×5=50元。

师：这两种思路都可以解决这道题吗？有什么共同点和不同点？

生3：我认为这两种算法都可以，答案是一样的，但是第一种是先乘后

加，第二种是先加后乘。

师继续追问：比较一下，你更喜欢哪种思路，为什么？

生4：我喜欢第二种，因为可以直接口算，括号里的刚好是10。

师：你们喜欢这样算得又准又快的感觉吗？你们发现规律了吗？

生5：我知道了，是上个学期学的乘法分配律，$a×c+b×c=(a+b)×c$。

在此基础上我引导学生继续拓展，提问：（1）"99×34+34"可以看成99个34加（　）个34，所以99×34+34＝（　＋　）×34。（2）"67×99"可以看成100个67减（　）个67，所以67×99=67×（　）。由"乘加"延伸到"乘减"，引出"整数的运算顺序和运算定律在小数乘法里同样适用"。另外，对12.5×32×2.5和（12.5+1.25)×8两种简便算法进行深度辨析，在辨析中明白要根据题目需要灵活运用运算定律，而不是死板机械地套用。这样，也可以把这种积累的数学经验迁移到分数的计算里，让前后的知识实现结构化、一体化，帮助学生形成完善的知识网络。

总之，指向深度学习的计算教学，就是要在借助意义、理解算理的基础上掌握算法、活用算律，把"意义""算理""算法""算律"既分开探讨，一一突破，又做到有机联合，全盘考虑，让教师的深度教学和学生的深度学习在计算教学中真实、有效地发生。

【参考文献】：

[1] 周丽珠：《基于板块视角探讨深度教学——以计算教学板块为例》，《小学数学教育月刊》2022年第Z1期。

◇夯实计算教学 聚焦核心素养

《数学课程标准（2022 年版）》指出："运算能力主要是指根据法则和运算律进行正确运算的能力。能够明晰运算的对象和意义，理解算法与算理之间的关系；能够理解运算的问题，选择合理解决的运算策略解决问题；能够通过运算促进数学推理能力的发展。"可见小学阶段学生的运算能力不是天生就有的，而是需要培养的。所以教学中注重计算教学的引导学习，不能仅仅为使学生掌握计算方法而教学，使数的计算教学走向简单操练的极端，教师要采用合理、科学的教学方式和教学内容呈现，引发学生的学习兴趣，促使学生积极思考、主动探索，诱发学生展开思维的翅膀，课堂就会因学生的积极参与而精彩纷呈。下面以北师大版数学三年级下册"两位数乘两位数的笔算乘法"一课为例，谈谈在小学数学计算教学中如何夯实计算教学，进而聚焦核心素养。

一、唤醒旧知，激发欲望

学生学习数学的过程是建立在经验基础上的一个主动自我建构、自我生成的过程，学生总是从已有水平和生活经验出发来理解和建构新的知识或信息，而且学生的个人知识、直接经验也是重要的课程资源。因此，在教学中教师要注意挖掘教材内容，利用学生已有的经验资源构成课程资源的主体，让学生在主动参与学习的过程中唤起已有的经验，把新知识纳入原有的认知结构中，并为学生提供充分的从事数学活动的时间和空间，使学生在观察、操作、猜测、交流、反思等活动过程中，真正理解和掌握计算的法则和方法，同时获得广泛的数学活动经验。

【教学片段1】

1. 用开火车的形式复习一位数乘整十数、两个整十数相乘的口算，唤起学生的记忆。

2. 出示 14×2，让学生用竖式计算并口头说出竖式计算两位数乘一位数的计算方法，达到温故而知新。

3. 复习 14×12 的横式笔算方法，利用学生学过的知识通过转化来解决新的问题。

本环节根据学生已有经验，通过一位数乘整十数、两个整十数相乘的口算，两位数乘一位数的竖式笔算和两位数乘两位数的横式笔算，让学生进行有意义的知识建构，回顾旧知有利于知识的提取、迁移和应用。为新课两位数乘两位数的竖式笔算做好铺垫，让学生在轻松快乐的氛围中积极参与、互动，进而激发学生探究学习的欲望。

二、巧设导入，激活课堂

数学家弗赖登塔尔说："数学是现实的，学生从现实的生活中学习数学，然后再把学到的数学知识应用到现实中去。"数学教师的任务之一是帮助学生构造数学现实，并在此基础上发展他们的数学现实。因此，在教学过程中，教师应该充分利用学生的认知规律、已有的生活经验和数学的实际。当运算的意义以生活场景为背景时，可以化抽象为直观，帮助学生理解算理、建构算法。通过呈现学生熟悉的与知识背景密切相关的生活情境，让学生在观察、操作、猜测、交流、反思等活动中体验、感受和理解数与运算的意义，激发对探索计算的兴趣，进而通过一定的运算使问题得以解决。因此，在教学中教师要创设一些与学生生活经验有关的、有趣的、现实的问题情境，调动学生的认知系统，点燃学生求知的火花，使学生积极参与到运算技能的学习与训练过程中，诱发学生思维的积极性，从而激活课堂。

【教学片段2】

师（出示课件）：同学们，老师大年初一在亲友群发了 12 个红包，每个 14 元，你们能帮老师算一算一共发出了多少元吗？

师：会计算吗？

生：会。

师：怎样列式计算？

生：14×12。

师：上节课在计算学校参加队列表演的人数时，我们利用点子图学习并掌握了 14×12 的横式笔算方法，那么除了这样计算，你们还有更好更简便的方法计算 14×12 的结果吗？

生：用竖式计算。

师：为什么会想到用竖式计算呢？

指名学生说说。

生：因为我们学习了两位数乘一位数用竖式计算，那两位数乘两位数也可以用竖式计算。

$$
\begin{array}{r}
1\ 4 \\
\times\ 1\ 2 \\
\hline
\end{array}
$$

师：太棒了，能做到回顾旧知，学会了知识的迁移和应用。

本环节有意识地创设春节送红包情境，把生活和数学融为一体，学生立即兴趣盎然，探究问题的欲望大大提高。这时教师顺势引导学生面对实际问题捕捉数学信息，用数学思想、方法发现并提出要探究的问题，学生很快列出算式 14×12。由此可见，在计算教学中设计活泼生动的情境，不仅能给枯燥的知识增添活力，激发学生的计算热情，唤起学生内在计算的需要，更合理有效地调动学生的注意力，提高课堂效率。

三、深入探究，理清法明

算理是算法的依据，是计算教学的核心。算理为计算提供了正确的思维方式，学生只有真正理解了算理，才能创造出计算的方法，并形成一定的技能技巧。计算教学不仅要让学生懂得怎样算，更要让学生懂得为什么这样算，要在教学中加强算理与算法的融合，学生只有在感悟算理的过程中才能提炼算法。因此，在教学中要精心设计教学活动，为学生提供探索的空间、交流的平台，让学生在观察、操作、猜测、交流、反思中体验、感悟，在观察、操作、解决问题等丰富的活动中初步建立数感，真正清楚算理，掌握计算方法，从而发展学生的思考能力。

【教学片段3】

师：我们先来研究怎么列竖式。

学生在练习本上试着列，然后请一个小组到黑板上展示。

$$
\begin{array}{r}
1\ 4 \\
\times\ 1\ 2 \\
\hline
2\ 8 \\
1\ 4\ \\
\hline
1\ 6\ 8
\end{array}
$$

师：竖式中的28是怎样算出来的？

生：我们把12分成10和2，先用12个位的2与14相乘，得28。

师：能告诉大家14×2所对应的是点子图中的哪一部分吗？

生：是2行的点子图数。（师课件演示圈出点子图）

师：积写在哪里？为什么？

生：得到的积28的个位要与竖式中乘数的个位对齐。（师课件出示"14×

2＝28"）

师：这个 140 又是怎样算出来的？

生：用 12 十位上的 1 与 14 相乘得到 140。

师：14×10 对应的是点子图中的哪一部分？

生：剩下 10 行点子图数。（师课件演示圈出点子图）

师：积写在哪里？为什么？

生1：因为是用十位上的 1 与 14 相乘得到的积，是 10 个 14，所以 14 要另起一行，它的 4 要与竖式中的十位对齐，即 4 对十位，1 对百位。（师课件出示"14×10＝140"）

生2：第二行的得数要写 140，不能写"14"。

师：这位同学善于思考，并且敢于提出不同意见，真棒！谁来说说为什么。

生：因为 12 十位上的 1 表示 10，与 14 相乘得到 140，表示 10 个 14，所以"4"要与十位上的"2"对齐才行。

师：还有哪位同学有不同意见或者要补充的吗？

生1：用 12 十位上的 1，也就是 10 与 14 相乘得到 140，写在相应数位的下方，0 和个位对齐，4 和十位对齐，1 和百位对齐。

生2：因为 4 和十位对齐了，写在十位上的 4 就表示 40，省略了"0"，同样知道还是表示 40，大小不变。

师：同学们都积极说出了自己的想法，很好！相同数位对齐以后，写在什么数位上，就表示计数单位是什么，为了计算简洁、方便，第二行的得数写 140 的"0"可以省略。

师：最后这个 168 是怎样算出来的，为什么是两次的积相加，而不是相乘？

生：因为 14×12 是求表示 12 个 14 的和是多少，第一次的积 28 是 2 个 14，

140 是 10 个 14，加起来是 12 个 14，如相乘就错了。（师出示课件 "140+28＝168"）

师：那 140+28 对应的是点子图的哪一部分？应写在什么地方？

生：12 行点子图的总数。（师课件演示圈出点子图）

本环节教师充分放手让学生去尝试竖式计算，结合点子图直观理解，明晰两位数乘两位数的运算顺序、二层积的书写位置以及各部分的算理，深度解析竖式中每一步的意思，对相关算理、算法都有了更深入的理解，从而达到理清法明。这样的教学才是真正的生本课堂，使学生不仅知其然而且知其所以然，提高了学生的思维品质，培养了学生的运算能力，积淀了学生的数学核心素养。

四、合理评价，巩固提升

"评价的主要目的是全面了解学生数学学习的过程和结果，激励学生学习和改进教学"。教师除了要运用导入、问题、师生互动等方式去引发教学活动、促进学生学习，教师还要综合考虑核心素养与有效教学的双重要求，及时实施引导性、合理性、激励性评价。让学生回顾整个学习过程，反思自己学习新知识开始时遇到什么困难？是如何突围的？解决问题的过程中用到哪些知识？反思结果是否合理？是否有不同的解决问题的途径以及与其他知识是否有联系？等等。使学生最终具备可持续学习数学和用数学交流、表达、解决现实世界实际问题的思想和能力。

【教学片段 4】

师：同学们，下面请你们当小判官。

课件出示（如图 3-10 所示）：判断下面三道题正确吗？说说为什么。

$\begin{array}{r} 1\ 3 \\ \times\ 2\ 2 \\ \hline 2\ 6 \\ 2\ 6\ \ \ \\ \hline 2\ 8\ 6 \end{array}$	$\begin{array}{r} 2\ 2 \\ \times\ 2\ 1 \\ \hline 2\ 2 \\ 4\ 4\ \ \ \\ \hline 4\ 6\ 2 \end{array}$	$\begin{array}{r} 3\ 3 \\ \times\ 1\ 2 \\ \hline 6\ 6 \\ 3\ 3\ \ \ \\ \hline 3\ 3\ 6\ 6 \end{array}$

图 3-10

学生独立判断后再反馈，全班交流判断的依据。

本环节教师充分利用两道正确题和一道错误题激发学生的认知冲突，当学生出现争议时，教师没有直接进行评价，而是抓住时机反问“你们判断的依据是什么”，请学生再次叙述两位数乘两位数的运算顺序、二层积的书写位置以及各部分的算理，内化新知。这一过程信息的双向交流、深层互动，不仅激发了学生应用新知的兴趣，又使学生巩固了难点知识，促进了学生思维能力的发展，真正实现了教师的引导性评价和学生的新知得到巩固提升的有效融合。

总之，教师要从单纯计算的外表进入学生思维的核心，从教师的说教牵引向学生自我感悟的核心，将计算教学置于实际生活问题情境中，让学生在自主探究的过程中发现算理、明确算法，经历知识探究的全过程。从能算、会算，发展到合理地算、简洁地算的核心，不断提高运算思维素质，提升学生的数学核心素养。

第三节　概念教学的策略

◇指向深度学习的数学概念教学

数学概念是构成抽象数学知识的"细胞"，也是学生思维、认知的基础。认知心理学认为，概念教学要通过强化感知、提供范例、变式教学、拓展深化等方法对概念的内涵和外延进行全面而深度的把握，从而促进概念的深度建构。现以北师版三年级下册第六单元"分一分（一）"的教学片段为例，探索在活动中如何让概念建构深度发生，从而有效地提升学生的数学核心素养。

一、根植经验，初步感悟概念——概念深度建构的基础

概念教学得以充分展开的根本原动力是学生已有的认知结构与新概念之间是否平衡。因此，教学中要善于创设贴近学生生活的情境，激活学生已有的认知经验，使学生产生认知需求，促使其积极主动地学习。

【教学片段1】

师：（出示"树"）屏幕上有一棵树，这棵树来自于你们的脑海中，没有发现吧？今天老师把它请出来了。这棵树有个特别的名字——智慧"数"，智慧树上结着"数果"。目前只有一个果子，当我们认识了像1、2、3这样一些整数后，树上就长出了"整数"果子，后来我们又学习了什么数？（如图3-11所示）

生：小数。

智慧"数"

图 3-11

师：对，第二个"小数"果就是那个时候长出来的（如图 3-12 所示）。今天，我们即将迎来一个新的果子——"分数"（如图 3-13 所示）。

图 3-12　　　　　　　图 3-13

师：看来有人已经对"分数"有所耳闻了。不论你听过还是没有听过，在这节课上，你想知道哪些关于"分数"的知识呢？或者说看到这棵树上的"分数"你的心中有什么疑惑吗？都可以说出来。

生 1：分数是什么？

生 2：为什么要学分数？

生 3：分数怎么写？

生 4：分数是什么意思？

生 5：分数和整数、小数有什么区别？

……

教师整理学生的发言，引出本节课的研究重点：①为什么要学分数？②分数怎么读、写？③什么是分数？④学习分数有什么作用？（简单板书）

在这个环节的设置中，用大问题引领整节课的知识建构。把小学阶段学习的有关"数"的知识在学生头脑中重现，在听、看、想中感受"数"的"成长"，初步在学生心中根植"数"的种子，明白"分数"与"数"的关系，与"整数""小数"的简单关系。通过"你都想知道关于分数的哪些知识？看到分数的出现你都有哪些疑惑？"激发学生学习的内驱力，让学生去主动思考、大胆质疑，带着问题进入本节课的学习，目标明确，任务清晰。学生不再是完全跟着老师盲目学习的提线木偶，而是一个个鲜活有生机的独立个体，教学目标也不再是老师的"秘密"，而是成为大家共有的资源和信息，让学生的学习不盲目、不盲从。

二、多维思辨，触摸概念本质——概念深度构建的核心

概念教学不是教形式化的定义，而是追求思维上真正的理解。因此，教师要善于变式教学，提供丰富的素材，采取多种策略，引导学生进行观察、分析、比较、综合等多维思维活动，帮助学生逐渐剥离与舍弃非本质属性，抽取其本质属性，从而内化对概念的理解。

【教学片段2】

活动一：说一说。

师：4个苹果分给两个同学，应该怎么分？每人得到几个？

生：每人2个。（如图3-14所示）

图 3-14

师：2个苹果分给两个同学，应该怎么分？每人得到几个？

生：每人1个。（如图3-15所示）

图 3-15

师：老师发现咱们班同学办事儿特别公平公正，大家给每个人分的苹果都"一样多"，这种分法在咱们数学上叫做什么？

生：平均分。(板书：平均分)

师：那现在只有一个苹果，要平均分给两个同学，每人得到这个苹果的多少？

生：每人得到苹果的一半。(如图 3-16 所示)

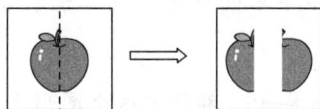

图 3-16

活动二：辨一辨。

师：你会用自己的方式表示苹果的"一半"吗？

(学生独立完成，展示学生作品)

师：你是如何表示"一半"的？给大家介绍一下。

生 1：我是用画图的方法表示的，苹果平均分成 2 份，其中的 1 份就是一半 (如图 3-17 所示)。

图 3-17

生 2：1 元的一半是 5 角，也就是 0.5 元，苹果的一半也是可以用 0.5 表示 (如图 3-18 所示)。

图 3-18

生3：我用 $\frac{1}{2}$ 表示，因为苹果平均分成 2 份，1 份就是这个苹果的一半（如图 3-19 所示）。

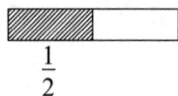

$$\frac{1}{2}$$

图 3-19

师：这些方法都能表示苹果的一半。这三幅表示苹果"一半"的图画有什么共同特点吗？

生：因为不论画成什么样子，都是把这个图形平均分成了 2 份，给其中的 1 份涂色，涂色部分就是苹果的一半。

师：三种表达"一半"的方式，你觉得哪种最好？

生1：我认为分数比画图好，它更简单，画图太麻烦。

生2：我认为分数比小数好，它能看出来平均分成了几份，一半是其中的一份，而小数看不出来。

生3：我认为分数能看出一部分与整体之间的关系，而小数做不到。

师：是的，这就是我们要学分数的原因了，因为它既简便又能表达小数所无法表达的意义。

师：所以，苹果的一半如果要选择一个数来表示的话，谁最合适不过了？

生：$\frac{1}{2}$。

师：在这里，$\frac{1}{2}$ 就表示：把这个苹果平均分成 2 份，其中的一份就叫作这个苹果的 $\frac{1}{2}$。

活动三：写一写。

师：$\frac{1}{2}$ 怎么写呢？我们一起来写一写，先写一横，你们猜这一横表示什么？

生：表示"平均分"。

师：平均分成几份？

生：2 份。

师：所以在横线下面写"2"。他俩每人得到了其中的？

生：得到了其中的 1 份。

师：因此最后在横线上写"1"。

师：那么这个分数就写作：$\frac{1}{2}$，读做"二分之一"。

（学生小声读）

每一个知识点都是学生在最基础的"元知识"上完成的，往后所学新的知识其实就是一个旧知的迁移和转化的过程。当平均分的结果不能用整数表示，需要用新的数来表示时，这样分数出现的实际需要性就凸显出来，学生对新知的特征的理解才更深刻。上述教学中，通过分苹果的生活情境，感受"平均分"的特点，引出"一半"，建立分数与生活的联系，借助学生已有的"一半"的生活经验，帮助他们理解"一半"就是 1 个苹果的 $\frac{1}{2}$，极自然地引出分数；同时，引导学生发现不同表达方式下的"同一性"：①平均分，②2份，③取其中的 1 份。给学生理解分数的意义打下基础，体会在"平均分"的前提下，分的是"谁"就是"谁"的 $\frac{1}{2}$，从而降低了对分数概念理解上的难度。

三、归纳概括，把握概念本质——概念深度建构的关键

不经过提升、内化、概括，难以准确把握概念的本质，教师需要及时将学

生在学习活动中积累的经验进行提升，让学生将活动过程获得的个性经验内化、概括，从而加深对概念内涵与外延的把握和理解。

【教学片段3】

活动四：涂一涂。

师：$\frac{1}{2}$非常调皮，你看它又躲起来了，你能找到下面这些图形的$\frac{1}{2}$吗？请你先独立完成，然后跟同桌说一说你是怎样找到这些图形的$\frac{1}{2}$的（如图 3-20 所示）。

分别涂出下面图形的$\frac{1}{2}$。

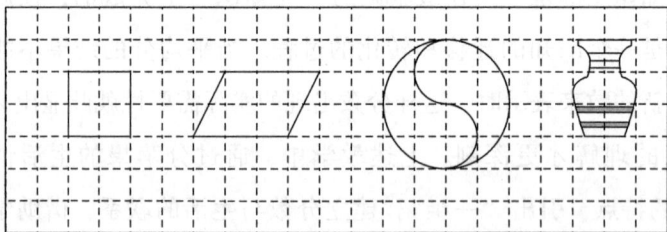

图 3-20

你们找的方法一样吗？（教师巡堂）

请学生上讲台介绍：你是如何找到图形的$\frac{1}{2}$的？

学生选择其中一个自己喜欢的图形并说一说（如图 3-21 所示）。

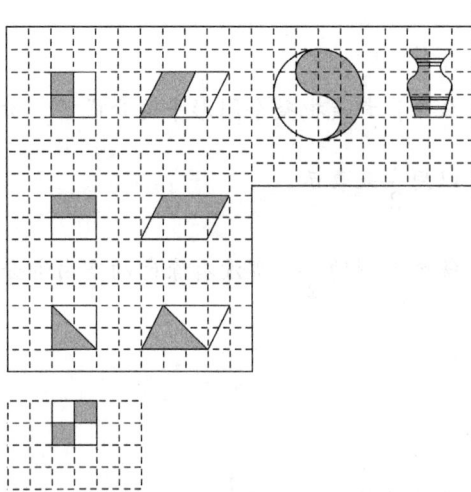

图 3-21

师：你们在刚才交流的过程中，大家的涂法都完全相同吗？

生：不是。

师在大屏幕上展示不同的涂法（如图 3-22 所示）。

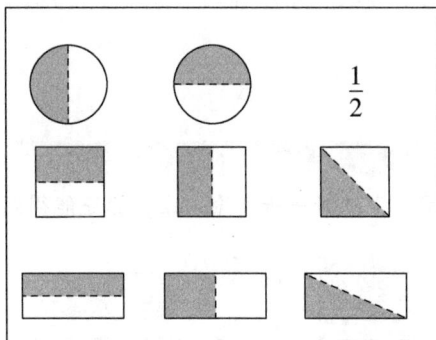

图 3-22

师：为什么无论是同一种图形不同的涂法，还是不同的图形涂色部分都可

以用 $\frac{1}{2}$ 来表示呢?

生:因为不管怎么涂,都是把整个图形平均分成了 2 份,涂色部分都是其中的 1 份,所以都可以用 $\frac{1}{2}$ 来表示。

师:涂色部分是整个图形的 $\frac{1}{2}$,那没有涂色的空白部分呢?

生:也是 $\frac{1}{2}$。

活动五:创一创。

师:是不是在分数的世界里,只有 $\frac{1}{2}$ 一个分数呢?

生:不是。

师:请大家拿出准备好的图形(如图 3-23 所示),拿出两根水彩笔,选择一个自己最喜欢的,通过折一折、涂一涂的方法创造出一个属于自己的除了 $\frac{1}{2}$ 以外的新"分数",用一根水彩笔将折痕描出来,另外一根用来涂出你想要的数。完成以后将你的新分数介绍给你的好朋友,给他说一说你是如何创造出这个新分数的。

用一张纸折一折、涂一涂,你还能得到哪些分数?

图 3-23

展示学生的作品。并给大家说一说你是如何得到这个分数的?(注意对学

生语言的引导）

生1：我创造了$\frac{1}{4}$，把这个长方形平均分成4份，涂阴影的就是$\frac{1}{4}$（如图3-24所示）。

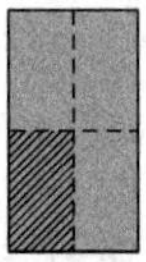

图 3-24

师：图中还藏着一些分数，你能找到吗？空白部分也可用分数来表示哦。

生2：我知道，是$\frac{3}{4}$。

生3：我创造了2个分数，把这个圆平均分成8份，浅色的是$\frac{1}{8}$，深色的是$\frac{2}{8}$（如图3-25所示）。

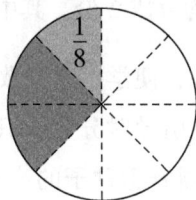

图 3-25

生4：还有1个，空白部分是$\frac{5}{8}$。

师：真善于观察，为你点赞！

......

师小结：像（板书学生介绍的新分数）这样的数就叫作"分数"。

师：观察这些分数，是由哪几部分组成的？

生：3部分。横线、横线下面的数以及横线上面的数。

师：观察得很仔细。分数的这3个部分都有自己的名字。中间的横线叫作——分数线，你们感觉它在分数中表示什么？

生：表示平均分。

师：对，分数线就是提醒你一定要平均分，分数线下面的数字叫作——分母。分母表示什么？

生：表示一共平均分成的份数。

师：母子连心，分数线上面的数字就叫作——分子。分子表示什么意思呢？

生1：其中的几份。

师：这就是完整的分数。

上述教学中，教师让学生涂图形的 $\frac{1}{2}$，学生呈现了多种涂法，形状也不同。在这里，多样化的涂法不是教师追求的目的，而是让学生在不同的涂法中"异中求同"，只要是将图形平均分成2份，其中的1份就是它的 $\frac{1}{2}$，揭示了分数的本质。创造属于自己的分数，使学生对分数的认识全面化、完整化，并在实践中进一步理解分数的意义，引导对分数认识的内化归纳，让学生在操作与演示中慢慢地孕育"分数"这颗概念种子的成长力，为后续分数的学习打下基础。

四、拓展升华，深化概念理解——概念深度建构的保证

概念理解后，还要依据教学内容和教学目标进行合理的挖掘和延伸，使概

念得以巩固、拓展、深化。

【教学片段4】

1. 生活中的数学。

师：生活中处处有分数，大家看，我收集了几张生活中的图片，你能从这些图片中找到哪些分数？你是怎样找到的？（出示PPT）

2. 播放分数演变的视频（分数的起源），体会知识从不完美到完美的不容易。

师：光是一个分数的表示方法从不完美到完美就经历了几千年，这几千年已经过去了，未来还有很多个几千年，那未来知识的发展要靠谁了呀？

生：我们。

师：对，就像你们脑海中的这棵树一样，现在一共只有3个果子，以后还会长出很多很多果子，那这些果子到底是什么？怎么读？怎么写？表示什么？就要靠你们自己去发现、去探索了……（如图3-26所示）

图 3-26

在小学数学中，每一块知识都可以描述为从生活中来、到生活中去的一个过程。上述教学中，让学生体会分数的产生来自生活实际的需要，了解知识的来龙去脉，既让学生知道数学知识"从哪里来"，也明白"到哪里去"，反映数学知识的应用过程。引导学生对生活中的数学现象具有一定的敏感性，认识到生活中处处有数学，数学就在我们身边。在主要教学活动结束后，大致了解分数的"发展史",引导学生体会知识并不是一步到位的,它经历了许许多多的人的思考与实践,是时间与智慧的双重结晶,那么在未来,"他们自己"便是属于智慧中的一个个"个体",还有很多的知识等着他们去学习;还有很多未知的东西等着他们去探究、去发现;还有很多不完美等着他们去完善……在感情上是一种升华,在他们的精神世界中是一种小刺激,说不好就激发了一个伟大的数学家呢?一切皆有可能……教师在整个教学过程中,应该时时刻刻要比学生站得高、看得远,因为只有这样,在将来的某一天,你的学生才能站得更高、看得更远。

总之,建构概念的核心是理解,用怎样的教学方式提高学生的概念水平是需要教师不断研究的永恒主题。教师应该高屋建瓴地深入理解概念,准确把握学情,精心设计"导入—形成—巩固—深化"学习路径中的每一个环节,有序推进,帮助学生深度建构数学概念,发展数学核心素养。

第四节 问题设计的策略

◇让学生的素养在"问题"中绽放

摘要：问题驱动是促进学生思维发展的重要路径，教师要基于数学教学内容的特点和学生数学思维的特性，精心设计富有挑战性、核心性、衍生性的数学问题，以启动、推动、拓展学生的数学思维，使问题成为驱动学生积极思考、深入探究、主动建构和充分发展的内生源泉，从而真正让学生学懂、学活、学深。

关键词：素养；问题；绽放

培养学生的数学核心素养关键是思维能力的培养，其中最核心的任务是让学生学会思维。"问题"是思维的心脏，只有在问题的驱动下，一切思维才有序、有效、有趣。那么，如何通过"问题"驱动，让学生的思维得到有效开发呢？下面谈谈我的一些思考。

一、启动思维：依托挑战性问题

学生的数学思考来自精心设计的问题，有效的问题能引发学生有效的思考，继而进行深度学习。心理学表明，孩子的大脑活动是具有鲜明的主观倾向的认知过程，通过创设具有挑战性的问题情境，能够激活和点燃他们的思维火花，从而开启思维之行。所以，作为教师要深入地解读教材，基于学生的认知水平，有目的地对静态教材和内容进行改装，人为地设计障碍，置他们于欲罢不能的状态，产生主动思考的行为，让思维正式启动。

（一）以残缺问题引发冲突

学生的数学学习源于认知的冲突，当新旧知识之间、新知识的结构之间出现不平衡时，学生的思维会处于最活跃状态。教师应该聚焦学生的最近发展区，聚焦他们的学习经验，故意设计一些不够"健全"的残缺性问题或多种答案的问题，激起认知冲突，启动学生的思维。

例如，教学北师大版数学四年级上册"卫星运行时间"，如果教师直接呈现条件充分、结构明晰的良构性教材例题，往往难以引起学生的理性好奇心。相反地，变"良"为"劣"，以非常规问题呈现出来，却能引发学生的认知冲突。据此，我这样出示：卫星运行 21 圈要多少分钟？面对这样一道信息残缺的问题，学生满脸疑惑，一时难以解答。有的学生提出"没法算"，有的学生直接提出还缺少某些"东西"，应补上"卫星运行 1 圈要多少分钟"这一条件，等等。这种"零件"不全的数学题是富于挑战性的，它能充分地活跃学生的思维，调动他们的自我需求，有效地让学生主动寻求解决问题的途径与策略，激活学生的思维。

（二）以开放问题质疑问难

所谓质疑问难，是指教师充分利用小学生天生的好奇心，凡事喜欢探究缘由的心理特性，为学生提供充分的质疑问难的时空，引导学生自我提问与尝试解决，从而不断产生新问题、接受新挑战、启动新思考、进行新探究。教师引导学生质疑问难时，设计的问题不仅要紧扣数学教学目标，还应具有一定的开放性，从而使学生的思维更具有主动性、创造性，引发数学思考的热情。

比如在教学北师大版数学六年级下册"圆柱和圆锥的对比"时，教师逐步呈现以下数学信息"一个圆柱形的游泳池，底面直径 20 米，高 1.2 米""瓷砖边长 0.2 分米，每块方砖 18 元，游泳池水深 1 米"，然后提问学生："同学们，根据这些信息，你们能提出什么数学问题吗？"有的说，游泳池占地面积是多少？有的问，粉刷游泳池的面积是多少？有的问，游泳池贴瓷砖要多少块？有的问，游泳池的容积是多少？有的问，里面的水的体积是多少……教师表扬提出问题的学生，然后激励学生挑战自我，自行选择问题尝试解决。这种开放性问题充满挑战性，通过质疑问难，化直为曲，变给为探，让学生在无疑中生疑，引发主动思维，有层次地推进教学进程。这样，孩子们的思维得到了有效的激发，敢于大胆质疑，把提升学生的数学核心素养落在了实处。

二、推动思维：依托核心性问题

这里所说的核心性问题特指递进式的问题串和并列式的问题类。递进式的问题串可将思维推向纵深，并列式的问题类则能拓宽思维的广度。教师要精准把握数学知识的结构和本质，在提炼核心性问题的基础上，用"问题串"或"问题类"的形式，驱动学生思考、探究、表达，把学生的思维推向更深层次、更广层面，促进学生深度学习，发展高阶思维。

（一）由浅入深，以递进式问题串推进思维深度

学生的数学学习过程是一个漫长的过程，在不断递进和不断完善中实现自我建构。教学中，把握好核心性问题，以递进式问题串为主线，由浅入深，精心设问，能够有效地促进学生思维的深度。

例如，在教学北师大版数学六年级下册"圆锥的体积"一课时，我们教师可以从"如何计算圆锥的体积"这一核心性问题出发，逐步深入地提出相关的问题，把孩子们的思维推向更深处。首先教师发问："圆锥体和哪种立体图形长得最像？圆锥的体积可能与什么有关？"学生经过猜想，教师适时地进行引导和提炼，接着再问："应该怎样进行研究呢？"学生带着问题，利用圆

柱、圆锥等学具进行尝试操作。当学生探究得出圆锥体积的计算方法时，教师顺势追问："所有圆锥的体积都是圆柱的 1/3 吗？"这就再次把学生的思维推向纵深处。在确认所有圆锥的体积都等于等底等高圆柱体积的 1/3 后，教师进一步追问："等底等高的圆柱和圆锥之间的关系，还可以怎样表达？"这里，学生可以深刻体悟到 3 倍、1/3 以及 1 份和 3 份的关系。这样在圆锥体积"怎样求"这个核心性问题的统领下，"圆锥体积可能与什么立体图形有关""我们可以怎样去探究""圆锥都是圆柱的 1/3 吗""它们之间的关系还能怎么表达"，以 1 个大问题延伸出 4 个子问题，形成讨论、交流的问题串，能有效地促使学生进行深度探究，走进更深处的思考，思维力能得到有效的锻炼。

（二）由散到聚，以并列式问题类拓宽思维广度

思维与问题紧密相连，思维的条理性源于问题的结构化。当学生提出杂乱、模糊甚至无序的数学问题时，教师适时加以组合、提炼、优化，呈现有结构的并列式问题类，有利于学生思考得更全面、更清晰、更合理。

例如教学北师大版数学三年级"认识分数"时，教师课始鼓励学生"看课题，提问题"。学生看着课题自由地提出了诸如"什么是分数""分数和我们已经认识的数有关系吗""分数怎么比较大小"等各种与数有关的问题。教师加以点拨："同学们真善于思考，我们可以对刚才的问题进行归类吗？""如果要探究，我们可以朝着怎样的顺序来探究？"让学生试着进行归类，教师适时地点拨，把学生课前生成的问题进行提炼：什么是分数？分数怎么比较大小？分数如何加减？然后帮助学生从是什么、为什么、怎么样三个角度来展开探究，学会用这种探究思路进行迁移学习，从而帮助学生形成结构化的认知。

三、拓展思维：依托衍生性问题

创造性地运用已有知识解决新情境中的数学问题可以有效拓展学生的思

维，深化对数学知识的再认识、再理解和再建构。教师可灵动地联系生活，转换视角，设计衍生性问题，促使学生的思维不再局限于原先固定的狭隘框框，生成更多新问题、新思考和新发现，延长思维的"长度"，让思维"触角"不断拓展延伸。

（一）学以致用，以现实性问题拓宽思维视野

数学的来源之一是现实生活，单一性的数学结论在生活中往往有着多样化的现实表达。教师联系学生的生活经验，设计现实性问题，有利于学生学会从生活的视角作出不同的思考与表达，进而拓宽思维视野。

例如，在教学北师大版数学五年级下册"长方体的表面积"的应用环节，教师可提出："在生活中，长方体随处可见，但不是都有6个面，比如游泳池是5个面，烟囱、通风管是4个面……"把学生视角引向生活，驱动学生对生活中的长方体表面积的特殊算法作出比较与辨析，让学生的数学表达更加丰富和多元，对表面积的认知也从表层走向深层，知识理解走向知识运用，让学生的思维得到拓展。

（二）转换视角，以破势性问题打破思维定式

学生初步建立的数学知识结构，往往是顺向的、固定的，缺乏灵活性、动态性。针对学生的认知经验定式设计破势性数学问题，有利于学生转换思考视角，突破固定思维，另辟解题蹊径，让解决问题的方法和策略更优化，让学生的思维得到有效延伸。

例如，在教学北师大版数学四年级上册"卫星运行时间"时，教师对三位数乘两位数（114×21）的计算，选择你喜欢的方法进行解答。把学生的解题方法展示出来：引导学生观察竖式计算中每一步表示的意思，再出示个别孩子用114×20+114，以及用100×20+10×20+4×20这种思路解决的，然后，教师

要让孩子们思考："黑板上的这些解题方法，你能发现它们之间的异同点吗?"学生在比较辨析中，明晰算理与算法，从而有效地拓展学生思路，让孩子们的思维品质也得到有效的培养。

总而言之，以问题驱动学习，在培养学生思维的深度和广度上做足功夫，是发展学生思维的有效途径和策略，从而让数学核心素养在数学课堂上落地生根。作为一名小学数学教师，我们要充分地利用教材、基于学生年龄特点，精心设计问题，促进学生深度思考、深入探究、主动建构知识，从而真正让学生学会和会学。

【参考文献】

[1] 储冬生：《问题驱动教学　探究生成智慧》，《小学数学教师》2017年第 3 期。

[2] 郑毓信：《数学教学中的"问题引领"与"问题驱动"——"中国数学教学'问题特色'"系列研究》，《小学数学教师》2018 年第 3 期。

[3] 苏明强：《魅力数学：追求课堂的三个基本要义——以"用字母表示数"为例》，《小学教学（数学版）》2018 年第 Z1 期。

[4] 钟世文：《"先学后教"的数学课上不完怎么办——以"圆的认识"为例》，《课程教学研究》2016 年第 10 期。

[5] 钟世文：《问题驱动：让学生思维"动"起来》，《教学月刊·小学版》2020 年第 11 期。

第五节　素养提升的策略

◇亲历过程，促进学习深度发生
——自制量角器探知角的度量单位和量角原理

摘要：用量角器量角是度量里面的一个难点，不仅因为测量从一维线段扩充到二维平面，而且它又区别于面积度量，只能依靠实体工具来测量，无法通过相关基础参数来计算，因此借助前面的度量单位概念来类比推理确立角度单位十分必要。

关键词：自制量角器；度量单位；原理

笔者有幸聆听了一节北师大版数学教材四年级"角的度量"一课，该课发人深省，许多地方值得称道。执教者能够始终围绕"学生的发展"展开教学，教学效果出奇地好，十分难得，执教者具有高超的授课技巧。对于这难得一见的好课，笔者觉得有必要记录下来，以期与同行分享。

一、体会量角的必要性

首先，教师围绕"角的大小指的是什么？"这个问题请学生展开讨论，并描述什么是角的大小，进而让学生理解什么是角的大小；再以问题"人类研制出量角器前，是如何度量角的大小的？"触发学生思考。

其次，教师话锋一转，提示道："这个问题问得有点儿突然，我们先来回顾一下以前的测量方法，看是否能带来一些灵感。"学生在脑海里搜索：测量长度是用 1 厘米、1 分米等这样的线段来度量，测量面积则是用 1 平方厘米、

1平方分米等这样的小正方形来度量，从而归纳出一个通行规则：大角可以用规定好的小角来度量。

【设计意图】通过类比推理，唤醒学生过去测量物体的经验，归纳出度量单位的制定规则与使用过程，推理出角度的测量也需要制定固定大小的角度作为角的专用度量单位，用单位角的个数去度量大角的度数。这样不但激发了学生的探究欲，而且降低了难度，给学生铺好了台阶，引导学生构建了度量知识的庞大体系，发展了学生的创造力。

二、体会统一单位的必要性

接着，分组测量、拼摆，测量某大角（给定的大角）里包含几个单位角。有的学生测量的结果是3个小角，为3度；有的学生测量的结果是4个小角，为4度；而有的学生测量的结果是5个小角，为5度。结果各异。这时学生发现了问题：同一个角不可能存在几个度数。于是学生觉察到有必要统一度量单位，也就是"要用同一个小角作为单位角""要制定一个约定俗成的单位标准"。

【设计意图】这个环节独具匠心，制造了认知冲突。不但让学生通过相互矛盾的实验结果觉察到单位角度出了问题，而且还产生统一单位大小的需求。学生在活动交流中进一步体会到度量单位的制定需慎重，同时更加清醒地认识到度量单位测量的运作原理，即小角不断累加形成大角，小角的个数就是大角的度数。此时，学生的学习兴趣空前高涨，教师再详细介绍1度角及1度角的来历与写法则水到渠成。

三、发明量角器，理解量角原理

定好了统一标准的角度单位（1度），接着进行初次测量：以1度角为单位角。估测 5 度角、10 度角的大小；以 10 度角为单位角，估测 20 度角、60 度角的大小，在检验估测结果的时候课件展示 1 度角、10 度角不断叠加铺满大角的过程，让学生在计数的过程中感受角度和长度一样可以连续密铺叠加。

【设计意图】估测是教学的一大难点，因为小学生从未体验过几何特性上的叠加，即通过几何形状上的叠加来推算理解数量上的叠加，而教师让学生用 1 度作为单位角来估测 5 度角，转而又将 5 度作为单位角来估测 10 度角，再转而将 10 度作为单位角去估测 20 度角、60 度角，层层递进，不断更换度量单位。有序扩大度量单位，使单位角这个表象更加完整和立体，同时学生的度量意识也有所加强。

教师提问："用 1 度的角作单位可以度量任何大小的角，那是不是就代表每个角都得一五一十地一度一度地去连接覆盖？（出示一个 60 度角）这个角也需要用 1 度角去一个一个度量吗？（学生自然而然地想到了用量角器）如果不用量角器，我们自力更生自创一个单位角去度量，可以吗？"（明明有量角器，为何要舍近求远、舍易求难、自创单位角呢？到底搞什么名堂？作为旁观者，笔者心里不禁犯嘀咕：为什么不顺应"民心"，从量角器开始研究，非要设置障碍呢？）

学生集体商议后得出的法子是"用 1 度角拼出一个合适的大小"，创造一个新单位角，再来测量就方便得多，这样数数的次数会变少。拼成的新单位可以是直角、周角。

课件演示用 1 度角组接成一个半圆形简易量角器所有 1 度角的顶点集中在一个定点上，此点就是量角器的中心点；接着讨论该怎么使用，如何摆放，如何读数。有的学生一板一眼地数出 1 度角的个数，有的半途而废，嫌烦琐。于是教师引导学生改良量角器，标上刻度，这样就不用一个个去数了。学生进一步改进工艺：1 度一个间隔标出刻线太密集，难以辨认，10 度一个间隔标出刻线较为合理。学生尝试用自制量角器量角。

由教师量出如图 3-27 所示中角 1、角 2 的度数，学生通过观察反思，指出并纠正教师操作的不当之处，总结出量角的一般方法。学生在测量角 3 的度数时，出现 40 度和 140 度两种结果。学生发现角度的开口方向与量角器的读数方向相反，无法正确读数，需进一步改进量角器：在外层再反向标明一圈刻度形成内外两圈刻度，同一位置两圈刻度数的示数和为 180 度，这样制成的量角器就比较合格了。

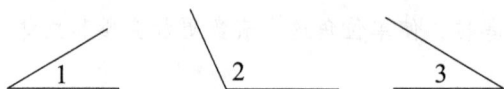

图 3-27

【设计意图】设计这一环节的初衷是为了完善量角器。然而在加工改进的过程中，却有意外的收获：学生不仅知道了角的一边与量角器 0 刻线的哪半段重合，读数时的起始刻度就是哪半段；另一条边指向的刻度数就是被测角的大小，量角原理就是从量角器上找出一个和待测角大小相同的角。

四、使用量角器,掌握测量方法

教师先出示钝角和锐角，让学生判断应该顺着哪一圈刻度读数，然后出示只画了一条边的角，这条边正好指向 50 度刻度线（如图 3-28 所示），让学生猜测它的度数。学生猜测可能是 50 度或 130 度。教师出示 70 度角（如图 3-29 所示），由学生解释 70 度是怎么得到的。

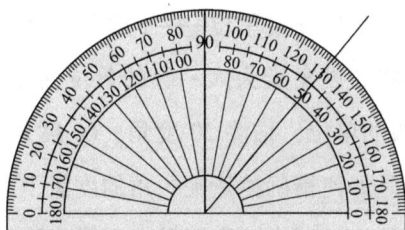

图 3-28

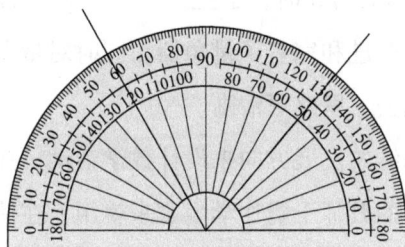

图 3-29

【设计意图】引导学生观察对比自制量角器与正规量角器。进一步认识量角器,并在正规量角器上定角、画角、量角。巩固和总结测量方法。

五、教学思考

本节课给笔者留下的深刻印象主要有三个方面:

一是教学设计能做到为学生量体裁衣。课前,教师对学生进行调查采访,发现了很多问题。如学生对角的大小的感知很模糊,对量角器的结构和工作原理一知半解,对测量要领和测量方法也知之甚少。为此设计了自制量角器环节让学生边制作边思考测量原理,从而深刻理解角的大小概念。

二是能按学生的思路循循善诱。从学生熟悉的长度、面积的度量单位入手,迁移类比到角的单位的制定与测量,推导出大角可以用小角来量,但是小角要统一标准，顺利引出角的度量单位——1度角。有了1度角作单位，可以估测5度角的大小，再将5度角定为大一级的单位估测10度角的大小，然后将10度角作为更大一级的单位，估测20度角、60度角的大小。按这个思路，任何角都可以估测，但是如何精确测量呢？角的度量工具应运而生。

学生将1度角不断叠加。制成一个简易量角器。该如何标记刻度呢？经过研究，统一认为10度作为一个间隔较为科学。接着就要付诸实践、投入使用，当测量如上图3-27所示的角3时，学生发现不对劲。就这样，学生在不断化解认知冲突的过程中，改进和完善了量角器，同时对量角原理也有了一个透彻深刻的认识，思维更缜密，思路更清晰。

三是能根据学生思维的发展方向来设计数学活动。在实际教学中，因为量角器的普及度很高。有的教师干脆让学生拿来就用，在使用中再慢慢理解量角原理，掌握量角、画角方法。这是不符合思维发展规律的，学生可能会怀疑量角器的必要性，因而产生制造量角器这一现实需求才是思维的起点。

本节课依靠丰富的有启发意义的活动，充分调动学生的学习积极性，让学生经历知识的生成和演变的过程，真正实现以学定教，按需供给，这样的课堂才是鲜活的。

◇让数感的培养在课堂上落地生根

摘要：数感是对数和量的一种感悟，"感"是在外界刺激下产生的直观原始经验；"悟"则是在外界刺激下经由大脑思维得到的认识。它既有感知的成分，又有思维的成分。作为教师，可以通过挖掘教材以及生活中的素材，利用现实情境或直观模型对学生进行引导，让学生在所见所闻、动手实践中慢慢感悟和积累，让数感可摸、可见、可想、可说、可练，在课堂上落地生根。

关键词：数感；落地生根；培养

数感是指关于数与数量、数量关系、运算结果估计等方面的感悟。数感是高度个性化的产物，它不仅和儿童已有的数的概念相关联，也和怎样形成这些概念相关联。数感是对数和量的一种感悟，"感"是在外界刺激下产生的直观原始经验；"悟"则是在外界刺激下经由大脑思维得到的认识。由此可见，数感既含有感知的成分，又含有思维的成分。如何让数感的培养在课堂上落地生根，让学生可摸、可见、可想、可说、可练呢？

一、操作，让"数感"可摸

学生在动手操作中亲身经历知识的形成过程，有助于深化对知识的感知，促进对知识的理解，从而内化为数学学习活动的经验。因此，教学中教师要善于利用丰富多彩的生活情境唤醒学生已有的生活经验，让学生在动手操作中去感知、体验，从而逐步建立数感。

比如，用小圆片清晰地摆出 34，在不同摆法的对比中让儿童感受"3 个十和 4 个一"和数 34 相匹配（如图 3-30 所示）。这样，把对模型的理解转变为对这些模型是如何表示数的结构的理解，从而帮助儿童利用结构理解数的基数意义。

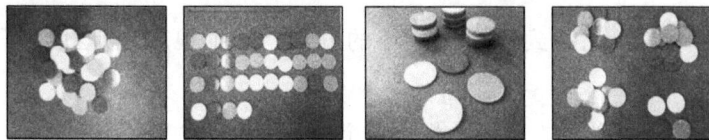

图 3-30

再如，教学一年级"谁的红果多"，比较 21 和 18 谁大谁小，教师可以充分利用计数器，让学生动手去拨一拨，学生对 21 和 18 的感知可以从具体化到数的内部结构分析进行提升、抽象，进一步建立"十位不同的两位数"的比较方法，也为后续学习更大数的比较积累活动经验（如图 3-31 所示）。

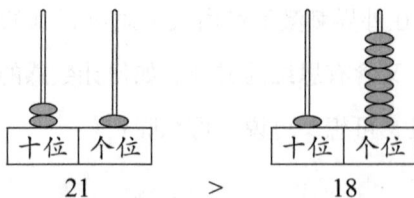

图 3-31

二、观察，让"数感"可见

随着年级的增加，认识数的范围也在逐渐扩大，然而由于小学生的生活经验较少，对一些数的实际意义缺乏感性认识，这势必影响了学生数感的养成。因此，针对小学生的认知特点，数感的培养还要以"形"作为支撑，教师要充分挖掘生活中的资源，结合丰富的数学模型引导学生去观察、体会、感受，让学生通过观"形"形成一定的表象，从而对数的理解和感悟更加透彻。

比如教学比较分数大小，学生掌握方法后，我设计了一个在数轴上找分数的小游戏。

游戏第一关：请找到一个比 $\frac{3}{4}$ 小的分数。学生很顺利地找到了 $\frac{1}{4}$，$\frac{2}{4}$，$\frac{3}{5}$，$\frac{3}{6}$，$\frac{3}{7}$……并能够在数轴上指出每个分数大致的位置。

游戏第二关：再找出一个比 $\frac{2}{5}$ 大的分数。学生又顺利地说出 $\frac{3}{5}$，$\frac{4}{5}$，$\frac{5}{5}$，$\frac{6}{5}$……并找到了对应的位置。

　　游戏第三关：找一个比 $\frac{3}{4}$ 小同时又比 $\frac{2}{5}$ 大的分数。听到这个要求，教室里一下陷入了沉寂，但很快就有学生指着 $\frac{2}{5}$ 与 $\frac{3}{4}$ 之间的"地方"说出 $\frac{3}{5}$，一石激起千层浪，很多学生无法第一时间作出判断。有个学生举起小手对着数轴比画着，口中念念有词："把 1 平均分成 5 份，其中的 3 份就是 $\frac{3}{5}$，大约在这个位置。""哦！真的是在 $\frac{2}{5}$ 和 $\frac{3}{4}$ 之间，他说得对！"

　　思考并没有就此止步："符合要求的数，除了 $\frac{3}{5}$，还有吗？"

　　教室里又陷入了安静。这时数轴上 $\frac{3}{5}$ 两边的"空隙"（如图 3-32 所示）使学生们有种"应该还有""一定还有，但又说不清还有几个"的感觉。

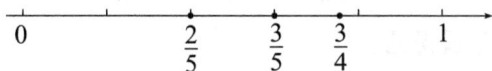

图 3-32

　　把 $\frac{3}{5}$ 与 $\frac{3}{4}$ 之间的"空隙"用放大镜放大，看看会怎样？

　　随着将数轴的一部分"放大"后再平均分，$\frac{3}{5}$ 变成了 $\frac{12}{20}$，$\frac{3}{4}$ 变成了 $\frac{15}{20}$，学生一下子就找到了藏在它们之间的 $\frac{13}{20}$ 和 $\frac{14}{20}$。这时又有学生冒出了一句"找一段，再放大"，于是随着对数轴局部的不断"放大"，又找到了 $\frac{29}{40}$、$\frac{59}{80}$……（如图 3-33 所示）"太多了，找也找不完！"学生说。

111

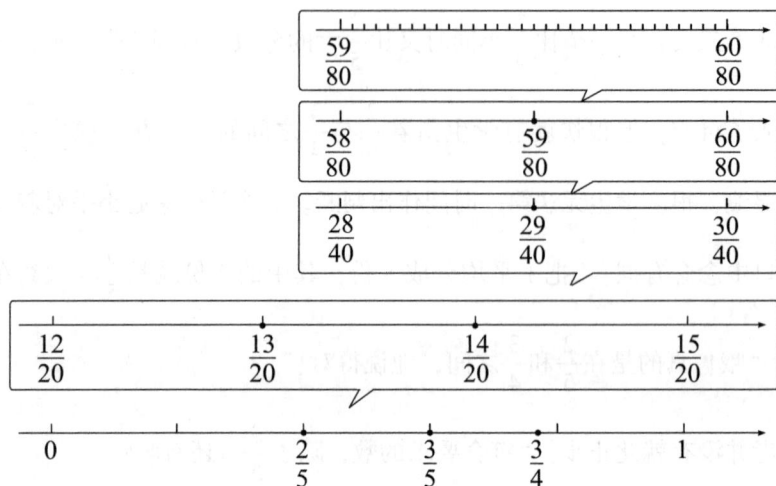

图 3-33

这样借助数轴帮助学生顺利地与抽象的数、复杂的运算交上朋友，利用形象的放大镜来助力，让学生对分数的大小以及分数与分数之间的空隙有了清晰的认识，让"数感"看得见。

三、想象，让"数感"可想

生活中有许多关于数的问题，很难直接得出答案，对于缺乏生活经验的小学生来说更是如此。因此，教学中教师要引导学生利用已有的经验或知识储备，通过想象、迁移方能获得对新知的体验，但值得注意的是，教师在平常的教学中，要善于搭好想象的"脚手架"，并要尽可能地提供形象的支撑，让学生的想象有据可依。

如教学"1亿有多大"，这个知识点的意图是让学生结合实际事例，进一步强化"亿"的概念，形成"1亿有多大"的数感，但生活中很少有1亿的事物存在，我是这样安排的：

师：为了方便，研究材料就用我们的数学书，从第 1 页到第 100 页正好 50 张纸，两本这样的书摞起来就是 100 张纸。请大家按照研究方案开始研究，把研究结果记在记录单上。

生：我们组先测量出 100 张纸大约是 1 厘米，然后进行推算，1000 张纸就是 10 厘米，10000 张纸就是 100 厘米，也就是 1 米，10 万张纸是 10 米，100 万张纸是 100 米，1000 万张纸是 1000 米，1 亿张纸就是 10000 米。

师：好的，你真会想象。10000 张纸是 1 米高，1 万个 1 万是 1 亿（板书），1 亿张纸就大约是 10000 米高。10000 米到底有多高呢？让我们和身边的事物对照一下吧。咱们学校的教学楼有 5 层，每层按高度 4 米计算，教学楼有多高啊？

生：四五二十，20 米高。

师：请你快速算一算多少栋教学楼摞起来会有 10000 米高？

（学生计算后汇报：$1000 \div 20 = 500$，500 栋教学楼摞起来才能达到 10000 米高！众生惊叹！）

生：哇，1 亿张纸摞起来真的太高了！

……

学生以已有的活动经验作为依据，通过推理形成数概念，适时地抽象出"1 万个 1 万"就是 1 亿，让学生通过推理、对比、想象，为数感的建立提供理性支撑。

四、表达，让"数感"可说

对小学生来说，数学是抽象的、无趣的、脱离生活实际的。这就要求教师必须要有敏锐的洞察力和强烈的数感培养意识，充分利用生活中蕴含着数感的情境，引导学生通过类比、迁移、感悟，并用自己的语言表述出来，从而逐步培养数感。特别是到了高年级，学生已经有了一定的数学知识储备，可以多开展类似于"说数"这样的活动。

比如"谁的红果多"的教学中，比较 21 和 18 的大小，除了用画图、拨计数器等方法，还可以引导学生从数的结构进行比较。

师：谁来说出 21 和 18 的组成？

生：21 由两个十和一个一组成，18 由一个十和八个一组成。

师：你发现它们的大小有什么特点了吗？

生：两个十比一个十要大，也就是十位要大。

师：你善于观察、总结，对，两位数比较，十位大的数就大。还有其他的方法吗？

生：21 比 20 大，18 比 20 小，所以 21 比 18 要大。

师：你的表达很清晰，会用一个中间数来帮助思考，为你点赞！

······

通过这样的训练，让学生从他人的表达中感受到数的大小比较可以从数的结果进行分析，也可以利用参照数来比较，对发展数感起到潜移默化的作用。

五、应用，让"数感"可练

对于一些比较抽象、难以理解的数的概念的教学，除了利用计数器、方块、数线等直观模型帮助学生建立数感，教师还要有意识地设计一些练习帮助学生寻找数与数之间的联系，通过练习培养学生思维的灵活性，而这种灵活性正是形成数感的重要特征。

如学习完商中间有 0 的除法，我设计了如下一道题：

小马虎做题时，不小心把墨水洒在刚写的除法竖式上了。他想重新做一遍，可是连原来的题目都看不清了。你能帮帮他吗？

生1：应该是709÷7。因为商中间有0，0÷7＝0。

生19：我觉得709、719、729、739、749、759、769都行。只要被除数十位上的数比7小就行。

师：为什么被除数十位上的数必须比7小呢，十位上是7、8或9不行吗？

生2：被除数十位上是0，0÷7＝0，商的十位上的0就是除得的结果；十位上是1、2、3、4、5、6时，除以7不够商1，就用0占位。商的十位上出现0就只有这两种情况。如果十位上是7、8、9，那商的十位上就是1了。

师：同学们，你们同意他的意见吗？

生齐：同意！

师：老师这里有几道难题，你们想挑战吗？（板书：3006÷3）

生21：1002。

师：这么快就算出来是1002，为什么商的中间有2个0？

生21：因为被除数中间有2个0，百位上、十位上两个0分别除以3都得0。

师：这都难不倒你们啊，老师要放大招了啊，来个终极难题吧。今天是2017年3月20日，就用这个日期当被除数吧。（板书：2017320÷2）

生22：老师，我算出来了，商是1008660！

师：你这么快就算出来啦？那我问问你，十万位上的0是怎么得来的？万位上为什么也是0？

生22：十万位上的0，是因为被除数十万位上的0除以2得0；万位上的0，是因为被除数万位上的1除以2不够商1，用0来占位。

师（赞叹）：你们真是了不起，这么难的题都能解决！

总之，数感的培养不可能立竿见影一蹴而就，它是一个长期训练、水滴石穿的过程，它悄悄蕴含在平常的数学教学之中。只要教师心中有意识，善于挖掘教材和生活中的素材，利用现实情境或直观模型对学生进行引导，让学生在所见所闻、动手实践中慢慢感悟和积累，就能逐渐地、有效地培养学生的数感。

【参考文献】

[1] 程艮凤：《小学生数感培养的有效策略》，《小学数学教育》2020 年第 23 期。

[2] 吴正宪、刘延革：《发展儿童数学关键能力》，教育科学出版社 2018 年版。

[3] 牛献礼：《我在小学教数学——素养导向的数学教学艺术》，华东师范大学出版社 2019 年版。

◇在深度教学中实现"转化"思想的渗透

摘要：在数学学习中，灵活运用转化思想，可以把新知识转化入旧知范畴，采取正迁移，把难题转化为浅题，把复杂题目转化为简单题目，借以达到化隐蔽为明显，化未知为已知，化繁为简，化难为易，从而使数学中的问题顺利得到解决，使学生不畏惧学数学，并愿意学习数学，最后喜欢数学。

关键词：转化思想；数学教学；应用

数学知识是科学性、系统性很强的，又是互相联系的，也是可以转化的。当遇到较复杂的问题时，往往要把问题转化为另一种形式或按原来意思改变叙述方法，借以达到化隐蔽为明显，化未知为已知，化繁为简，化难为易，从而使数学中的问题顺利得到解决，这种"转化"的思维方法在数学教学中有着广泛的应用。

一、推导公式中应用"转化"

学生解答图形问题能力的提高，是在掌握并熟练地灵活运用计算法则、公式、结论的过程中逐步实现的。要使学生真正理解和掌握计算法则、公式的形成和推导过程；而这一过程若能巧妙地运用"转化"思想，必能使教学效果显著提高。如：在教学圆柱体体积计算公式的推导。假如只是用生硬的圆柱教具空洞地加以说明，只能会使学生机械地识记公式。如能应用"转化"思想：把圆柱体实物教具的底面分成许多相等的扇形，然后按照等分的扇形沿圆柱的高切开，再做成一个近似的长方体。然后引导学生观察、分析、比较，让学生归纳出：这个长方体的底面积等于圆柱的底面积 S，高就是圆柱的高 h。因为长方体的体积等于底面积乘以高（已学知识），所以圆柱的体积也等于底面积乘以高。用字母表示：$V=Sh$。

我这样，使学生学得形象、具体、印象深刻，从而提高了教学效果。还培养了学生观察、分析、概括、类比、推理的能力。

二、图形计算中应用"转化"

在解决几何图形中的求积问题，在理解和熟练公式前提下，必须掌握"转化"的思考方式。即把未知的图形转化为已知的图形，把一个复杂的、不规则的组合图形转化为几个简单（已学过）的规则图形。这一"转化"的关键在于分解、割补和拼凑。

【案例】如图 3-34 所示，求阴影面积（单位：厘米）。

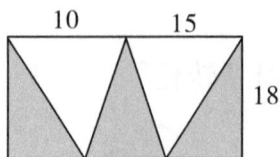

图 3-34

一般解法是：

①求长方形的面积：（10+15）×18＝450（平方厘米）

②求两个空白三角形面积：10×18÷2+15×18÷2＝225（平方厘米）

③用长方形面积−空白面积＝阴影面积

450−225＝225（平方厘米）

巧妙解法：图中的三个阴影部分是三个高相等的三角形。它们的底相加就是长方形的长，因此，求三个阴影部分的面积和，可以"转化"成求底是（10+15）厘米，高是 18 厘米的三角形面积，其解法是：

　（10+15）×18÷2

＝25×18÷2

＝450÷2

＝225（平方厘米）

三、计算教学中应用"转化"

要提高学生的计算能力，不仅要求学生掌握一般常用计算方法，确保计算的正确，而且要求学生计算方法合理、灵活，以达到计算又快又准。要使学生在计算过程中做到迅速、合理、灵活，有时需要根据知识的内在联系，娴熟地运用公式、定义，适当地运用"转化"的思考方法进行计算。

【案例】一个羽毛球2.4元，现在有86.4元，可以买多少个羽毛球？

学生根据除法意义列出算式：86.4÷2.4，学生列完式子后几乎就停笔了。

因为这个算式跟以前学过的算式不一样，无法计算，此时，教师的主导作用开始了。

师：观察 86.4÷2.4 这个算式，说一说与前面学过的小数除法比较，有什么不同？

生：前面我们学过的除数是整数，这道算式中的除数 2.4 是小数。

师：那么，我们只要怎样处理一下就可以计算了？

生：可以把除数 2.4 转化为整数 24。

师：想一想，除数 2.4 转化为 24，商改变了吗？

生：商改变了。

师：要使商不变，应该怎么办？

生：用刚才我们复习过的商不变的性质来转化，把除数 2.4 扩大到原来的 10 倍等于 24，被除数 86.4 也扩大相同的倍数等于 864；也就是说 86.4÷2.4 转化为 864÷24，这样商就不变了，也会计算了。

师：你们的思路很正确，说得很好！要计算一个数除以小数最关键的一步是什么？

同桌相互说一说，再全班小结。

以学生为主体的层层深入，逐步使新知转化为旧知，形成知识体系。在这新知的探究过程中，为什么要转化，根据什么进行转化，如何"转化"，"转化"时要注意什么？这是本节课的教学重点。学生亲身经历了观察发现除数是小数，运用转化思想方法解决了问题，拓宽了思路，激发了学生的探究欲望。

四、解答问题中应用"转化"

应用题中应用"转化"的思想：有时把难求的问题转化成易求的问题，

有时把较复杂的数量关系转化为简单的数量关系，以便使应用题易于求解。

如：有甲、乙两堆煤，甲堆煤是乙堆煤的 $\frac{5}{6}$，把乙堆运走 38 吨后，乙堆与甲堆的比是 7∶9，甲堆原有煤多少吨？

此题的单位"1"的量比较隐蔽，解答困难，所以在解答时要抓住不变量（甲堆）为单位"1"的量，应用"转化"的思想：

①把甲堆煤是乙堆煤的 $\frac{5}{6}$ 转化成乙堆是甲堆的 $\frac{6}{5}$。

②把乙堆煤与甲堆煤的比是 7∶9 转化成乙堆是甲堆的 $\frac{7}{9}$，再把转化后的两个条件结合起来，与线段图共同比较，便能很明显地看出：

$(\frac{6}{5}-\frac{7}{9})$ 是运走的 38 吨的对应分率，可求出标准量为：

（甲堆）$38÷(\frac{6}{5}-\frac{7}{9})=90$ （吨）

"转化"虽有一般可依的原则，但要取得最佳教学效果，还有赖于学生对基础的掌握，引导学生克服消极的思维定式，在多向思维中寻求"转化"，使学生的数学思维品质得到良好的培养，思维能力得到切实提高，让深度学习在课堂上真正地发生。

◇丰富活动经验 提升"量感"素养

摘要：量感的培养有助于学生提高和完善数学核心素养、问题解决能力和估测能力。量感的培养是一个较长期的、反复体验、不断矫正的过程，与学生的个体经验有关。教师在教学中应重视学生对量的深度体验和对单位量的感知，加强学生对叠加量的感悟，开展丰富的估测活动，促进学生形成自身经验和单位量感，建立不同量感，精准完善量感。

关键词：量感；活动经验；丰富；素养

数学是建立在数与量上的学科。"数"与"量"犹如硬币的两面，难以剥离。数学不仅培养学生的数感，对"量"的认知和把握也是题中应有之义。2022 版新课标新增了一个核心概念：量感。关于量感这个词对老师来说应该并不陌生，但是之前的课标中并没有对量感的详细论述，那么这次新课标里将其作为课程目标中核心素养加以明确，足以引起大家的高度重视。

一、新课标下的"量感"解读

新课程标准关于量感的定位与定义有这样一个基本逻辑。课程目标的确定，要立足学生核心素养发展，集中体现数学课程育人价值。核心素养其中之一就是会用数学的眼光观察现实世界，在义务教育阶段，数学眼光主要表现为：抽象能力（包括数感、量感、符号意识）、几何直观、空间观念与创新意识。至此，非常清楚，量感是一种抽象能力，是数学眼光的重要内容，是学生的核心素养。

具体来看，小学阶段量感的内涵是丰富的。首先，量感是什么？量感主要是指对事物的可测量属性及大小关系的直观感知（新课标的解释如下表所示）。其次，学习目标是什么？知道度量的意义，能够理解统一度量单位的必要性；会针对真实情境选择合适的度量单位进行度量，会在同一度量方法下进行不同单位的换算；初步感知度量工具和方法引起的误差，能合理得到或估计度量的结果。最后，有何深远意义？建立量感有助于养成用定量的方法认识和解决问题的习惯，是形成抽象能力和应用意识的经验基础。

表现	内涵	阶段
量感	量感主要是指对事物的可测量属性及大小关系的直观感知。知道度量的意义，能够理解统一度量单位的必要性；会针对真实情境选择合适的度量单位进行度量，会在同一度量感方法下进行不同单位的换算；初步感知度量工具和方法引起的误差，能合理得到或估计度量的结果。建立量感有助于养成用定量的方法认识和解决问题的习惯，是形成抽象能力和应用意识的经验基础	小学

　　应该明确，量感是在长时间使用量的过程中形成的。本质上看，量感就是对量的理解与把握。换句话说，只有对量精深的理解，并成为自觉意识，才能形成量感；而量感一旦培养形成，又将促进学生抽象思维能力的提升、数学眼光的培养、核心素养的养成。因此，无论是基于现实，还是为学生发展考虑，培养学生量感的重要性、必要性不言而喻。

二、"量感"的培养策略

(一) 生活化感知，学生初步建立量感

　　生活是数学的源泉。生活化的感知，能够建立学生的表象，为学生建立量感奠定坚实的基础。教学中，教师要唤醒学生的生活经验，让学生借助生活经验，形成参照比较，能够对物体的量进行估测，从而提升学生的直觉判断。例如对"量与计量"的教学，教师可以从一个单位入手，让学生感知生活中的物体。通过生活化感知，学生对不熟悉的量的认知，逐步从感性上升到理性。

　　比如教学"认识厘米"，在学生通过 1 厘米的小棒建立了"单位厘米"的

概念表象后，可以让学生先估测铅笔的长度、文具盒的长度、课桌的长度，然后让学生用厘米尺展开实际测量，对照自己的估测，清晰长度量感。在这个过程中，学生还可以建立某些物体的长度量感的表象。这样，在测量较长物体时，学生不仅可以用厘米尺精准测量，还可以用生活中常见的物体辅助测量。如有学生测量讲台时会说有两个学生桌那么长，有学生会说有 8 支铅笔那么长等。

例如教学"体积及体积单位"这一课时，首先可以借助学生熟悉的乌鸦喝水的故事，使学生明白体积的概念；其次，选择洗衣机、影碟机、手机等生活中常见的物品，通过看一看、比一比、画一画、估一估等系列活动，调动学生的多种感官，让学生拥有深度体验，在头脑中感知物体所占空间的大小，建立物体体积的基本概念。

生活化感知，能够让学生的量感从主观臆测走向参照推理。在这个过程中，学生的测量经验逐渐积淀，这是培养学生量感的有效方法和路径。

（二）层次化体验，不断丰富学生的量感

如果说"生活化感知"能为学生量感的形成奠定坚实的基础，那么"层次化体验"就能为学生量感的形成提供保障。古语云："纸上得来终觉浅，心中悟出始知深。"层层的体验、层层的铺垫，不仅可以建立学生的概念表象，发展学生对物体的量感，更为重要的是能够让学生所形成的"量感"精确化、精准化、精致化。

那么，如何让学生形成层次化的体验呢？我认为可以开展丰富多彩的活动，充分激活学生的多种感官。学生在多层次体验活动中，能够形成对物体量感的准确把握。例如：教学"认识千克"，可以设计五个不同层面的活动，让学生反复体验"1 千克"的量，在反复的、多层次的体验活动中获得对"1 千克"量的独特、丰富、准确的心理感受。

（1）出示两袋体积相差较大的物体，让学生感知它们的质量，再让学生称重，学生发现都是"1千克"，认知冲突由此形成。

（2）学生掂体积较小的物体，感受"1千克"；学生再掂体积较大的物体，感受"1千克"，初步建立学生对"1千克"的质量内觉。

（3）学生通过"掂"所形成的质量内觉，去寻找质量接近于"1千克"的物体，学生对自己寻找的物体的质量展开验证。

（4）通过"抓米"比赛，进一步巩固学生的"1千克"质量体验。

再如教学"分米和毫米的认识"，分米是介于厘米和米之间的一个长度单位，毫米是比厘米还要小的一个长度单位。认识分米和毫米，可以引导学生迁移厘米和米的学习经验，自主建构分米和毫米的长度表象。学生在脑海中建构起清晰的1毫米长度观念之后，教师可以通过一系列的动手操作活动，让学生在实践中加深对毫米的认识。比如，要求学生把5枚1元硬币摞起来，先估计厚度大约是多少毫米，再量一量。要求学生先估一估10张纸大约有多厚，再量一量；接着继续估计20张、50张纸大约有多厚。对于后一个活动，可以先让学生数出10张A4纸，捏在手中感受一下它的厚度，估一估10张A4纸的厚度大约是几毫米；再让学生用直尺量一量，验证此前的估计是否合理；接着，要求学生捏一捏这10张纸，记住1毫米的厚度，建立相应的量感；最后鼓励学生基于建立的量感继续估计20张、50张，甚至100张A4纸的厚度。经历上面这样的操作活动过程，学生的量感体验也就会逐步丰富起来。

上述两个层次化的活动不断丰富了学生的量感。学生经历了从对"1千克"的质量内觉"很不准"到"比较准"再到"非常准"的修正过程，"1千克"质量的标准量在学生的大脑深处渐渐由模糊到清晰。学生的内心逐渐生成了一杆"秤"，有效地建构了"1千克"的质量标准。

（三）多向化厘析，逐渐明晰学生的量感

"量"起源于"量"，这是量的形成过程。在学生的数学学习中，量不仅

仅是作为一个简单的"陈述性知识"，更是作为一种"程序性知识"而存在的。只有学生切切实实地经历了、体验了、获得了、感受了，量才不是一种"规定性知识"，才能成为学生生命体验、生命感受的一部分，学生对物体的量的感受也才能从"定性描述"走向"定量刻画"。多向化厘析，才能逐渐明晰学生的量感。

例如：教学"认识平方厘米和平方分米"，由于这一部分内容是学生在学习了长度单位的基础上进行教学的，同时又是学习体积单位的基础。因此知识的建构显得尤为重要。如何让学生建立"1平方厘米"的表象大小？如何沟通知识之间的联系？在教学中通过"多向化厘析"，让学生逐步明晰"平方厘米"的内涵，即"平方厘米就是面积单位"。

（1）看1平方厘米。教师出示各种形状的"1平方厘米"的图形让学生感知，突破学生"1平方厘米就是边长为1厘米的正方形"的错误表象。

（2）说1平方厘米。在看的基础上，学生用自己的语言描述"1平方厘米"。通过"说1平方厘米"，固化学生面积单位的表象。如有学生说，1平方厘米就是大拇指的手指甲么大；有学生说，1平方厘米就是1元的硬币面这么大；有学生说，1平方厘米有爸爸的戒指面那么大；等等。

（3）想1平方厘米。学生在"看1平方厘米""说1平方厘米"活动基础上，运用已有的相关长度单位知识经验，推理1平方厘米。边长为1厘米的正方形的面积是1平方厘米，长20毫米、宽5毫米的长方形的面积是1平方厘米；长50毫米、宽2毫米的长方形的面积也是1平方厘米；等等。

（4）画1平方厘米。学生根据自身所形成的"1平方厘米"的空间观念，用自己的手画出1平方厘米，图形的形状没有局限。这样让学生通过记忆、想象、对比、纠正等措施，完善"1平方厘米"的概念表象，形成"1平方厘米"的面积大小认知。

又如《体积及体积单位》教学中，可以通过在知识体系中深化整体认知来培养"量感"。线动成面，面动成体。学生已有长度单位、面积单位的学习经验，能容易地将相关学习经验与体积单位的学习建立联系，从而建立结构化的知识体系。在教学时，教师就可以有意识地运用信息技术，引导学生联系先前的学习经验，并进行对比、类推。通过思考、探索和迁移等学习过程，学生不仅能对长度单位、面积单位和体积单位进行区分，更能通过三种单位之间的关联，实现线面体教学的一致性，帮助学生发展量感。

"量感"是学生数学核心素养的重要范畴，更是将学生的数学学习引向社会生活的直观载体。因此，"量感"的培养不应成为小学数学教学的盲点。在培养学生"量感"的教学中，教师应注重引导学生经历对物体的观察、体验和探究，为学生定制"量感"培养的有效策略，让学生在活动中体验"量"，形成"感"，让学生的量感以鲜活的方式拔节生长。

【参考文献】

[1] 余晓华：《让"量感"自然生长——以长度单位的教学为例》，《小学数学教育》2021 第 10 期。

[2] 陈金飞：《丰富活动经验 提升度量素养——以"面积单位"一课教学为例》，《辽宁教育》2020 年第 11 期。

[3] 中华人民共和国教育部：《义务教育数学课程标准（2022 年版）》，北京师范大学出版社 2022 年版。

◇基于核心素养的数学符号意识培养策略

摘要：数学是由许许多多符号组成的，因此数学的学习需要具备一个良好的符号素养，小学阶段的学生刚刚开始接受系统化的数学教育。其间，如果学生能够拥有较强的符号意识，可以帮助学生在今后的学习生活中如鱼得水，这就要求小学数学教师在实际的教学中借助教学内容渗透符号意识；同时，随着新课程改革的推进，教师们越来越重视在教学中渗透核心素养的内容，而在培养学生符号意识的过程中，能够有效地提升学生的抽象能力、逻辑分析能力、运算能力以及数据分析能力。因此，教师在小学数学教学中应采用有效的方式去培养学生的符号意识和运用数学符号的良好习惯，在反复的使用中加深学生对不同数学符号的理解，进而更好地掌握数学知识及其规律。本文主要是将核心素养的内容与培养学生符号意识有机地结合，探索核心素养视角下小学生数学符号意识的培养策略。

关键词：核心素养；小学数学；符号意识

　　数学符号意识具体是指在数学学习的过程中学生能够正确地认识并理解符号所表示的数、数量关系及其变化规律，能够根据数学符号进行有效的运算，进而得出一般性结论的意识和能力。如果教师能够在小学阶段就对学生的符号意识展开有效的培养，学生就能够通过一些特定的符号去探索相关的数学知识，进而提升学生的数学思维；但是在实际的教学中，学生符号意识的培养不尽如人意，由于小学生年龄较小，抽象能力较弱。所以学生在数学符号的理解和掌握的过程中会遇到困难，再加上教师对于符号意识的培养不够重视，导致学生的抽象能力和探究能力难以获得提高。在此之后的小学数学课堂教学中，教师要重视对学生进行符号意识的培养，有效结合数学核心素养的内容，在符号意识的培养中促进学生核心素养的发展，优化小学数学课堂教学效果。

一、增强符号意识，孕育核心素养

　　符号在我们平常的生活中随处可见，甚至许多符号不分国界、地区存在。《新课程标准》根据数学学科和课程的特点，把在解决问题的过程中发展学生的"符号感"作为义务教育阶段一个重要的数学学习内容。因此，教师要在现实生活与数学符号之间建立一座桥梁，让学生在自己熟悉的环境下完成学习任务，促使学生知道数学符号的应用场景，感知抽象的数学符号应用方式，逐步增强学生的符号意识，从而培养学生的抽象能力，孕育核心素养。

例如，在教学"用字母表示数"这部分知识时，教师可以引进现实生活中常见的事物、常出现的情况作为教学资源，为学生创设符号情境。比如用 a 来表示孩子的年龄，爸爸的年龄比孩子大 26 岁，那么爸爸的年龄该怎么表示？这时候很多学生们会回答"$a+26$"，这时候教师就可以大胆地启发学生思考"$a+26$"还能够表示什么含义。学生们展开积极的思考，很快有学生回答："a 可以表示一个人当前的体重，$a+26$ 就可以表示这个人增重 26 斤之后的体重。"这样让学生在具体的实际生活中学习符号的作用和意义，将现实生活和符号教学紧密结合，提升学生对符号的感知，同时也有助于学生运用抽象的字母或者符号表示具体的事物和关系，这对于学生核心素养的提升有很大的帮助。

二、理解符号含义，发展核心素养

新课标指出："符号感主要表现在：从具体情境中抽象出数量关系和变化规律，并用符号来表示；理解符号所代表的数量关系和变化规律；会进行符号间的转换；能选择适当的程序和方法解决用符号所表示的问题。"符号是数学的语言，是人们进行表示、计算、推理、交流和解决问题的工具。因此，教师在开展教学活动中可采用多元化教学手段，引发学生之间的交流互动，使学生在课堂活动的参与过程中充分理解符号的含义，并懂得运用符号解决实际问题和数学本身的问题，进而使学生在数学学习的过程中发展核心素养。

例如，在教学"数学广角——植树问题"这部分知识时，以其中的一道例题为例："一张课桌长边坐两个人，宽边坐一个人，总共可以坐六个人；两张桌子宽边相拼可以坐十个人,三张桌子能坐十四个人,依此类推,十张桌子拼成一排能坐多少人,三十八人需要多少张桌子?"为了有效地引导学生解决这个问题,教师可根据学生的具体情况,对其进行巧妙分组。在确保小组成员配置的合理性之后,可让学生们在纸上画一画,用长方形"□"代表桌子,用圆圈"○"代表人,在反复的实践和动手操作中总结桌子张数与人数之间的关系。在这个教学设计中,学生们通过自己的探究思考出用符号来表示相关的数学信息这一理念,进而有效地培养了学生运用数学符号的意识和习惯。

再如,在教学"平行与垂直"这部分知识时,教师通过让学生理解平行和垂直的含义之后,借助相似的符号来分别表示两条直线的关系。这样学生们也更能够理解"⊥"和"∥"这两个符号的含义,使得学生在解答数学题目的时候更加直观。

由此可见,在小学数学教学中,教师要采用多样化的教学方式帮助学生充分地理解数学符号的含义,在理解符号含义的基础上去探究和解决相关的数学问题,有效地提高学生的自主学习和探究能力,实现学生逻辑分析能力的发展。

三、强化符号运用,助推核心素养

数学来源于生活并服务于生活。小学数学学习的目的是更好地运用,从而解决实际问题,提升数学学习能力。有效地加强对所学符号的运用训练,可以在很大程度上促使学生形成应用意识,提升应用能力。所以,在小学数学课堂教学中,教师要结合学生的认知水平和学习能力,为学生布置相关知识的巩固练习,让学生在具体的数学练习过程中灵活地运用已经掌握的符号知识,解决数学问题,提高学生的数学运算和分析能力,进而助推了学生的数学核心素养。

例如，在学习"解简易方程"这部分知识时，为了有效提高学生运用未知数表示数量关系的能力，教师可以为学生布置针对性的方程应用题目，让学生在具体实际的数学题目解答中提取信息，并运用符号去处理和表示。在解决此类应用题的过程中，学生需要首先设未知数 x，并将这个未知数当成已知条件来列出数量关系，最终解答。在数学实际问题解答的过程中，学生需要对数学题目进行有效的分析，明确题目所给的条件，根据条件进行探究和分析，进而对列出的关系式进行运算，得出结果。在不断的练习中，能够有效地提高学生的数学运算和数据分析能力，强化学生的符号思维，从而使学生在运用数学符号的过程中发展数学核心素养。

四、渗透符号思想，提升核心素养

符号思想是数学学习过程中的一个重要思想，在数学中很多的数量关系都可以通过符号的变化来实现，使得数学知识转化成更加直观、形象的内容，便于学生理解和掌握。学生只有充分理解了符号的含义，才能够借助符号去解决一些数学问题，提高自身的数学推理和探究能力，并根据题目所给的条件列出相应的等式或形成直观化的图示。因此，教师在开展教学活动的过程中可善用教学内容，向学生渗透符号思想，让数学符号意识潜移默化地渗透到学生的大脑中，从而培养学生利用数学符号表达数量关系的习惯，提升学生的数学学习能力及素养。

例如，在"乘法"的相关知识的教学中，教师首先向学生展示了一个数量关系式"3+3+3+3+3"，让学生求解。由于学生对于加减法已经充分掌握，所以很快便求出了答案。之后教师问学生："这个表达式还可以运用另一种形式和符号表示，而且更加简便，同学们知道该怎样表示吗？"之后学生们开始对这个式子进行排列组合，但发现依然换汤不换药。这时候教师向学生渗透

"乘法"的概念以及相应的符号"×"，引导学生运用乘法将表达式转变为"5×3"，符号的有效转化更有助于学生理解和运算，学生们在学习过程中也感到了神奇。因此，在小学数学教学中对学生渗透符号思想，能够帮助学生形成一个更加灵活的思维，实现学生核心素养的发展和提高。

总而言之，在小学数学教学中培养学生的数学符号意识和素养，符合新课程改革以及学生发展的要求。身为一名小学数学教师，首先要提高自身的专业素养和能力，借助数学课堂渗透数学符号意识，提高学生的抽象能力和思维。作为小学生，他们由于思维能力和年龄的限制，很难全面有效地掌握数学符号所传达的数学知识，这就需要教师在教学中帮助学生更好地了解这些符号所代表的数学含义，巧妙地设计教学形式，有效地培养学生的数学符号意识，强化学生对于数学符号意义的理解和运用，进而使得学生在符号的学习和理解中更好地感知和体验数学核心素养，实现学生的全面发展。

【参考文献】

［1］中华人民共和国教育部：《义务教育数学课程标准（2011 年版）》，北京师范大学出版社 2012 年版。

［2］曹艳荣：《数学教学要重视培养学生的符号感》，《教学月刊（小学版）》2004 年第 11 期。

［3］殷玉朝：《小学数学符号意识培养策略探微》，《数学教学通讯》2016 年第 25 期。

［4］朱林巧：《基于核心素养的小学生数学符号意识培养的策略》，《新智慧》2020 年第 34 期。

◇ "四会"，引导学生的学习向深处发生

摘要：随着我国社会经济的高速发展，教学方式有了很大程度的改变，许多更新后的教学模式也得到了广泛使用。在小学数学教学过程中，找到适应小学生最佳的教学方式，这样既能增强学生对数学学习的兴趣，也为以后的数学学习打下扎实的基础。老师在教学过程中要将学生作为课堂活动主体；而教师起到引导学生的作用，在对学生进行数学教学过程中通过创设有效的情境，不仅能帮助学生设身处地地思考问题，还能培养学生的综合实践能力和逻辑思维能力，增强小学生的数学素养，提升小学数学课堂教学实效性。

关键词："四会"；深处；发生；学习

教师的"教"是为了学生更好地"学"，学生是课堂教学活动的主体、是学习的主人，而不是被动地接受学习知识。因此要求现在教师彻底摆脱以教师为中心的教学方式，更要改变教师教学理念、当好课堂教学的领导者、组织者和合作者，为学生创设宽松、和谐、民主的学习氛围，让学生积极、主动地"动眼、动脑、动口、动手"进行一系列的学习活动，从而最大限度地发挥学生学习能动性与主动性，让学生真正成为课堂教学活动的主人。

一、会用数学的眼睛观察：感知数理、启动思维、培养观察能力

仔细观察是认识事物的"窗口"，是获取知识的源泉，学生开动思维的起源，对于小学生来说，数学的公式推导、性质、定义、定律等往往是从具体例子或事物引入的。学生学习时，首先是用眼去观察这些具体例子或事物，从而感知其中数理、启动思维、为进一步学习打下基础。例如：在教学长方体的认

识时，先让学生观察牛奶盒、粉笔盒等立体图形实物，认识哪些实物是长方体，接着让学生认真仔细观察长方体实物，从而感知长方体和 6 个面、12 条棱、8 个顶点，再进一步深入动手实践，通过量一量、看一看，又感知到每个面都是长方形（有时有两个面是正方形）、相对面的面积相等、相对的棱长度相等，这时，这些实物就会在学生的头脑中留下模型，即长方体的模型。初步认识了长方体特征，为学习长方体的表面积等知识做好铺垫，又如在教学"比的基本性质"时，先复习① $3 \div 8 = (\quad) \div 16 = 9 \div (\quad)$　② $\dfrac{5}{12} = \dfrac{(\quad)}{24} = \dfrac{15}{(\quad)}$，让学生填空后再说说根据是什么（①根据商不变性质②根据分数基本性质）并复习这两个性质的描述，接着让学生根据比与分数、除法的关系，把复习题改写成比的形式：$1 : 2 \rightarrow 2 : 4 \rightarrow 4 : 8$。这时，教师不要急于去得出结果，而是让学生自主观察，在小组中交流，在交流中发现比的基本性质［比的前项和后项同时乘以或除以相同的数（零除外），比值不变］这些知识的获取都是学生在仔细观察中感知，在合作交流中发现的，学生从中获取了知识，学会观察，学会学习。

二、会用数学的思维思考：领悟数理、活跃思维、培养创新能力

小学生具有强烈的好奇心，他们心中藏着十万个为什么，但是在课堂上，他们迫于教师的压力不敢提出为什么，只是遵从教师的要求去学习，久而久之，他们的思维就逐步地固化，缺乏灵性。在数学核心素养理念的指导下，教师要创设出自由轻松的情境，鼓励学生大胆质疑，抓住他们的质疑点进行引导，这样可以保持学生的好奇心，使得他们的思维处于活跃的状态，有利于逐步提高他们的思维能力。

以北师大版数学二年级下册"认识图形"为例，在认识角这一部分的教学中，先让学生自读教材初步了解角的概念及特征，教师在黑板上画出一组图形，请学生判断出哪些是角、哪些不是角，并说出为什么，以此来检验学生的自学成果，共同总结出角的特征：角是由一个顶点和两条直直的边组成的，这个时候就有学生提出问题了："怎么画出角呢？"教师边示范边讲解步骤，要求学生自己动手操作，同桌之间相互检查，在展示的过程中向学生提问："每个学生画出的角都不一样，它的大小和什么有关呢？"学生陷入了思考，对这个问题也比较好奇，纷纷猜测：和边有关、和开口有关等，鼓励学生自主验证。这个过程中让学生自由探讨、猜测、提问和验证，使得他们更为清晰地把握知识，有效地拓展了他们的思维能力。

再如在"方向与位置"这一单元的学习中，借助辨认方向的活动发展学生的空间观念，认识简单的路线图，学会用数学语言描述行动轨迹。这些内容是比较抽象的，二年级小学生的抽象思维还处于初级阶段，这个时候需要借助简单的图形来帮助他们理解，引导他们从直观思维逐步向抽象思维发展。教师先从具体的事物出发指导学生辨认方向：太阳从哪边升起、哪边落下？指认教室周围的四个方向及建筑物，所在座位的八个方向都有谁？通过这种直观的方式增强学生的方向感，之后再结合地图来辨别方向，引导学生正确说出地图上的八个方向，使学生掌握基本看地图的能力。

三、会用数学的语言表达：运用数理、深化思维、培养表达能力

一节课的成功并不在于教师精彩的肢体语言和滔滔不绝的讲解，关键是学生能够主观能动地参与课堂活动，而教学语言的亲切、幽默、风趣、直观，直接影响到学生对概念、数理的理解。小学生语言表达能力和空间思维能力发展

水平不一致，往往是能够想到、做到，但不一定能表达出来，课堂上学生多动口说，就能促进多动脑、厘清思路，从而深化数学思维能力，因此，在课堂要改变传统教学模式，尽量多地融合一些信息技术，使学生从视听各方面参与课堂活动，积极创设学生"想说"的机会，在计算题时说算理，解决问题时讲解题思路。评价学生活动时，多用激励性语言，让学生产生表达的欲望，进一步引导学生思考，"为什么""你是怎样想的""根据什么"等，这些都是激发"想动口表达"的因素。如在学生完成比较 $\frac{7}{8}$ 和 $\frac{8}{9}$ 大小这题时，我问："哪位同学可以把自己的想法告诉大家？"鼓励学生发表意见。

①因为：$\frac{7}{8}=\frac{63}{72}$、$\frac{8}{9}=\frac{64}{72}$，$\frac{63}{72}<\frac{64}{72}$，所以 $\frac{7}{8}<\frac{8}{9}$

②因为：$\frac{7}{8}=0.875$、$\frac{8}{9}\approx0.888$，$0.875<0.888$，所以 $\frac{7}{8}<\frac{8}{9}$

③因为：$\frac{7}{8}=\frac{56}{64}$、$\frac{8}{9}=\frac{56}{63}$，$\frac{56}{64}<\frac{56}{63}$，所以 $\frac{7}{8}<\frac{8}{9}$

④因为：$\frac{7}{8}+\frac{1}{8}=1$、$\frac{8}{9}+\frac{1}{9}=1$，$\frac{1}{8}>\frac{1}{9}$，所以 $\frac{7}{8}<\frac{8}{9}$

（学生上面四种解题思路，后面的比前面更强，第④种对于数值大的更具有它的优越性，如比较 $\frac{2021}{2022}$ 和 $\frac{2020}{2021}$ 大小）

通过让学生口述思路，发表不同意见，让学生的意见在民主、自由环境中得到广泛、充分的交流，这样既关注学生学习的结果，也关注到他们的学习过程；既培养了小学生敢讲、想讲、爱讲、会讲的课堂表现习惯，又培养学生语言组织能力和语言表达能力，从而深化学生思维。

四、会进行数学的操作：体会数理、发展思维、培养动手能力

好奇、好动是小学生的天性，小学生思维以直观形象思维为主要形式，思维活动离不开具体实物的支撑。动手操作能丰富儿童的感性认识，建立清晰表象是理性认识的基础，让学生参与实际操作，是学生获取知识、体会数理、定义形成的重要方法。通过动手操作，诱发多种感官参与学习，迎合小学生好动、好奇心理，从而激发兴趣，发展思维。如在教学"圆柱"体积时，我先让学生观察圆柱整体模型，用手摸一摸圆柱体，接着让学生操作学具：先拿出沿半径的等分圆柱，将圆柱沿直径分成两半，然后把这圆柱拼成近似长方体，又将近似的长方体拼成圆柱体，再拼成近似长方体，这样反复操作，学生在操作中观察、理解、思考……然后让学生回到课本阅读。这时，在经过动手操作及其思考后，学生阅读时一定会有所思，也会有所悟。接着老师再次让学生不断地操作、交流。学生在重复动手操作—阅读—再动手操作交流的过程中发现：圆柱可以拼成近似的长方体，长方体的长是圆柱的底面周长一半，宽是圆柱的半径，高是圆柱的高，通过以上观察、操作、思考、表达，学生有了丰富的感性认识，而后老师引导学生推理：圆柱的体积计算方法。

长方体的体积　＝　底面积　　×　　高

圆柱的体积＝圆柱的底面积　　×　　高

从而认识：$v=sh$ 　　　①

$v=\pi r^2 h$ 　　　②

$v=\pi(d\div2)^2 h$ 　　　③

这样，学生一直在参与知识形成过程，通过观察、操作、思考、交流、分析推理，人人都兴趣盎然参与学习活动，改变了过去教师当"演员"、学生作

"观众"的现象，使教师成了"导演"、学生成了"演员"，确立学生主体地位，同时通过操作、发展思维培养学生操作能力和分析推理能力。

儿童心理学家皮亚杰认为：儿童具有一种与生俱来的好奇心和学习探究欲望，好奇、好问、好探索是小学生的年龄特点。作为教师要尊重学生的主体性，承认学生的能动性，努力创设让学生动眼观察、动脑思考、动手操作、动口表达……形式多样的探索学习活动，当好课堂教学活动的引导者、组织者、合作者的角色；有效的课堂教学是以学生为中心，让学生真正成为课堂学习活动的主人是实效课堂的追求。要相信，只要老师放开禁锢的双手，你就会发现小学生也是一个很好的发现者、研究者、探索者和创造者，能在教师的指导下成为自主学习的主人。

◇深度学习背景下学生数感的培养策略

摘要：《数学课程标准》对数感的内涵及功能作了表述：数感主要是指关于数与数量、数量关系、运算结果估计等方面的感悟。建立数感有助于学生理解现实生活中数的意义，理解或表述具体情境中的数量关系。数感是数学十大核心素养之一。本文围绕小学数学数感的培养策略展开，旨在进一步拓宽小学数学教学思路，创新教学方法，让数学更好地服务于生活。

关键词：培养；数感；提升；核心素养

数感是一种主动地、自觉地理解数和运用数的意识。《数学课程标准》强调："要引导学生联系自己身边具体、有趣的事情，通过观察、操作、解决问题等丰富的活动，感受数的意义，初步形成数感。"良好的数感的建立，有助于学生创新精神和实践能力的培养。新课标明确提出了十大数学核心素养，其中"数感"摆在核心素养的首要位置。由此可见，数感是一个人基本的数学素养，在这种新理念的氛围下，培养学生的数感就成了教育聚焦的话题。那么，如何培养学生的数感呢？在数学教学中培养学生的数感，可从以下几方面尝试。

一、聚焦生活，渗透数感

数学来源于生活，发展学生的数感离不开学生的生活经验，数学知识比较抽象，许多学生对数不能很好地在头脑中建立表象，更不能真正地理解数的内涵。只有学生真正地把所学的知识与生活经验联系起来，才能更好地掌握知识、内化知识。"数感"不是通过传授知识培养，而是让学生自己感知、发现和探索，使他们在数学学习过程中，更多地接触和经历有关的情境和实例，在现实情境中感受体验，从而更具体更深刻地把握数的概念，建立数感。

如教学"克和千克的认识"时，可以先让学生一手拿书、一手拿铅笔，闭上眼睛掂一掂：有什么不一样？哪个重一些？同学间相互抱一抱，感知自己的体重；接着再掂一掂、比一比2分硬币、小正方体、回形针、1元硬币、橡皮等质量并按轻重给它们排排队；最后再估计一下一袋饼干和1个苹果的质量。一袋食盐500克，两袋食盐就是1千克。1千克就是1公斤，也就是我们说的2斤。再比如教学"1吨有多重"时，为了让孩子理解1吨，知道1吨=1000千克，可举例：三年级孩子的体重约25千克，40个孩子的体重大约是1吨。又举例：1袋大米是50千克，20袋大米就是1000千克，也就是1吨。吨是比千克大的质量单位，计量较重的或大宗物品的质量时通常用吨作单位。充分利用好身边的数学素材，让学生在亲身体验活动中，不断启蒙和渗透数感，学生的"亲数学"行为得到培养，对数学学习就充满好奇心与乐趣。

二、聚焦操作，体验数感

著名心理学家皮亚杰说："儿童的思维是从动作开始的，切断动作与思维的联系，思维就不能得到发展。"动手实践是一种特殊的认知活动，在这一动态的认知活动中，它既满足了小学生好奇、好动、好表现等心理特点，又可以集中注意力，激发动机，使学生在自己的创造中亲身体验成功的喜悦，达到真正的理解。动手实践活动就是学生学习过程的主战线，也是学生主动发展的自由天地，注重动手实践的数学课堂将成为学生探索的乐园、创新的摇篮。数感的培养离不开动手实践，注重选取适合学生的素材、学生熟悉的素材。

例如在教学北师大版数学五年级上册"梯形的面积计算"时，先复习三角形的面积公式及推导过程。然后让学生用剪刀和梯形纸分组动手操作，互相讨论。先后得出几种不同的方法：有的把两个完全一样的梯形拼成一个平行四边形；有的把一个梯形沿对角线剪成两个三角形；有的把一个梯形剪成一个平行四边形和一个三角形；还有的通过割补法把一个梯形剪拼成一个三角形。最后让学生合作讨论归纳梯形的面积公式。这样，把数感培养落实到具体的操作活动中，可使学生加深对数学知识的理解，建立起良好的数感。学生既获取了知识，又发挥了主体意识，创新意识还得到了培养。

又如在"分数的再认识"教学中，开展"拿一拿"活动。黑板贴出 10 个苹果图，学生按要求拿苹果：①拿走它的 $\frac{1}{10}$，学生拿走 1 个；②拿走余下的 $\frac{1}{3}$，学生拿走 3 个；③再拿走余下的 $\frac{1}{3}$，学生拿走 2 个；④提问，同样是拿走苹果的 $\frac{1}{3}$，为什么两次拿走苹果的个数不同？学生在操作和解释的过程中理解了分数的意义，建立分数的概念，有利于分数概念的形成。小学生好奇好动，对游戏活动如操作、实验、猜测、比赛等有着天然的心理趋向。因此教师在教学中要顺应学生的年龄特征，组织学生开展多种活动，帮助学生在活动中体验数的意义和作用，积累经验，形成数感。

三、聚焦估算，发展数感

估算是学生数感发展的有效途径之一，《数学课程标准》指出：估算在日常的生活与数学的学习中有着十分广泛的应用，培养学生的估算意识，发展学生的估算能力，让学生拥有良好的数感，具有重要的价值。生活中很多时候都要用到估算而不需要精确计算。因此，我们在教学中加强估算，培养学生的估算意识，发展学生的估算能力，让学生拥有良好的数感。

（一）重视估算体验，深化数感

数本身是抽象的，特别是大数的意义，距离学生的生活实际较远，学生理解起来更是困难。这就需要教师善于为学生提供充分的、可感知的现实背景，用以感受数的意义。例如教学"一亿有多大"时，让学生研究 1 亿张纸摞起来有多厚？是否真的要找出 1 亿张纸摞起来直接进行测量呢？不能直接测量怎么办？可以引导学可以先测量一部分（为了计算方便，应该取整百、整千、整万的数量）纸的厚度，再由部分推算出整体是多少。学生在测量、估算的过程中推算出 1 亿张纸的高度是 9000 米，然后再与世界最高峰（珠穆朗玛峰的海拔高度是 8844.43 米）相比较，探究中发现如果全国人每人浪费一张纸，那么……再延伸拓展到如果每人浪费一粒米、一滴水、一元钱……将会给国家造成极大的浪费。

（二）丰富估算策略，提高数感

小学生的数感怎么样，在很大程度上看学生的估算方法和策略。学生掌握一定的估算方法和估算策略，对发展他们的数感有十分重要的作用。因此，在教学中，教师应结合教学内容引导学生学会一些基本的估算方法，丰富他们的估算策略。例如估算教学"一本书 9 元，全班 52 人，每人买一本全班大约需要多少钱?"不同的学生估算方法可能有所不同。有的学生认为："10×50 = 500，估计在 500 元左右。"有的学生估算的方法可能是"10×52 = 520，不到 520 元"。有的学生可能说："9×50 = 450 元，肯定比 450 元多。"对于这些说法，教师都应该加以肯定、鼓励。学生通过观察、想象、分析、比较，根据自己的知识背景，找出一个"标准"进行有序思维，建立了估计的数学模型。

（三）注重算用结合，优化数感

学以致用是数学教学的一个基本原则。运用估算知识解决学生学习和生活中的一些实际问题，感受估算知识与学习、生活的紧密联系，增强估算意识，形成估算的良好习惯。如秋天到了，学校组织同学们去秋游，现在请同学们先来算算我们班要准备多少钱。有 104 个同学参加，每个同学的门票价格为 49 元，准备 5000 元够吗? 这个问题一出现，很快有人回答够。"真的够吗?"学生们开始不敢说了，有回答够也有说不够的了。"谁说不够的?""你来说说为什么?""因为把 104 看成 100 少看了 4，4×50 = 200；而把 49 看成 50，多看了 1，1×104 = 104，200 比 104 大，所以不够。"顿时同学们都回答不能，这时我引导学生们总结不是所有的题目都可以用"四舍五入"法来估算。这样的教学让学生自己知道估算并不是单纯的计算，这样的估算，是学生在体会和经验积累的基础上进行的，它对数感十分有利。

（四）聚焦问题，提升数感

数感是一种"数学地"思考。数感就是将有关实际问题与数联系起来，用数学的方式思考问题。美国学者格劳斯认为，学会数学的思考就是形成数学化和抽象化的数学观点，运用数学进行预测的能力，以及运用数学工具解决现实问题的能力。如一个学生去文具店买练习本、铅笔、橡皮等学习用品，就要考虑购买每种文具的数量、单价，应带多少钱等。对这些问题的思考过程就是一个"数学化"的过程，学生在这个过程中可以逐步地学会用数学思考的方法理解和解决现实中的问题。培养数感，就是要让学生经历数学化，学会用量化的眼光去看待周围的世界，当遇到可能与数学有关的具体问题时，就自然地、有意识地与数学联系起来，或者试图进一步用数学的观点和方法来处理和解释。良好的数感可帮学生进行综合运用，从而使学生对知识融会贯通，而要达到这样的境界，则需要一个长期的培养过程。因此，在教学中，教师应让生活中的数学问题走进课堂，引导学生把所学的数学知识应用到生活中去，在综合运用数学知识解决问题的过程中，使学生的数感得到发展。

如教学"有余数的除法"后，让学生解决"全班 43 人去划船，每条船限坐 6 人，至少需要几条船？怎样乘船合理？"的问题，学生通过思考、计算，不难得出需要 8 条船。教师让学生说说可以怎样乘船，学生的方案有 6×7+1，6×6+4+3，6×5+4×2+5，6×3+5×5，等等。在交流思维的过程中，学生会发现找到答案的方法并非只有一种，答案也并非只有一个，知道如何选择合理的方案。通过解决实际生活中的问题，学生知道了计算的意义和如何运用计算的结果，学会如何选择适当的算法解决问题，学会对结果的合理性作出解释，并在此基础上形成自己解决问题的基本策略，提升数感。

综上所述，"冰冻三尺非一日之寒，水滴石穿非一日之功"，数感也绝非一朝一夕形成的，数感的形成是一个积累的、潜移默化的过程，需要在较长时间的充分感知、体验和感受中逐步建立起来。教师应吸收新课标理念，在数学教学活动中深入钻研教材，创造性地运用教材，创设有助于培养学生数感的情境，探索与之相适应的教学方法，把培养数感的任务落实到具体的教学过程，让学生在对数的充分感知、感受和感悟中，逐步形成解决问题的策略，形成良好数感，提升数学核心素养。

【参考文献】

[1] 徐赟：《数学核心素养——"数感"的培养》，《新课程（中）》2017 年第 12 期。

[2] 朱瑞雪：《谈对小学数学核心素养的认识》，《课程教育研究》2017 年第 49 期。

[3] 罗玉贤：《小学数学核心素养之数感的培养方法》，《学园》2017 年第 34 期。

◇经历活动过程，促进素养落地
——"面积单位"的教学片段与思考

摘要：思维是数学的体操。课堂教学中让学生经历活动过程，能够促进学生实践能力的发展，有效培养学生的空间观念和创新意识，从而让核心素养的发展真正落地。

关键词：活动过程；素养；思维

为了顺应全面深化教育改革，数学课堂教学应致力于让学生学会将生活问题数学化思考，然后引导学生经历数学活动，实现思维内化，达到数学知识生活化的应用。在这个活动中，学生才会慢慢形成数学思维和解决问题的能力。基于以上认识，我结合"面积单位"的教学片段，尝试在数学教学的各环节中，让学生经历活动过程，促进学生实践能力的发展，培养学生的空间观念和创新意识，让核心素养的发展真正落地。

"面积单位"一课是属于"空间与图形"范畴，重在培养学生的空间观念和实践操作能力。本课教材是在学生理解面积的意义，能够初步比较图形面积大小的基础上进行教学的。在此之前，学生已经认识的"米、分米、厘米"等长度单位是本节课学习的知识基础。本节课教师借助几何直观，通过测量物体表面的面积，使学生认识到统一面积单位的必要性，于是引入面积单位。由此帮助学生形成简单的几何概念，发展学生的空间观念。

一、利用认知冲突，培养学生的问题意识

【教学片段1】

师：快过年了，动物王国准备举行新年晚会，国王派小兔把舞台的地面贴过新的地砖。小兔选择了两种不同的地砖（出示两种不同地砖图片），在试铺地砖时，它发现用第一种地砖铺用了48块，用第二种地砖铺只用了20块。这可把小兔迷惑了。为什么会出现这样的情况？同学们，你们能帮帮小兔吗？

生：能。

师：为什么同样大的舞台会出现不一样的结果？

生1：因为两种地砖大小不一样。

生2：要怎样才能有一样的结果？

生：用同样大小的地砖铺。

师：对了，用不同大小的地砖铺，其结果也不同，这就需要统一标准，也就是统一单位。因为铺舞台地面的大小，实际上是舞台的面积，所以面积就要用面积单位。

师：那么，面积单位有哪些？这也是我们这节课要学习的内容：面积单位（板书）。

【教学思考】"学起于思，思源于疑。"本环节是由情境故事引入，在充分调动学生的学习情绪后，教师在教学中有意识地创设问题情境，把"为什么

同样大的舞台会出现不一样的结果?"设在学习新旧知识的矛盾冲突之中,引发学生对面积大小的认知冲突,让学生带着问题去探索新知。学生带着浓厚的兴趣全身心地参与探究活动,引发思考和讨论。学生在观察、比较和交流碰撞中了解到统一面积单位的必要性。为后面学习面积单位埋下了伏笔,学生的学习兴趣浓厚,参与度高。

二、巧用活动过程,发展学生的数学思维

【教学片段2】

师:在学习1平方厘米之前,我们先来复习长度单位有哪些。

生:我们学习的长度单位有厘米、分米、米。

师:cm、dm、m分别表示什么?

生:cm表示厘米,dm表示分米,m表示米。

师:那么,1 cm有多长,我们用手比画一下。

学生动手比画。

师:现在,我们来画一个边长为1厘米的正方形,并将它剪下来。

学生动手操作。

师生总结:像这样边长为1 cm的正方形,面积就是1平方厘米。用字母 cm^2 表示。(板书)

师:让我们一起来记住今天的第一位新朋友吧!拿起1平方厘米,闭上眼睛,把1平方厘米印进你的脑海里,头脑中有1平方厘米了吗?

生:有!

师:那么,生活中哪些物品表面的面积大约是1平方厘米?

生1:纽扣表面的面积大约是1平方厘米。

生2:我的大拇指指甲盖大约是1平方厘米。

师：同学们观察得真仔细，找到了这么多面积为 1 平方厘米的物体。老师也收集了一些，请大家看看。

出示课件图片。

师：请每人从学具袋里取出一张扑克卡片。估计一下，一张卡片的面积是多少平方厘米？

生 1：32 平方厘米。

生 2：40 平方厘米。

师：你是怎样估计的？

生：我是用大拇指指甲比画了一下，大约是 40 平方厘米。

师：你的想法很好。现在大家把 1 平方厘米的正方形铺在卡片上，看看它的面积到底有多少？

学生动手实际操作。

师：扑克卡片的面积是多少？

生：48 平方厘米。

师：为什么？

生：它的面上能铺 48 个 1 平方厘米。

师：也就是说，一张扑克卡片的表面能铺 48 个 1 平方厘米，所以它的面积就是 48 平方厘米。

【教学思考】数学课程标准指出："动手实践、自主探索和合作交流是学生学习的重要方式。"在教学过程中，教师以"引"为主，以实践操作活动的形式为支持，给学生提供联结知识内容、掌握知识方式的纽带以及丰富的动手操作机会。让学生在"比—画—认—想—找"一系列活动中感知 1 平方厘米的实际大小，再通过"估""验"提升和内化学生"用"知识的经验培养学生的应用意识，达到深度学习的效果。

三、善用知识迁移，培养学生的建模意识

【教学片段3】

师：接下来，我们来量一量数学书课本，看看课本的面积有多大？（演示用 1 平方厘米量）你们觉得怎么样？

生 1：太小了。

生 2：应该有一个大一点的面积单位。

生 3：我觉得要用平方分米来测量。

师：你是怎么想的？

生：长度单位中比厘米大点的就是分米。

师：那么，你们觉得 1 平方分米有多大呢？我们小组合作一起去研究 1 平方分米吧。来，看看合作要求，我们要完成哪些任务？

合作任务：

量一量：什么样的正方形面积为 1 平方分米？

摸一摸：摸一摸手上 1 平方分米的正方形。

找一找：生活中哪些物体表面的面积约为 1 平方分米？

估一估：用 1 平方分米的正方形去量一量，数学课本封面的面积大约是 _____ 平方分米。

验一验：用手掌量一量数学课本封面的面积。

师：下面请用"量一量、摸一摸、找一找、估一估"的方法，小组合作研究一下 1 平方分米吧。计时 4 分钟。

小组汇报。

生 1：边长是 1 分米的正方形面积为 1 平方分米。用字母 dm^2 表示。（师板书）。

生 2：粉笔盒面、同学的手掌表面、墙上的开关盖的表面……

师出示课件图片。

生3：数学课本封面的面积大约是6平方分米。

师：你是怎么估的？

生：我是用手掌量了数学课本封面的面积大约有6掌大小，也就是大约6平方分米。

师：同学们真棒，用"量一量、摸一摸、找一找、估一估、验一验"的方法自己认识了面积单位——1平方分米，真了不起。

师：你们觉得还有更大的面积单位吗？

生：有，平方米。

师：那1平方米是个什么样的正方形呢？

生：边长为1米的正方形。

师：请你比画下1米的长度。（学生张开双手的长度就是1米）

师：是啊，边长为1米的正方形，面积就是1平方米。那1平方米有多大呢？

师：老师请4个同学上来张开双手围成一个正方形，这个正方形的面积就是1平方米，用字母 m^2 表示。（师板书）

师：生活中哪些物品表面面积大约是1平方米？

生：教室里一块地砖大约是1平方米。

一张方桌桌面的面积大约是1平方米，两张双人儿童桌桌面的面积，用报纸拼一个1平方米的正方形，1平方米地面大约可站12名同学（出示课件图片）。

师：1平方米的正方形去量一量，黑板的面积、教室的面积大约有多平方米？

生汇报。

师生小结。

【教学思考】数学学习的过程其实就是认知结构不断更新重组的过程，是在头脑中形成数学认知结构和数学思维体系的过程。在上述教学中，教师充分挖掘知识之间的联系，善于利用知识迁移，让学生将"认识1平方厘米"的学习方式迁移到1平方分米和1平方米的学习中，将三部分内容构建关联。引导学生在探索中把握知识的本质，建立良好的数学认知结构，培养学生的建模意识。接着教师采用演示法、动手操作法把抽象的面积单位转化为学生易于理解的方式呈现，帮助学生形成对面积单位实际大小的空间观念。

四、用信息技术，发展学生的应用思维

【教学片段4】

师：下面，我们来智闯四关，看看谁把知识掌握得最牢固，成为今天的知识小达人。

（一）基础练习

第一关：找朋友。

出示课件第一行：平方米、平方分米、平方厘米。

出示第二行：数学课本封面的面积大约4（　　　），一张单人床的面积约2（　　　），一条毛巾的面积大约8（　　　），一个纽扣的面积约1（　　　），黑板的面积大约3（　　　），一张邮票的面积约6（　　　）。

第二关：小动物回家（出示给小动物找家的图片）。

（二）巩固练习

第三关：游戏PK（利用课件创造有趣的游戏，区别长度单位、面积单位）。

（三）变式练习

第四关：笑话欣赏——淘气写的数学故事。

出示课件：放学回家后，小马哈一家三口坐在1平方分米的方桌旁吃饭，

一不小心一粒石子把小马哈那颗 1 平方米的大门牙磕掉了。顿时，鲜血直流。小马哈赶紧掏出 4 平方厘米的手帕捂住嘴巴，和家人往医院跑去。

从这个数学故事中，你想到了什么？

【教学思考】新课标提倡学生在"玩"中学习，"趣"中练习，"乐"中长才干，"赛"中增勇气。本环节教师有意识地利用信息技术把生活实例作为教学素材和资源引入数学课堂中，采用"分层设计，闯关挑战"的形式，让学生把所学的数学知识应用到实际生活中去，解决身边的数学问题。通过解决实际问题，把学生浓厚的学习兴趣和学习积极性延伸到了课外；同时也发展了学生应用思维能力和解决问题的能力，拓宽了学生的数学视野，使学生感受到学习数学的乐趣，体会到成功的喜悦。

纵观整节课的教学，教师充分体现了新课程标准的要求，把抽象的概念教学借助直观转化为具体的活动，借助丰富的实物图形引导学生动手操作、小组合作，从直观、想象到发现，再到验证，学生在实践活动中自主参与，探索新知，经历了对面积单位概念的建构过程，训练了学生的空间想象能力和实践操作能力，通过反馈巩固练习，促进学生知识内化，使学生感受到数学与现实生活的密切联系，从而构建了一个师生互动、生动活泼的数学课堂。

第六节 常态课堂策略

◇让数学学习在课堂上深度发生

摘要：学生数学素养的形成是一个长期的、不断体验的、慢慢积淀的过程。在数学课堂教学中，让学生经历学习过程，培养学生的应用技能和实践能力，提升学生的创新意识，形成良好的学习品质，从而有效地提高学生的数学素养。

关键词：亲历；过程；学习；深度发生

深度学习，指在教师引领下，学生围绕着具有挑战性的学习主题，全身心积极参与、体验成功，获得发展的有意义的学习过程。在这个过程中，学生掌握学科的核心知识，理解学习的过程，把握学科的本质及思想方法，形成积极的内在的学习动机，高级的社会情感，积极的态度，正确的价值观，成为极具独立性、批判性、创造性又有合作精神基础扎实的优秀的学习者，成为未来社会历史实践的主人。下面，我以自己执教的几个案例谈谈数学学习在课堂上深度发生的策略。

一、情境创设激发学生深度探究的欲望

深度学习的突破口在于针对学生学习内容和学生学习特征创设问题情境，依托该问题情境提出引发学生深度思考的关键问题，进而组织学生围绕关键问题进行深度探究。以"数据的统计"的教学为例，很多老师都是为了统计而完成统计，学生没有明确统计的目的，也不知道收集数据以及选择统计方式的

重要性。因此，教师应该尽可能地创设问题情境，激发学生思考问题，由"问题"联想到"数据"，从而明确"统计"的目的，产生收集数据的需要。

如"小小鞋店"这节课可以通过创设开店卖鞋的情境：学校一年一度的数学文化节就要到了，如果我们班的同学想模拟开一个鞋店，咱们需要考虑哪些问题呢？那么关于"进货"方面咱们又需要考虑哪些因素呢？通过让学生讨论得出需要调查的对象是同学们穿的鞋号，从而决定各种不同的鞋号各进货多少；一般男鞋和女鞋品种不同，所以需要分男生和女生进行调查。又如"快乐成长"这节课可以这样创设情境：暑假就快到了，同学们是不是会跟着爸爸妈妈一起去旅游啊？那你知道小学生有哪些优惠政策吗？据老师了解，2010年12月1日，铁道部将能买半价票的儿童身高标准调整为120—150厘米。你们符合买半价票的要求吗？老师想要知道咱们班的同学符不符合半价票，那我必须知道你们的什么情况？对！下面是淘气班同学的身高情况，咱们一起去看看吧！

再如教学"长方形和正方形的面积"时，有这样一道题：洒水车宽6米，每分钟能行100米，40分钟能洒水多少平方米？这是生活中常见的事物，但表述成文字，对小学生具体形象为主的思维特点来说较为抽象，不容易理解和接受。在实际教学中，我找准问题的"症结点"，化静态抽象为动态形象，设计一个播放生活中洒水车洒水的视频这样一个情境，让学生在动态中寻找解决问题所需要的数学信息。在播放视频后，我提出："40分钟能洒水多少平方米"这个问题的本质是求什么？解决问题所需要的条件在哪里？接着在让学生在独立思考的基础上，组织小组交流，再请小组代表上台交流演示，教师及时在课件上用红色线条勾画出洒水洒出的图形，动静结合，学生听得清楚，看得明白，理解透彻。

情境创设增强了学生在深度探究中的体验感，帮助学生发现数学问题的本质，为学生的深度学习创设了有利条件，激发深度探究的欲望。

二、核心问题引领学生深度探究的方向

爱因斯坦曾说过，提出一个问题往往比解决一个问题更重要。因为好的问题能够给人以新的思考空间，提出问题本身就是一个学习的新起点；而深度学习的重点就在于精心设计问题情境和学习任务，引发学生认知冲突，组织深度探究的学习活动。

比如北大版数学三年级下册"分数的初步认识"一课，在复习回顾把一个桃平均分给 2 只小猴，每只小猴分得这个桃的 $\frac{1}{2}$ 后，教师先后出示放有 3 个桃、4 个桃、6 个桃、12 个桃的盘子图，引导学生分一分、画一画，表示出这盘桃的 $\frac{1}{2}$。学生根据已有的经验，很快就分出来了。但对于"把不同个数的桃平均分成 2 份，每份是这盘桃的 $\frac{1}{2}$"理解起来还是有些模糊的，此时教师引导提问：桃的总个数不同，每一份的个数也不同，为什么都可以用 $\frac{1}{2}$ 来表示呢？教师提出这一核心问题，引发学生深度思考的方向，经过探究交流，学生将对分数意义的理解，从把一个物体平均分成 2 份上升到了把一个整体平均分成 2 份，每份就是这个整体 $\frac{1}{2}$ 的高度，加深了对分数意义的认识。接着，教师提出：猴妈妈的这一盘 12 个桃，除了能表示出 $\frac{1}{2}$，还能表示出它的几分之一呢？小伙伴合作，一个摆，一个记录，还有 4 位同学积极地补充，最后组织小组代表到黑板交流展示各种分法。学生在这一过程中，对把 12 个桃看作一个整体平均分积累了一定经验，教师适时提出核心问题：都是 12 个桃，为什么表示每一份的分数不一样呢？从而引导学生分析总结出"平均分成几份，每

份就是它的几分之一",让学生对分数的意义又有了更全面的认识。

又如教学圆面积公式的推导时,运用多媒体课件将圆等分成的份数达到我们所能看到的最多份数,拼成一个近似的长方形,根据长方形的面积公式推导出圆面积计算公式(如图3-35所示)。

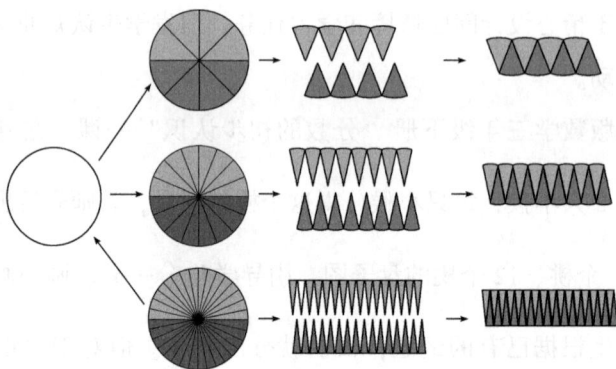

图 3-35

接着教师提出具有创造性思维的问题:谁能说一说如果用相同的16个扇形拼成一个三角形,如何推导出圆的面积公式?摆拼成梯形能推导圆的面积吗?圆的面积还可以转化成三角形、梯形的面积计算,激发了学生的创新思维,学生跃跃欲试都想说出自己的拼法。这时教师用课件展示摆拼成三角形、梯形的过程,直观形象地推出圆面积计算公式(如图3-36所示)。

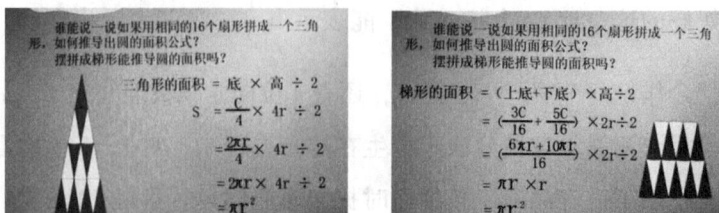

谁能说一说如果用相同的16个扇形拼成 一个三角形,如何推导出圆的面积公式?
摆拼成梯形能推导圆的面积吗?

三角形的面积 = 底 × 高 ÷ 2

$$S = \frac{C}{4} \times 4r \div 2$$
$$= \frac{2\pi r}{4} \times 4r \div 2$$
$$= 2\pi r \times 4r \div 2$$
$$= \pi r^2$$

谁能说一说如果用相同的16个扇形拼成 一个三角形,如何推导出圆的面积公式?
摆拼成梯形能推导圆的面积吗?

梯形的面积 = (上底 + 下底) × 高 ÷ 2

$$= (\frac{3C}{16} + \frac{5C}{16}) \times 2r \div 2$$
$$= (\frac{6\pi r + 10\pi r}{16}) \times 2r \div 2$$
$$= \pi r \times r$$
$$= \pi r^2$$

图 3-36

通过层层递进的归纳总结，让学生自己去发现、去分析，在分析归纳中发展学生的创新意识。

接着我又向学生介绍一种有趣的圆面积计算公式的推导方法，将一个圆形的垫片剪开，它的形状恰好是一个底为圆的周长，高为圆的半径的三角形。这里借助对直观操作活动过程的观察，渗透等积变形的数学思想。（如图 3-37 所示）

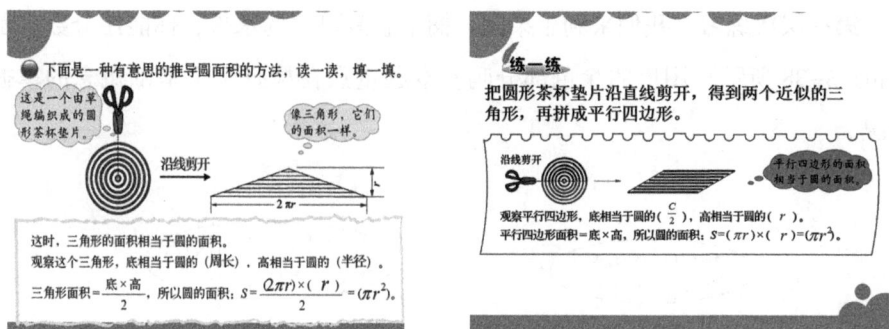

图 3-37

通过演示学生还能归纳整理得出：我们把圆拼成以前学过的几种几何图形，都能推导出圆的面积公式 $S = \pi r^2$，学生还知道了在求圆的面积时要知道圆的半径。学生通过分析归纳，整理得出不同的几何图形推导出圆面积计算公式，培养了学生的创新意识，丰富了学生的空间想象能力，而空间想象能力也通过大量的表象感知逐步形成。

深度学习就是建立在低阶思维的基础上进行的高阶思维训练，不是对知识难度深度的追求，而是引导学生学会对有难度深度的问题进行探究分析、判断、总结。

三、分层训练拓展学生深度探究的思维

学生掌握了基本概念之后，要想更深入地掌握其应用，需要教师精心设计有梯度、有层次的练习，拓展深度思维。如"分数的初步认识"的课后练习，我没有让学生仅仅停留在简单概念的强化记忆上，而是从几个层面进行了梯度设计。

第一层次练习：我们来到了果园，摘下新鲜可口的水果，你能用分数表示（如图 3-38 所示）图里的涂色部分吗？本题重点在检查学生基础概念的掌握情况。

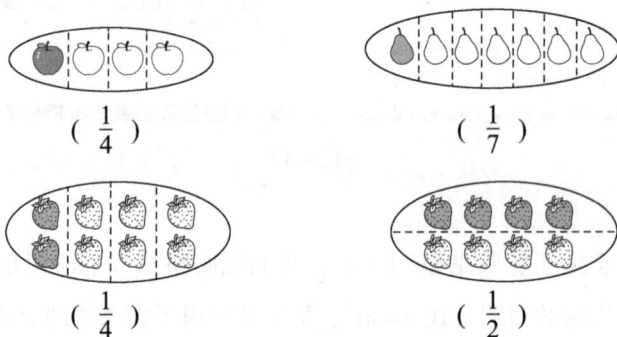

$$\left(\frac{1}{4}\right) \qquad \left(\frac{1}{7}\right)$$

$$\left(\frac{1}{4}\right) \qquad \left(\frac{1}{2}\right)$$

图 3-38

第二层次练习：逛超市，从面巾纸盒中，你看到几分之一了？

本题主要训练同一个整体平均分的份数不同，得到的分数就不同。（出示一袋纸巾的图片）

第三层次练习：你看到了几分之一呢？（出示学生操场做游戏的图片，5个小朋友牵手成一个圈，围了3个圈，圈定其中小朋友）本题主要训练一个整体变了，这一份对应的分数就变了。

再如"数据的整理与表示"的教学，学生要初步学会用画图方法整理数据，能用自己的方式（文字、表格、画图等）呈现数据的结果。所以，我鼓励学生尝试用列表或画图的方法，把整理的结果直观有效地表示出来。例如"小小鞋店"的教学，可以把男生和女生的鞋号整理成一个表。

整理前：

男生的鞋号					
33	37	34	36	38	
36	34	35	34	35	35
37	34	34	38	34	36
35					

女生的鞋号					
32	34	35	34	34	33
35	34	35	34	34	34
34	35	35	33	37	

整理后：

鞋号	32	33	34	35	36	37	38
男生/人数	0	1	7	4	3	2	2
女生/人数	1	2	8	5	0	1	0

经过整理以后，既可以看到男生或女生穿各种鞋号的人数分别有多少人；还能看到男生或女生的最大和最小的鞋号分别是多少。那么画图又是怎样的呢？放手让学生做：

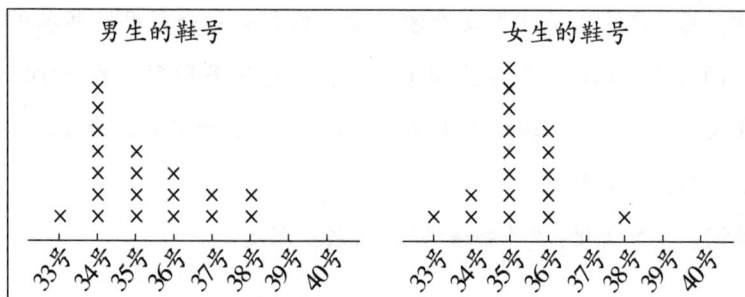

这个画图的过程既是整理数据的过程，也是表示数据的过程。所以在教学时我问孩子们："除了可以用'×'表示，还可以用什么来表示呢？"学生很快可以想到用"·""△""√"等或者画"正"字来表示。通过这样的整理，培养了学生有序整理数据和解读数据的能力；并通过观察统计表和统计图的差异，体会哪种记录方法既清楚又方便，同时也为四年级学习条形统计图奠定扎实的基础。

学生数学素养的形成是一个长期的、不断体验的、慢慢积淀的过程。我们教师在教学设计时，应更多地关注如何挖掘数学知识本身的内涵，设计富有逻辑性的数学活动引领学生层层深入；在课堂教学中，应给学生提供足够的思维时间和空间，让学生自主建构数学知识或解决数学问题；在这个过程中，形成问题意识，学会数学思维，领悟数学精神，体验数学价值，将数学素养的形成真正落实到课堂教学并有效地融入学生的学习过程中，持之以恒，学生的数学素养才能真正得到培养和提升。

◇让"你知道吗"的数学文化从浅层走向深度

摘要：不同版本的小学数学教材专门设置了"你知道吗"栏目进行显性体现数学文化的思想和内容，以提升学生数学学习兴趣，拓宽数学视野，体会求真精神，感悟文化魅力，引发数学思考。本文从充分利用好书本中的"你知道吗"的角度，积极引导学生阅读思考，并通过多种形式的数学活动，让学生充分熏染陶冶，真正彰显出其内在的文化价值，使其真正为激发学生数学学习的催化剂、正能量。

关键词：数学文化；"你知道吗"；浅层；深度

数学文化概念分为广义和狭义，广义的数学文化涉及内容多，主要包含数学家、数学发展史、数学教育等，数学教育中凡是和人文有关的都属于数学文化范畴，除此之外还体现着数学的社会性，与生活的关联性和其他文化的内在联系。狭义的数学文化指的是数学思想、数学精神、数学观点等的形成和发展，数学文化不是一蹴而就的，而是在不断发展中成为一种文化现象。

随着新课程的不断推进，对数学文化价值的重视度逐渐提升，将数学文化与数学课程相结合，已经成为教育界的共识。因此，不同版本的小学数学教材，不仅在知识的编写中有机渗透数学文化的思想和内容，还专门设置了"你知道吗"栏目进行显性体现，以让学生提升数学学习兴趣，拓宽数学视野，体会求真精神，感悟文化魅力，引发数学思考。

下面就合理利用、充分挖掘"你知道吗"的教学资源，并与课堂教学有机整合，有效凸显其教学价值，谈谈我的教学思考。

思考一：解读意图

（一）传播文明

课程标准中提到：数学文化作为教科书的组成部分，应该渗透在整套书中。为此，教科书可以适时地介绍有关背景知识，包括数学在自然界与社会中的应用、数学发展史的有关材料，帮助学生了解在人类文明发展中数学的作用，激发学生学习数学的兴趣，感受数学家治学的严谨，欣赏数学的美。为此，"你知道吗"作为教科书中显性数学文化的载体，显然要承担着传播数学文化，传承数学文明的责任。

（二）激发兴趣

兴趣是人们对事物的一种认识倾向，伴随着积极的情绪体验，特别是对个体的认知活动有巨大的推进作用。"你知道吗"栏目中含有很多丰富有趣的内容。

不仅有与数学相关的数学史、数学名题，还有数学与其他学科相关的小常识。数学家的小故事，不仅可以通过小故事的方式吸引学生的注意力，还可以让一个个冰冷的数学家"活"起来，"活"在学生的头脑中，并让学生感悟数学家身上探究数学、追求真理和科学的强烈愿望，进而影响学生的数学精神和品格；一些有趣的数学名题，用"奇"来吸引学生的兴趣，增强学生的探索欲望和探究精神；数学与其他学科的知识，让学生感悟到数学广泛的应用性，明确其真正的价值所在，进而从侧面激发学生学习数学的兴趣，真正做到愿学、好学、乐学。

（三）拓宽视野

21世纪是知识信息大爆炸的时代，各种知识信息充盈着人们的眼球。要求人们要努力扩大自己的知识面，顺应这一时代的趋势。"你知道吗"栏目里面包含了广博的知识，不仅包含与新授内容有关知识的拓展，即数学知识的产生与发展，让学生知其然更知其所以然。同时还包含了一些为下次学习做铺垫的知识，一方面可以拓宽学生的知识面，另一方面可以起到一个桥梁的作用。当然栏目中还有很多数学与其他学科的知识，数学与地理、音乐、美术、经济、社会等方面的知识都有涉及。比如"闰年"的由来，时区的划分，一日的界定等都和地球的自转及公转有关，这些都是比较简单的地理学常识，通过这一栏目，让学生对"年、月、日"有一个更为科学合理的理解，可以拓宽学生的知识视野。

思考二：解读内容

（一）作为丰富的数学阅读资料

"你知道吗"栏目中很大一部分内容都是有关数学的阅读资料，其中以数学史的介绍和数学课外小知识为主，如"古埃及使用象形数字""乘法口诀的历史""指南针""二十四节气""阿拉伯数字的来历""小数是我国最早使用的""《九章算术》中的面积计算公式""绿色出行，同比与环比"等等，从中可以发现，教材编排了很多有关数学史的知识和一些数学在生活中的应用，有些虽然跟知识点没有多大联系；但是数学是一门强大的学科，各行各业发展的基础都是依靠数学来进行的。呈现在学生大脑里的知识也不完全是老师教过的东西，它是各个学科、各个知识的综合体。这些数学史料和学科之间的整合信息，拓宽了学生的知识面，激发了学生的学习热情。

（二）作为丰富的课内延伸内容

"你知道吗"栏目为学生介绍了很多在小学阶段看似不做要求，但与日常的学习又息息相关的数学概念，还有一些在老教材中做重点教学，而在新教材中却在"你知道吗"栏目里呈现。对这些知识点是教还是不教，是重点教还是匆匆带过，给老师们带来了很多的纠结。如"七巧板是我国古代的拼板玩具""对一亿的感知""分解质因数""互质数"等，用求最大公因数和最小公倍数来说，如果学生没有分解质因数概念的依托和理解，解这种题目就显得相当被动，用分解质因数和短除法的方法解决的问题比比皆是，况且"你知道吗"栏目里还明确写着：利用分解质因数的方法可以比较简便地求出两个数的最大公因数。因为比较简便，所以就是好方法，好方法就得介绍，不论它出现在哪里。

（三）作为丰富的课外拓展知识

学生接受数学知识的过程从来不是墨守成规、一成不变的。本着让优生吃好的理念，"你知道吗"栏目为我们提供了一个很广泛的挑战平台。如数字黑洞、完全数、哥德巴赫猜想、黄金比例、七桥问题……无一不向我们展示着数学中那深远的美丽。

思考三：教学策略

虽然"你知道吗"栏目的内容是依据数学知识来编排的，但是每个"你知道吗"栏目与教学内容的契合点各不相同，它们在教学内容中所起的作用也不尽相同，因而渗透入课堂的时间、形式，渗透所起的效果也是不一样的。因此，在教学中我们要把握住时机，找准切入点，适时引入。

（一）以"文化"为载体引入，吸引兴趣

课前引入"你知道吗"栏目的内容，可以吸引学生的注意力，激发学生学习的兴趣，让学生更好地投入新知的学习中来。课前引入的方式有很多，低年级的学生由于年龄比较小喜欢听故事，可以结合该栏目的内容采用讲故事的方式，高年级的学生处于个性逐渐彰显时期，爱表现、喜挑战，可以采用"冒险""挑战"等方式。

例如教学北师大版数学四年级下册"确定位置"内容时，可以从这里引入（如图 3-39 所示），指南针这部分内容是在学生初步学习了位置与方向的基础上进行编排的，将其作为学生认识历史的突破口，让学生体会中国深厚的数学文化底蕴和悠久的历史。教师可以在新授前直接提问中国古代的四大发明，重点介绍指南针，认识了解指南针对确定位置的作用，从古到今，拉近数

学与历史的距离，在感受厚重的中华文化的同时，激发学习、探究的兴趣。

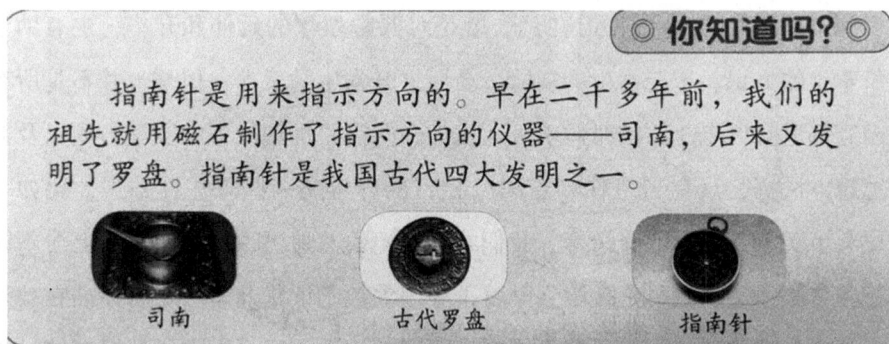

图 3-39

（二）以"文化"为载体导学，深化知识

数学课堂教学要充分发挥"你知道吗"在新课教学中的作用，科学安排"你知道吗"内容的渗透，并注意引导学生利用"你知道吗"来帮助完善新授内容的知识建构，从而引领学生"再创造"，起到事半功倍之效。

如认识了 6 和 7 的过程中，还可以给学生介绍中国古代的算筹以及古罗马数字，让学生感受到不管什么样的数字都是由前一个数字添上 1 得到的；无论时代怎样变迁，数学都一直在追求简单美；也让学生意识到创新会推动人类的进步。除此之外，6 和 7 不仅可以表示数量和第几，还可以代表音符，由不同音符排列组合能组成一首首动人的乐曲；有韵律的儿歌里也有 6 和 7……这样简单的两个数字不再抽象孤立，在其他学科中也可以找到数学，事物之间有千丝万缕的联系，推开数学这扇门，可以通向语文、音乐、科学以及生活的方方面面。相信在数学文化多角度的浸润中，学生定会发现数学拥有耀眼的魅力。

（三）以"文化"为载体总结，拓展知识

课末总结时插入"你知道吗"，既是对课堂教学的延伸和升华，也有助于增长学生的见识、扩充学生的视野，全面提升学生的素养；但是，并不是所有的内容都适合课末总结的时候引入，比如一些需要推理论证的数学名题以及数学思想方法等，只有当"你知道吗"栏目的内容是一些陈述性知识，比如一些史料事实、数学家的介绍等，我们才能自然而然地引入。如四年级上册不同的记数方法，这一栏目是在学生学习了中国大数的读法及写法之后穿插在教科书中的，其本质是让学生了解不同国家不同的记数方法。它在栏目编制的过程中起到的仅仅是增长学生的见识，增加学生对不同国家不同记数传统的了解的作用。

（四）以"文化"为载体延伸，提升素养

数学学习是教师教与学生学的统一，数学活动是师生积极参与、交往互动、共同创造的过程。学生是学习的主体，教师是学习的组织者、引导者与合作者。因此针对"你知道吗"栏目的教学，教师不应该仅仅只在课堂上讲授，更应该给予学生足够的时间和空间，并对学生学习这部分内容进行引导，教授学生学习这部分内容的方法与技巧，让学生能够自主学习，养成独立思考、自主探索的习惯，在阅读感悟数学文化中提升自己的数学文化素养。

1. 提升阅读素养

课后阅读作为数学教学不可或缺的重要组成部分，是学生获取信息、丰富知识、提高能力的有效手段之一。因此，教师要重视在课后有计划地培养学生数学阅读的习惯和能力。教材中"你知道吗"的很多内容是关于数学史或小知识的简介，这些都是组织学生进行数学阅读的好素材。如，三年级教材中介绍的"古人的计时方法""＋""－""×""÷"符号的由来；四年级"分数的

发展史";五年级"方程的由来";六年级"负数的发展史"等（如图3-40所示）。

图3-40

2．发挥育人功能

教材中许多"你知道吗"有不少内容是关于一些数学家的故事、数学经典名题等，如果只是简单地阅读和浏览，还不能真正发挥它的育人功能。因此，可利用午谈课、数学实践活动课等，引导学生通过网络、到图书馆查找等形式收集古今中外数学家和数学问题，如祖冲之、陈景润、华罗庚、高斯等的故事或"哥德巴赫猜想""圆周率的故事""七桥问题"等，然后在班上进行交流，可以口头交流，也可以用"数学手抄报"的形式，还可以用微课的形式……从而感受数学的丰富和精彩（如图3-41所示）。

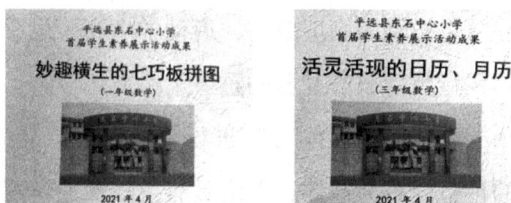

图3-41

3. 培养动手能力

在教学中，可开展以阅读"你知道吗"为载体的数学课外活动，指导学生在课外阅读"你知道吗"的基础上写数学日记，做数学小制作。定期开展"数学阅读成果展示会""比比谁的课外知识多""比比谁的数学制作好"等活动，从而使学生的阅读兴趣不断增强，动手实践能力不断提高。

总之，对于"你知道吗"的思考与实践，还需要继续深入持久地开发和尝试。只有充分利用好书本中的"你知道吗"，积极引导学生阅读思考，并通过多种形式的数学活动，让学生充分熏染陶冶，才能真正彰显出其内在的文化价值，使其真正成为激发学生数学学习的催化剂、正能量。

◇聚焦三个维度，促进深度学习

摘要：数学学习不仅是解题的过程，更是数学知识及其体系的生成过程。因此，在小学教学倡导核心素养的今天，不能让学习只停留在浅层，而应引导学生进行深度学习，走向思维深处。本文认为，践行核心素养，使学生进入深度学习需要教师精准解读教材，找准核心问题，从不同层面、不同深度进行说理教学。

关键词：践行；核心素养；深度学习

数学学习不仅是对数学知识的学习，更是对数学思想方法的体验。在教学过程中，教师要引导学生思维的高度参与，启动学生高阶思维的发生，促进学生深度学习，这也是践行数学核心素养的重要策略。

马云鹏教授对小学数学"深度学习"进行了清晰的界定："小学数学深度学习是以数学学科的核心内容为载体，围绕具有挑战性的学习主题，精心设计问题情境，引发学生认知冲突，开展以数学抽象、逻辑推理、问题解决、数学分析等为重点的思维活动，组织学生进行深入探究，进而使学生获得数学核心知识，发展思维能力，提高解决问题的能力，形成核心素养的过程。"由此可见，小学数学深度学习是基于对知识的理解，以实际问题的解决为目标的高级思维的发展过程。促进学生深度学习，本人认为可以从以下几个方面进行。

一、聚焦解读教材，奠基深度学习

读懂教材是核心素养落地的保障，是教师实施深度教学，学生进行深度学习的基石。只有真正明白教材编写的意图，才能够设计出既符合教材要求，又符合自己学生实际的教学过程，直透数学本质，进而引导学生走向知识的深处。

在研读教材时，教师不但要看到教材中显性的东西，还要发现教材中的隐性内容，既要抓住教材的明线，更要察觉出教材的暗线，从更深层次去把握教材。如北师大版数学五年级上册的"3的倍数特征"一课，前一课时学习了"2和5的倍数特征"。对于"2和5的倍数特征"，教材从百数图引入，过程也介绍得较为详尽，学生只要按课本中的问题串学习，很快就可以发现规律。但"3的倍数特征"一课，教材只从两位数中3的倍数特征提出猜想并进行验证，就归纳出了3的倍数特征，没有对3的倍数特征进行深究。让学生只是知道有这个规律，而不知道为什么这个规律可以成立。所以，教师在解读教材时还要往前迈一步，读出知识的本质，即为什么"一个数各个数位上的数字之和是3的倍数，这个数就是3的倍数"，并借助直观教具帮助学生理解知识的本质。还可以更进一层推出9的倍数特征及发现9的倍数特征和3的倍数特征的关系。这样的学习，对于学生数学知识体系的构建有着更积极的意义。

由此可见，只有教师精准解读教材，从深度和广度读出教材的丰富内涵，才能实现深度教学，让学生真正地进入深度学习。

二、聚焦核心问题，引发深度学习

美国著名科学家波普尔认为："科学与知识的增长，永远始于问题。"问题设置合理与否是一节课成功的关键，好的问题可以引发学生的认知困惑，吸引学生全身心投入学习活动中去。一节课就是在不断地产生问题和解决问题中走向归宿。本人认为，设计好核心问题是引发学生深度学习的关键，而能够启发学生思维的关键问题就是核心问题。核心问题首先应具有启发性，即学生要通过思考挑战才能完成，它还要有明确的方向性，学生沿着这个方向思考就能触及所要学习的知识的核心，还要能引发联想，让学生有所顿悟。

如在教学"三角形边的关系"时，我首先创设小猪盖房子的情境，通过帮小猪选屋顶产生疑问：怎样的三根小棒能围成三角形？在情境问题的驱动下，学生积极投入围三角形的直观操作中。为了印证"怎样的三根小棒能围成三角形？"这一核心问题，我为学生搭建了三次实践活动的平台，让学生自己探索和发现。活动一：摆一摆。出示四组小棒，分别是 3 厘米、5 厘米、6 厘米；3 厘米、4 厘米、6 厘米；3 厘米、3 厘米、6 厘米；3 厘米、2 厘米、6 厘米。让学生同桌合作摆三角形，一个摆一个记录。通过分组摆得成的和摆不成的展示，学生很轻易就能发现：较短的两根小棒长度之和小于或等于第三根小棒，围不成三角形；较短的两根小棒长度之和大于第三根小棒，就能围成三角形；3+5>6，3+4>6。活动二：算一算。通过上面围成的两个三角形三边长度的计算，可以看出能摆出三角形的三根小棒长度之间有什么关系？让学生经历"三角形任意两边之和大于第三边"性质的构建过程。活动三：画一画。要求每位同学画一个三角形，量出三边的长度，再算一算三边的关系。通过对大数据的验证，学生再次达成共识：三角形任意两边之和大于第三边。一个核心问题引领三层活动，层层深入，引导学生经历从实物到抽象、从特殊到一般的数学思考过程，为学生构建了一种结构严谨、逻辑严密的数学思维模式，从而真正实现深度学习，培养学生的理性思维，批判质疑、勇于探究的科学精神，于细微处践行核心素养。

三、聚焦课堂说理，促进深度学习

深度学习强调的是过程性学习。在课堂教学中，教师通过创设具有张力的情境，给予充足的时间和空间，在问题的启发下引导学生通过自主的说理、辩理，激发学生对数学知识的深层思考，让学生真正经历自主探究、合作交流、归纳概括、质疑解疑的过程，直面知识的本质，深度参与学习。在教学过程中，我们教师要慢下脚步，让学生多思考；静下心来，让学生多交流；使过程有趣一点，让学生多体验；还要讲究教学策略，选择恰当的时机为学生提供辨析说理的空间，开发学生的潜能，让学生真正成为学习的主人。

1. 认知冲突处寻理

教育学家苏霍姆林斯基说过："人的内心里有一种根深蒂固的需要——总想感到自己是发现者、研究者、探寻者。在儿童的精神世界中，这种需求特别强烈。"这就要求教师要遵循学生认知发展的规律，为他们创设一系列的活动，把学生的认知冲突和活动巧妙地融为一体，让他们在保持兴趣的同时，感到自己是探索发现者。

如在教学"认识轴对称图形"时，老师先带学生欣赏我国民间艺术作品——剪纸，自然导入新课，接着设计了三个活动让学生自主探究，获取新知。（1）"剪一剪"，让学生合作交流和动手操作，使每个学生都参与到学习活动中来。（2）"认一认"，让学生通过观察自己和同学手中的作品谈发现。学生纷纷发现了"这些图形中间都有一条折痕"，老师给予肯定并指出"对折后这条折痕就是这个图形的对称轴"，"像这样，沿着对称轴对折后两边完全重合的图形就叫轴对称图形"。(3)"辩一辩",老师出示两个鸭子图让学生辨认它是不是轴对称图形。对此,学生有争议。有的说:"我通过观察,发现两只鸭子长得一样,鸭子图是轴对称图形。"有的说:"我用尺子量,发现两只鸭子大小相等,是轴对称图形。"也有的说:"我将两只鸭子对折,发现它们没办法重合在一起,所以鸭子图不是轴对称图形。"这时,老师不要急于公布答案,而是大胆放手让学生将鸭子图与自己剪的轴对称图形进行比较,学生通过动手操作,交流辩论,最后得出辨认轴对称图形的方法就是:对折后两边完全重合的图形,就是轴对称图形,从而很快就发现鸭子图不是轴对称图形。这样,通过自主探究解决问题,发展了学生的独立思考能力、合情推理能力和语言表达能力,让学生在寻理过程中进一步明理。

2. 知识难点处讲理

布鲁纳曾说过:"探索是数学的生命线,没有探索,就没有数学的发展。"教师应努力挖掘知识点之间的内在联系,找到知识的关键处,引导学生在探索和对比中说理,让学生经历有过程的学习,促进深度学习的实现。

如在教学北师大版数学四年级下册"认识梯形和平行四边形"一课,在突破"平行四边形、长方形和正方形之间的关系"这一难点时,我设计了一个"猜一猜"的活动,引发学生的思维冲突,开展深度学习。首先让学生在没有信息提示的前提下猜测宝箱里藏着什么四边形,结果学生的猜测无法统一,从而让学生知道明确图形特征的重要性。接着老师给出提示信息:只有一组平行,学生快速说出是梯形。紧接着教师又给出信息"有两组对边平行",学生很容易就猜出是平行四边形,此时我追问:"还有其他四边形也符合两组对边分别平行的特征吗?"引发学生思考,学生猜测还有可能是长方形或正方形。当学生出现不同猜测的结果时,我不急于表态,而是鼓励学生"有理有据"地表达出自己猜测的理由。在热烈的讨论、争辩中,学生逐渐明白"凡是具备平行四边形特征的就是平行四边形",从而得出结论:正方形、长方形都是特殊的平行四边形。如此在知识难点处组织学生说理，学生的认识越来越深入，思维也越来越开放。

3. 思维深刻处明理

数学课堂是一个开放的课堂，教师要从学生的思维深处挖掘问题，给学生创设一个宽松的敢说、想说的环境，让学生在讲理、辩理、明理中参与探索活动，不断挖掘数学知识背后的道理，让学生的学习逐渐走向深刻。

如在教学北师大版数学五年级下册"不规则物体的体积"一课时，我一次性地给学生提供了几个实验的器材，没有分类，完全让学生放手探究求橡皮泥、雪梨和小黄鸭体积的方法。学生有的把橡皮泥捏成正方体或长方体，再量出它的长宽高进行计算。有些学生选取量杯和水进行测量雪梨的体积，有些学生的水面是溢出的，有些没有溢出，此时我抛出问题：认真观察水面的变化，你会发现什么？这些水面为什么会上升、下降或溢出？上升部分或下降部分、溢出部分水的体积又相当于谁的体积？让学生顿悟等积变形是排水法的本质内涵。接着，我质疑：为什么要把雪梨完全浸没在水中呢？让学生体会实验研究的严谨性。当遇到有小组选用沙子，量杯测量小黄鸭体积时，我提出疑问：为什么不用排水法呢？让学生关注对解决问题过程与方法的反思，意识到方法的局限性，回应教材的编排意图。于知识的关键处、思维的深刻处设问，让学生的学习由被动变为主动，对学生自我构建知识体系意义重大。

总而言之，在常态的数学教学活动中，我们教师应从促进学生数学学习和数学素养发展的角度出发去设计教学，以目标学习任务导引，促使学生"卷入"探索、合作、交流等学习活动中，让学生经历有过程的学习，促进学生深度学习，才能真正践行数学核心素养。

【参考文献】

[1] 马云鹏：《深度学习的理解与实践模式——以小学数学学科为例》，

《课程·教材·教法》2017 年第 4 期。

　　[2] 苏茜茗、何凤英：《聚焦说理课堂　促进深度学习》，《小学数学教育》2019 年第 21 期。

　　[3] 王文英：《核心问题，让学习深度发生》，《小学数学教育》2019 年第 9 期。

◇让数学学习深度在"四活"中发生

　　摘要："深度学习"指能触及数学本质的学习活动，是能引领学生进行高阶思维的教与学行为。计算教学作为小学数学知识板块的重要组成部分，探寻计算教学板块中实施深度学习的策略对当下课堂教学改革、提升课堂效率有着非常重要的意义。文章结合小学数学教学实践，在计算课中对实施鲜活情境、盘活经验、激活基础、变活平台四种策略进行了探索，以期促进学生进行深度学习。

　　关键词：计算；板块；深度学习

　　深度学习是当下数学教学的热词，不论是新课程标准还是核心素养下的课堂都指向了"深度学习"，它是指能触及数学本质的学习活动，是能引领学生进行高阶思维的教与学行为。计算教学作为小学数学知识板块的重要组成部分，探寻计算教学板块中实施深度学习的策略对当下课堂教学改革、提升课堂效率有着非常重要的意义。本文结合小学数学教学实践，在计算课中对实施鲜活情境、盘活经验、激活基础、变活平台四种策略进行了探索，以期促进学生进行深度学习。

一、鲜活情境，激发学习兴趣

"兴趣是最好的老师"，对小学生而言，数学计算学习单调枯燥，难以激发学生的数学计算兴趣和学习主动性，从而易导致计算教学低效，使学生的数学计算能力难以有效提升。因此要提高数学计算课教学成效，应选用学生喜欢的多种教学情境，来激发学生计算兴趣，以此调动学生计算学习积极性。

鲜活情景教学是激发学生课堂学习兴趣的重要方法，根据小学生的心理特点，通过为学生创设多种教学情景，有效激发学生的数学计算学习兴趣。可利用多媒体手段、数字游戏、计算比赛、小组合作竞赛、抢答、"开火车"、复习旧知等方式来创设教学情景，有效地激发学生的计算兴趣，吸引学生课堂注意力。比如，进行三年级的"蚂蚁做操"乘法教学时，为了激发学生对"两位数乘一位数的竖式计算"学习兴趣，可在复习旧知环节，创设"开火车"游戏教学情境，来复习整十数乘一位数、两位数乘一位数的口算方法。在游戏中可以个人或小组形式进行"开火车"计算比赛。通过利用这样的游戏情境，既能有效复习所学旧知，又能激发学生对本课计算教学内容学习兴趣。

【教学片段1】

1. （复习旧知）以小组为单位，采用"开火车"的游戏方式进行复习，是学生回顾两位数与一位数相乘的基本方法。

2. 出示"20×4＝，30×3＝，50×2＝，12×4＝，43×2＝，33×3＝"让学生直接说出答案。

3. 复习三步计算法、列表法来求12×3的积，学生通过多种形式的计算方法的练习，进一步回顾所学的知识，提高学生的口算能力。

本环节设计多样化的练习，主要是突出新知识和旧知识之间的联系，激活学生已有的知识经验，通过运用游戏导入方式，进行旧知复习，有效地激发了学生参与课堂旧知复习互动的积极性，并为下一环节学习两位数乘一位数竖式计算奠定基础。

二、盘活经验，浓厚课堂氛围

"好的开始是成功的一半。"要提高小学数学计算课教学成效，促进小学生数学素养发展，需要教师盘活学生已有的知识经验，构建活泼、愉快、学习氛围浓厚的教学课堂，最大限度地调动学生参与课堂教学互动的积极性。

教师在盘活学生知识经验时，首先要注重根据学生的认知、心理、年龄特点来进行设计。由于小学生上课易"走神""溜号"，注意力难集中，没有吸引力和趣味性的导入，既难以发挥作用，又不受学生喜欢。因此在导入设计时要充分考虑小学生的学习心理和特点，提高导入内容的趣味性。其次是掌握导入设计原则。要提高课堂导入效果，达到激活课堂的目的，需要教师掌握导入设计的原则，即坚持针对性、启发性、关联性、互动性等原则，才能提高导入设计质量。最后是重视调动学生参与积极性。能否通过导入激活课堂的关键在于调动学生参与导入互动积极性，为此要加强这方面措施设计。要提高课堂导入效果，达到激活课堂教学的目的，需要教师巧妙运用多种方法进行导入新课。可利用直接、设置悬念、问题、温故知新、情景、游戏、故事等方式进行导入新课内容。

【教学片段2】

师：大课间的时候我们都要排着整齐的队伍去做操，快看，一群蚂蚁也来到操场站队做操，你们看它们站得多整齐啊！（出示图片）

师提问：你获得了什么数学信息？你能提出什么数学问题？

学生利用已有的乘法知识经验，就能提出求蚂蚁总数方面的乘法问题。在

此环节中让学生进行合作讨论。(教师可点名选择任意小组进行回答)

生：从图片看出一行中存在 12 只蚂蚁，总共是 4 行蚂蚁，从图片中可以求出这样的问题：能求出做操的蚂蚁总共是多少？

师：哪个同学说一下你是如何解决这个问题的？

板书 12×4=

师：这个问题我们在前面已经学过，大家能用口算的方式求出来吗？

学生通过动手操作，并且同桌之间相互交流计算方法，就能列出算式并分步进行计算，最后求出结果。(讨论后汇报)

师再问：还有没有与上面不同的方法来计算这道题。

学生回答：竖式计算。

师引导：乘法也可以用竖式来计算。竖式该怎样写呢？

$$
\begin{array}{r}
1\ \ 2 \\
\times\ \ \ \ \ 4 \\
\hline
\end{array}
$$

师：观察竖式，思考每一步的意思，并在点子图上圈一圈。

本环节通过盘活学生已有的知识经验，设计符合学生认知起点的问题，吸引学生主动投入，学生以主人翁的姿态进行探究、分享，激发学生的数学思考，让学生的思维空间更大、更广。所以，无论是从有效建构的角度，还是从学生自主建构的角度，开展基于学生已有的知识经验的教学都是进行深度学习的前提和保障。

三、激活基础，重视能力迁移

要提高小学生的数学计算能力，提升学生数学计算素养，需要在教学中夯实计算基础，重视知识能力的迁移，要加强算理、算法教学，这样才能为学生奠定良好的数学计算基础。

在算理中激活。数学概念与算理是数学计算的基础，只有让学生明白了数学概念与算理，才能让学生掌握本质与核心内容，促进学生掌握多样化的计算方法，有利于促进学生计算能力与计算素养的提升。因此教师要重视数学概念与算理教学。要为学生讲明白数学概念与算理，教师可通过教具直观演示让学生利用学具动手实际操作，结合学生的日常生活进行讲解，就能帮助学生真正理解数学概念和算理，使学生掌握运算的顺序与法则，可为数学计算奠定知识基础。

在算法中激活。要夯实计算基础，提高学生的数学计算能力与速度，需要让学生掌握多样化的计算方法，因此需要教师在教学中重视计算方法多样化教学。在小学数学计算中，许多计算法则的基本规律相同，对此教师要注重在学习新的计算法则或计算方法时，注重引导学生进行算计法则、方法等知识的迁移。让学生通过复习旧知识，把遇到的问题进行转化，在此基础上形成新的法则、方法等，就能有效促进学生计算能力的迁移。

【教学片段3】

师：同学们要掌握这个竖式每一步计算的目的是什么，并要规范书写。

出示竖式：

$$
\begin{array}{r}
1\ 2 \\
\times\quad 4 \\
\hline
\end{array}
$$

学生观察竖式，并与加、减的竖式进行比较，列竖式时相同数位要对齐，也就是一位数 4 要和两位数 12 个位上的 2 对齐。

师：可让学生利用表格把自己计算中的想法说一下。

学生汇报交流：

（1）第1步：进行个位上两个数相乘，即2与4相乘可求出结果是8，把个位数对齐。（在此过程中可把12拆成10与2两个数，2×4＝8，根据点子图，我们知道有4列，每列2个，一共是2×4＝8个。所以这一步的意思就是4个2是多少）

第2步：进行十位与个位数相乘，并把相应数位对齐。（根据数的组成，我们把12分成10和2，10×4＝40，根据点子图，我们知道有4列，每列10个，一共是10×4＝40个，所以这一步的意思就是4个10是多少）

师：通过这个问题的学习，让学生初步掌握了乘法竖式和图、表之间存在的关联，使学生有效地掌握了每一步计算结果的意义。通过这个环节的学习，就能为乘法竖式简便计算奠定良好的基础。

师：教师通过板演的方式，为学生讲解竖式计算的具体过程。

$$
\begin{array}{r}
\text{十\ 个} \\
\text{位\ 位} \\
1\ 2 \\
\times\quad 4 \\
\hline
4\ 8
\end{array}
$$

师：（在此基础上进行引导追问，让学生回答）8为何要放在个位，是什么意思？4为什么放在十位，又说明什么？把两个数合起来又说明什么？

生：8写在个位，表示8个一；4写在十位，表示4个十，合起来是48。这样写比较简便。

小结：进行两位数乘一位数竖式乘法时，要先用一位数和两位数的个位数相乘，把乘积在个位上对齐，然后再去和第一个数十位上的数相乘，乘积在十位上对齐。

本环节学生在教师的引导下，自主探索发现问题并应用所学知识类推解决问题的方法，理解并掌握两位数乘一位数的竖式计算方法，体验算法的多样化。

四、变活平台，丰富训练形式

学生数学计算能力的提升和数学计算素养的发展，不但需要掌握扎实的基础知识，还需要进行扎实的计算训练，这样才能更好地促进学生把所学计算基础知识转化为解决问题的实际计算能力。因此在数学计算教学中，教师要重视拓展计算教学平台，通过多种形式的强化训练，才能达到计算教学的目标。

1. 拓宽平台丰富训练形式

由于数学计算能力的提升与计算素养的发展，需要进行综合性的计算训练，因此在计算教学中，教师不但要注重训练学生的笔算能力，还要注重训练学生的口算能力、估算能力，通过多种平台与形式的训练才能促进学生计算能力的真正提升。例如，口算也称心算，就是不借助计算工具进行数学计算，通过口算训练能使学生的计算思维更敏捷、更灵活，数字敏感性与记忆能力更强，它对提高笔算的速度有很大帮助，同时随着口算能力的提升，笔算能力也会有效提升；通过对学生进行估算能力训练，能为学生掌握简便运算、检验计算结果的准确性提供帮助，因此教师可在每次教学前利用比赛、游戏方式在课前几分钟时间进行口算、估算训练。

2. 强化计算应用能力教学

由于数学计算是为解决实际问题服务的，因此在小学数学计算教学中，不但要注重进行纯算式训练教学，而且要注重开展基于解决问题的计算教学，让学生在解决问题中进行计算训练，即把解决实际问题与数学计算有机融合，这样才能使学生的数学综合应用能力和综合素养得到发展。例如，教师可创设实际问题情景，从问题情景中引入数学计算，可从相并、相差问题情景中引入加减法计算，从位数、份数问题情景中引入乘除计算。通过解决实际问题还能让学生巩固算理、算法掌握，同时还能提升学生解决问题的能力，从而实现学生数学素养的全面发展。

【**教学片段 4**】

1. 出示教材第 53 页"练一练"第 1 题，圈一圈，算一算。

学生先独立完成圈点子图和计算，然后小组讨论，反馈讨论中遇到的问题。

2. 出示教材第 53 页"练一练"第 2 题，算一算，并说一说竖式每一步的含义。

$$
\begin{array}{r}
1\ 2 \\
\times\quad 4 \\
\hline
\end{array}
\qquad
\begin{array}{r}
3\ 1 \\
\times\quad 3 \\
\hline
\end{array}
$$

先让学生算一算，然后指名汇报，引导学生说出每一步计算的意思。

本环节练习可使学生巩固所学知识，并能达到初步掌握两位数乘一位数的竖式计算方法，同时学生还能体会到学以致用的思想。

总之，计算教学对提高小学生数学计算能力、发展学生数学核心素养具有重要的意义，因此需要教师高度重视计算教学，应注重通过创设多种趣味教学情境，激发学生计算兴趣，通过巧妙的课堂导入设计，有效激活课堂，构建活泼、高效、学习氛围浓厚的课堂，重视算理和算法多样化教学，丰富计算训练形式，强化学生解决问题的应用能力，就能有效地促进学生数学素养全面发展。

【**参考文献**】：

［1］刘桂华：《高年级学生计算能力提升的实践研究》，《科学咨询》2020年第 53 期。

［2］潘建芬：《夯实计算能力提升小学数学素养》，《小学时代（奥妙）》2018 年第 9 期。

［3］司丽香：《夯实计算基础　培育数学素养》，《山西教育（教学版）》2014 年第 4 期。

◇让课堂成为学生思维生长的土壤

摘要：学生数学思维能力的培养，需要老师有效的引导，有意识地培养学生的主体意识，培养学生提出问题和解决问题的能力，塑造学生思维的直觉性和应用意识，会随机应变，能灵活变通，最终让学生形成创新性数学思维意识。

关键词：课堂；思维；生长；土壤

孔子说："学而不思则罔，思而不学则殆。"数学思维的培养，核心在使学生思维更加活跃，前提就是学生要学会分析问题的基本方法。要学生善于思维，牢固掌握数学基础知识是前提，教师不但要创设思维环境，还得有意引导，使学生熟练运用基本的技能，进而形成一套自己的数学思维能力。在新课改背景下的数学教学中，教师该如何通过改变教学行为，充分关注学生数学思维能力的发展，让学生体验到数学学习原本并不是让人生畏、令人生厌的，使学生的数学思维更灵动、更活跃，开展的学习活动更有效呢？下面笔者结合案例来谈谈自己的实践策略。

一、活化教材，唤醒学生元认知思维

任何数学学习活动都必须建立在学生的认知发展水平和已有的知识经验基础之上。教师在准备教学时应活化教材，唤醒学生元认知思维，为学习新知奠定扎实的基础。灵活处理教材是指我们应充分发挥自身的创造性，把学生作为教学的基本出发点重新处理教材，做到尊重教材和灵活处理教材相结合，从而达到预期的效果。

（一）灵活处理教材

灵活处理教材是指我们应充分发挥自身的创造性，把学生作为教学的基本出发点重新处理教材，做到尊重教材和灵活处理教材相结合，从而达到预期的效果。

如我多次听"分数的意义"一课，一般都是先介绍分数的产生，然后教学分数的意义。而一次一位老师的上课导入则一下子引起了我的兴趣，他是这样导入的：上课一开始就在黑板上写了 $\frac{1}{4}$，然后让学生说说关于这个 $\frac{1}{4}$ 已经知道了什么。这样灵活地导入一改教材模式，由于学生已初步认识了分数，有的学生甚至对分数的意义也有一定的了解。因此这样的导入，活跃了学生的思维，可以使其充分地发表自己的见解，既充分尊重了学生已有的知识经验，还全面地了解了学生的认知基础。教师也就能很好地把握教学起点，更能有的放矢地进行接下去的数学探究活动。

（二）创设生活情境

学生有丰富的生活经验和知识积累，因此，数学教学应融入学生的生活情境。这样，教师可以更快地唤醒学生的数学思维，引入一个积极主动的探究过程。

如：在教学北师大版数学三年级上册的"搭配中的学问"这一节课时，我精心设计课前游戏，让学生通过与老师玩握手游戏愉快地感受"有序"。既拉近了与学生的距离，活跃了气氛，又为新课做了很好的铺垫，一上课我就说："孩子们，老师听说我们班的孩子特别自信、懂事，老师很想和你们交朋友，你们愿意吗？就让我们握手来交朋友好吗？请伸出你热情的右手，让我们一起握握手！同学们，如果老师想和每一位同学都握一次手，怎样可以做到不重复、不遗漏？（生：按座位、一个个握、一排排握……）这样握手很有顺序，既不会重复也不会遗漏。你们真是聪明的孩子！你们的办法真好！按顺序解决问题很重要！生活中有很多事情需要我们按顺序去做！"由于有了生活经验的引领，学生思维的阀门打开了，他们想起平时看到、听到的生活经验，更快、更专注地投入新课的学习和探究中去，因而后面的讨论也非常激烈和精彩。

二、操作体验，激活学生无意识思维

小学生学习数学，常常是听过了、看过了就会忘记，因此，教师应该引导学生进行操作体验，只有做过了才有可能真正理解。如在教学"圆的面积"时，出示课题后我提问："看到课题你想说什么？"孩子们都能积极举手发言："怎样求圆的面积？""求圆的面积有公式吗？"我乘机追问："你能用前面我们学过的求平面图形的面积的有关知识想办法求出圆的面积吗？"学生对这个问题都充满了好奇，都想试一试，我就发挥学生的主动性让他们自己在小组内先探讨，说说自己准备怎样做，然后验证学生的猜想：我们可将圆平均分成若干等份然后拼成平行四边形或长方形，然后利用平行四边形和长方形的面积公式推导出圆的面积公式。

这样的教学形式学生很喜欢，教师要真正站在一个孩子的角度去思考和看待问题，肯定并且尊重他们的奇思妙想，用充满童趣的好奇心和求知欲的态度对待儿童，与学生一起去发现，才能真正走进学生的世界。

三、质疑问难，展示学生认知思维

"为学患无疑，疑则有进"，"小疑则小进，大疑则大进"。有疑问才能产生认知需求，才能产生积极的思维，课中巧设陷阱，以错误设疑，既使学生在深刻审视错误中幡然醒悟，又能有效地激发学生的学习兴趣，使其在解惑释疑中自觉地辨明正误，促其反思。教学中教师要善于了解学生的心理，在学习活动中，巧设陷阱点燃学生的好奇心，激发学生的创新精神。

在教学北师大版数学五年级上册"平方千米与公顷的认识"一课中，课初我就设计了这样一道练习题：在括号里填上合适的面积单位：我们学校足球场的面积大约是 1（　　　），从平方米、平方分米、平方厘米中选择正确的面积单位。有的同学选择 1 平方厘米，于是马上出现争辩的声音"不可能这么小啊，我的一个拇指指甲盖大约是 1 平方厘米"，又有同学说"1 平方米和 1 平方分米好像也不对呀！"我笑着问为什么。"因为 1 平方分米只有成人的一个手掌面大小，1 平方米只有半块黑板大小，哪有那么小的足球场呢？""根本没有正确答案！""那你们猜应该填什么？""反正答案应该比这三个面积单位更大！"我乘机表扬同学们："孩子们真棒！老师是故意出错题的，原来此题没有正确答案啊！那应该填什么单位呢？今天我们就一起来认识两个新的朋友——公顷和平方千米，学完这节课你就知道正确答案了！"

在新课伊始，我抓住适当的时机，针对教学中的难点，通过分析研究，有目的地设置"问题"，诱使学生"上当"，再引导学生分析，发现"上当"的途径。通过对错误的质疑、否定，对知识进行补充、完善，并以极高的热情进入新课的学习，达到了较好的教学效果。

四、交流展示，展示学生创新思维

尊重学生的主体地位，才能促使孩子们生动活泼地发展，才能更好地教学。忽视学生的主体地位，会导致填鸭式教学，这样的课堂教师讲得太多，教师不让学生自己主动学习，不让学生有思考的时间，不让学生有讨论的机会，更不可能让学生有创新的可能。

在教学"搭配中的学问"让学生寻找搭配方法时，我给学生提供充分参与活动的机会。服装搭配：2顶帽子搭配3条裙子可以怎样搭配？这一环节的教学，我先让学生用图片自己独立搭配，在搭配的过程中，有的孩子是有序搭配，有的孩子是无序搭配。独立完成后指名学生上台展示自己的搭配方法，在反馈交流中比较得出搭配的正确方法：按一定的顺序逐一搭配，才能不重复、不遗漏，体验搭配的有序性。然后鼓励学生用不同的方法记录这6种不同的搭配结果。让学生再次经历有条理思考、有顺序的搭配。

因为留给学生学习空间，学生不断回报给我们惊喜，有的孩子会用画图方法记录，有的孩子会用文字方法记录，有的孩子会用序号方法记录。学生在经历猜一猜、连一连、说一说、算一算探索的过程中，把学习的主动权交给了学生，使学生体验学习数学的乐趣，从而产生积极的情感体验和探究开拓的创新意识。

五、多层递进，提升学生逻辑归纳思维

创造性思维的核心是求异思维。我国著名数学家丁石孙曾说过：没有问题的学生不能算是好学生，保护学生发现问题和提出问题的积极性，就像保护学生的好奇心一样，非常重要。在小学数学教学中要加强求异思维的培养，应就某些问题，激励学生敢于超越常规、标新立异，为创新注入新的活力。鼓励他们对一个问题想出多种解答方法，多种答案，可以使他们多角度、创造性地思考问题。在数学教学中，教师更应关注学生思维水平的提升，让学生获得实实在在的发展。因此，教师只有让学生学会逻辑归纳，才能发展和提升学生的思维能力。

如在教学"面积和面积单位"时，当学生通过用观察法、重叠法和划方格法比较出了各个图形面积的大小后，笔者出示被遮盖的三个图形（虽然图

形看不见，但图形上方被分成了 8 格、6 格和 10 格）并提问："你们认为哪个图形的面积大？"学生基本上都认为 10 格的图形面积大，笔者顺势揭开覆盖纸，让学生观察，学生发现 6 格的图形面积反而最大，这是为什么呢？原来方格大小不统一，不能明确比较几个图形面积的大小，必须有统一的标准。这样的安排，再一次打破了学生的思维认知"平衡"，引发了新一轮的认知冲突，从而延伸了学生的思维。再如在复习平面图形的面积时，小林同学经过观察、思考，好奇地提出："能不能将梯形、三角形、平行四边形、长方形、正方形的面积计算都用'上、下底之和与高的乘积除以 2'这个面积公式表示？"我先不置可否，接着鼓励学生大胆求证，经过分组合作验证，说明他的想法是正确的，这个学生当时无比兴奋，同学们也非常高兴，大家都为有了新的发现而开心。

数学教学的过程应该是环环相扣、层层递进的。加强逻辑思维训练，多角度、多侧面、多方位的教学过程能使学生尝到逻辑归纳的乐趣，给学生以广阔的思维空间，扩大学生的视野，从而提升学生的思维能力。

如一位教师教学"长方形、正方形的面积"，在探究长方形面积时，教师让学生通过用 1 平方厘米的小正方形去摆一摆（教师将小正方形的数量控制在 15 个），首先是测一测第一个长方形，由于第一个长方形的面积只有 6 平方厘米，所以学生基本上是在这个长方形内摆满了 6 个小正方形；然后让学生测一测第二个长方形，第二个长方形面积刚好是 15 平方厘米。所以有的学生摆满了 15 个小正方形，有的则摆了一行 5 个，又竖着摆了 3 个，说明学生的思维在不断提升，这也正是教师所要达到的目的。接着教师又让学生用这些小正方形测一测第三个面积为 30 平方厘米的长方形，这时，由于小正方形只有 15 个，在这样的情况下，学生不能全部摆满。所以，只能想到一行摆 6 个，竖着摆 5 个，也就是能摆 5 行，每行 6 个×5 行就等于 30 个小正方形，也就是 30 平方厘米。这一教学过程环环相扣，层层演绎，让学生在不知不觉中感悟到了长方形的面积为什么是长×宽，自然而然地提升了学生数学思维。

因此在平时的课堂教学中老师要努力营造一个好的学习环境，让学生在这样的环境中活跃起来，敢于提问，敢于发表自己的观点，敢于讨论，敢于坚持。

总之，在小学数学课堂中培养学生的思维能力并不简单，思维意识的培养不能一蹴而就，需要不断地实践，不断地积累经验。在课堂上实践，在学习中要求，在教学的各个环节不断地想办法，教师要想方设法创造条件，激励学生创新，更好地培养学生的核心素养。数学课堂是思维的课堂，教师有义务、有责任关注学生数学思维能力的发展，让数学课堂充满着学生的思维智慧。

【参考文献】

［1］教育部基础教育课程教材专家工作委员会：《义务教育数学课程标准（2022 年版）解读》，北京师范大学出版社 2022 年版。

［2］马云鹏、张春莉：《数学教育评价》，高等教育出版社 2003 年版。

［3］徐斌：《推敲新课程课堂》，广西教育出版社 2006 年版。

◇ 基于学情的深度学习
—— "去图书馆（描述简单的路线图）" 教学思考与实践

在教学中，如何才能真正做到基于学情进行深度的教学设计？以下以北师大版数学四年级上册第五单元 "去图书馆（描述简单的路线图）"（以下简称 "去图书馆"）一课为例，谈几点认识。

一、课前思考：学生在哪里

"去图书馆" 是北师大第四版数学教材中整合的一个新内容，在第三版教材中，这一内容出现在二年级上册学生认识完东、西、南、北四个方位词的后面，课题是"看望老人"，主要针对新认识的四个方向，学会描述正南、正北、正东、正西情况下的简单路线。"去图书馆"是在学生认识了 8 个方位词的基础上进行教学的。两课对比，在内容上增加了一点难度；但是，学习主体却由二年级上升为四年级。原先在二年级的知识让四年级学生学习还有难度吗？学生的"起点"究竟在哪里？为了真正了解学生情况，我设计了 4 个问题进行了课前测试。

问题一：（在 PPT 上出示主题图）写出笑笑从家到图书馆的路线。

问题二：（在 PPT 上出示主题图）画出笑笑从家到图书馆的路线。

问题三：（在练习纸上出示主题图）画出笑笑从家到图书馆的路线。

问题四：以填空形式描述课后练习中小红上学和回家的路线。

经过前测，我发现：画简单的路线图时，练习纸上有没有主题图并不影响画图的结果；以填空形式描述路线图的正确率达到99%，对四年级学生来说判断方向和距离以及关键点根本不成问题；但独立写出完整路线图的正确率为0，关注到什么地方的人数最多，距离次之，加入方向的几乎没有。究其原因，学生描述路线时对"方向"这个重要的因素置之不理、弃之不顾是因为在生活中几乎没有过这样的经验，他们没有深刻体会到缺失了方向，路线描述就失去了意义。"在哪里？"是备课时教师要自问的一个核心问题，深入了解学生情况，切准教学的脉搏，准确把握学生起点是实施有效教学的前提。

二、目标定位：学生去哪里

了解学情是为了更好地服务教学，目标定位就是找准知识的生长点，知道学生需要"去哪里"。教参中对"去图书馆"一课的学习目标是这样定位的：能根据路线图描述从一个地方到另一个地方的具体路线，体会方向与距离对确定路线的重要作用；在描述简单路线图的探索与应用中，体会方向与位置知识的价值。

结合目标分析和学情分析，我确定本课的知识生长点为深刻体会方向、距离、观测点在描述路线时的重要作用。设想如下：

（一）关注学情，教而有效

美国认知教育学家奥苏贝尔说过："如果我不得不把教育心理学还原为一条原理的话，我将会说，影响学习的唯一重要的因素是学生已经知道了什么。"的确，有效的数学教学应该基于学生的已有经验，唤醒学生原有知识，了解学生的生活经验和已有知识背景，是学生学习的基础。因此，我在教学时，首先让学生自己通过正南、正北、正东、正西来描述简单路线，激活学生头脑中已有的描述位置的经验，然后通过交流评价，自己认识到这些方法的不足，引发学生产生用三要素来确定位置的需要，体会学习新知的必要性。

（二）巧设平台，彰显个性

学习是一种个性化行为。作为教师，应当在课堂教学环境中创设一个有利于张扬学生个性的"场所"，让学生的主动性和创造性得到尽情释放。在第二环节中让学生描述、画路线图，让学生找到快速、准确的确定和描述方向的方法，为学生提供了自主思考的空间，学生的思想无拘无束，创新思维不断涌现，课堂真正成为他们的乐园。通过师生互评、生生互评，让学生产生矛盾冲突，抽取共性，从而产生准确描述线路图的正确要素。

三、价值定向：为什么要去

如果仅从知识传授的角度去思考，远不能满足学生发展的需求，因为数学知识本身就具有理性和应用需求两个层面的内涵。尤其是像"去图书馆"这样与生活实际需要非常贴近的内容，在教学时更要将眼光放得长远，既考虑知识体系的生长，又兼顾实际生活的需求，将数学知识生活化，让描述路线图真正有价值。

我曾经做过这样一个测试：在某些老师执教完本课后，我问学生：如果我要从你们的教室走到学校大门口，该怎么走？有些学生说先向东，有些说先向西，更有甚者说，老师，你要向西走，我们要向东走，因为"上北下南左西右东"，咱们面对面站，我们的东面就是你的西面！"纸上得来终觉浅，绝知此事要躬行"。数学教学怎能只是"纸上谈兵"！学生学习描述简单路线图的知识是为了在生活中会用，不仅仅是会在地图上看，还要能联系实际，学以致用，因此，沟通数学知识与生活实际的紧密联系是本节课教学的关键点。

四、方法优化：怎么去

"怎么去？"是教师对教学方法的选择和重组，研究学情，最终还是要落实到教师如何去"教"上。数学活动经验是学生在经历数学活动的基础上获得的经验。因此，在教学中我放手让学生独立尝试描述路线，将他们真实的想法展现出来，然后在思辨的过程中让学生厘清思路、发现问题，自主提出改进措施，在交流中体会方向、距离、观测点这三个要素缺一不可。

我听见了就忘记了，我看见了就记住了，我体会了就理解了。将教学方法定位在学生的认知基础上，以学定教，顺学而导，才能发挥课堂教学的最大效用，才能让课堂真正成为学生知识生长的地方。

【附：教学设计】

（一）音乐律动，激趣导入

师：孩子们，让我们骑着白龙马。在音乐的律动中进入时光隧道，去

《西游记》里看看吧！（播放音乐律动，激发学生兴趣）

师：我的徒儿们，咱们已在乌鸡国歇息多日，该启程去西天取经了。我们要从乌鸡国到天竺国，怎样说清楚要走的路线呢？接下来的时间就让我们师徒一起去探索如何描述简单的路线图吧。今天徒儿们开启小组竞争模式，胜出的徒儿，师傅有奖赏哦。鉴于你们刚才在律动中的出色表现，每组先得一个奖励！

（二）理解情境，探索新知

1. 如何描述路线图

（1）回顾方向坐标

师：请徒儿们认真观察，在图的右上方出示的是什么？

预设生：方向坐标图。

师：方向坐标图是怎样规定方向的呢？

预设生：上北下南左西右东。

师：除了这四个方向，还有其他的方向吗？

预设生：东北、西北、东南、西南。

师：没错，在每两个正方向之间45°夹角的方向分别是东北、西北、东南、西南。（教师绘制8个方向坐标图）

师：如果以火云洞为中心点，女儿国在火云洞的哪个方向？车迟国呢？通天河呢？乌鸡国呢？

预设生：如果以火云洞为中心点，女儿国在火云洞的东面；车迟国在火云洞的北面；通天河在火云洞的东北方向；乌鸡国在火云洞的西北方向。

师：我们从乌鸡国去天竺国，可能会经过哪些地方？

预设生：我们从乌鸡国去天竺国，可能经过车迟国、通天河、女儿国、火焰山；还可能经过车迟国、火云洞、女儿国、火焰山。

师：从乌鸡国到天竺国有几条路可以选择？

预设生：2 条。

师：我想请一位徒儿在路线图上用手比画一下行走路线。

（2）议一议，如何描述路线

师：请前后四人为一小组进行讨论：怎样才能说清楚每一条路呢？或者说在描述路线的时候我们必须说清楚什么？

预设生1：①朝什么方向走，从哪儿走到哪儿？②每段路要走多少米。

学生会说具体路线描述，教师根据学生所说提取关键词帮助学生总结描述路线图的两个要素：方向、距离并板书。

预设生2：乌鸡国到车迟国和车迟国到通天河，有学生描述为两段路，有学生描述为一段路。

师：乌鸡国到车迟国和车迟国到通天河，有徒儿描述为两段路，有徒儿描述为一段路。哪个描述更合理、更简单？

生陈述理由。

师：哪个描述得更简单应该取决于：路途中改变方向的次数，不改变方向的时候，说一段路更合理、更简单。同理得出火云洞到火焰山也描述为一段路。

理解①：根据长方形对边相等的性质得出车迟国到通天河为 2000 米，车迟国到火云洞为 2500 米。

理解②：在描述路线图时，从火焰山到天竺国的方向，不是正方向时，可以在火焰山再次建立坐标，这样就能快速、准确地确定和描述方向。

2. 画路线图并描述路线

师：徒儿们，如果你们能和我一起将路线图画出来，再根据所画路线图去描述路线的话，师傅会看得更清楚、听得也更明白。

师：我们在画路线图时，先要标清楚什么呢？画的时候可以用什么表示每一段路？用什么表示到达的地点呢？

预设生：线段表示道路，用点表示每个地方。只需要画出每一段路的起点和终点（标明相应的实际长度），省略图中经过的参照物。

师：徒弟们说得真好！在画路线图之前一定记得先标注方向标哦。接下来我们先尝试画出一条路线图。（教师示范画图）

生根据路线图描述描述路线。

师：请徒弟们帮助师傅画出另一条路线图。

生自主完成，分享学生作品。

特别关注：是否标注方向标、每段路是否标明方向和距离。

师：结合所画路线图，请徒儿们描述路线。

请学生根据所画路线图描述路线。

师小结：在描述路线图时候，我们常用先向、再向、接着向、最后向这些连词将这每段路的描述连接起来，这样表达更有条理，大家也更容易听明白。

3. 画返回路线图并描述返回路线

师：徒弟们，如果我们西天取经回来时，从天竺国返回乌鸡国，又该如何描述和画出路线图呢？

师：返回路线有几条呢？

生预设：2条。

师：请徒儿们选择其中1条，先画一画，再前后桌相互说一说。

学生汇报描述返回路线。

师：徒弟们，请大家对比反思：从乌鸡国到天竺国的路线图和从天竺国到乌鸡国的路线图，两者有什么联系与区别呢？

预设生：方向相反，但每段路的距离没有改变。

师：没错，这两条路线是互逆的过程，因此只要把从乌鸡国到天竺国路线图中每一段路的走向改为相反的方向（向西改为向东，向北改为向南），距离不变，去天竺国的路线图就变成了返回乌鸡国的路线图。

（三）运用知识，巩固练习

师：感谢徒儿们的帮助，我们很快就学会了描述简单路线图的知识，奖励今日获胜小组。

师：再次进入时光隧道，我们回到了现代。在日常生活中，也有很多与路线相关的问题，接下来我们就一起去解决生活中的路线问题。出示练一练，学生说一说。

师：老师想带大家乘坐4路公交车去图书馆，你们能说一说，4路公交车从起始站到终点站的往返路线吗？

生汇报。

（四）联系实践，拓展提升

师：同学们，今天课后给大家布置一项实践活动。请你们描述从自己家到学校的路线，并画出路线图。

（五）浅谈收获，教师小结

师：今天你们都有哪些收获？

师小结：同学们，描述路线图是数学学习的一个知识点，更是生活的一种能力，学会描述路线和画路线图是一种必备的生活技能，希望同学们通过今天的活动能够熟练掌握这项技能，为我们的生活提供便利和帮助。

◇用"大问题"驱动深度学习

—— "立体图形的表面积和体积整理与复习"教学实践与思考

摘要：提出问题和解决问题的循环反复可以有效地培养学生的思维品质、提高学生的学习能力。因此，教师可以根据教学任务和学生学习的需要，在复习课中利用大问题情境激发学生的学习兴趣，撬动学生主动学习、合作探究学习，真实体现学生学习的主体地位；同时让学生在解决问题的过程中获得知识技能、提升学习能力、发展数学思维，进而促进情感、态度与价值观的发展。

关键词："大问题"；驱动；深度学习；复习课

一、案例背景

传统的复习课教学，学生缺乏学习主动性，表现：一是没有了上新课时对新知识的强烈探索欲望，觉得数学复习课枯燥、乏味；二是教师在重知识轻思维、重练习轻梳理、重纠错轻反思、重深度轻关联等固有思维下按部就班地教学，课堂索然无味。要改变这种状况，我认为就应该努力落实学生在数学复习课中的主体地位，激发学生的学习兴趣，让学生在数学复习课中主动、轻松、愉快地学习。如何让复习课"活"起来、"串"起来、"亮"起来，下面以北师大版数学六年级下册"立体图形的表面积与体积总复习"这节课为例，设计通过提炼出中心问题，促进学生深度思考，实现思维的进阶。

通过整体研读教材，我重点思考如下问题：学生对于立体图形的表面积和体积的知识掌握了什么，还缺少什么、需要提升什么？如何根据学生的学习实际来取舍与设计，以问题驱动丰盈学生的数学学习，让教师的"教"为学生的"学"服务？如何构建一个大问题情境，让学生自主地、积极地回忆旧知，在情境应用中自然而然地建构知识网络，在解决挑战性的开放问题中增强应用意识和创新能力？下面是这节课的教学片段与思考。

二、案例描述

【**教学片段1**】任务驱动，唤醒经验

出示课件：

妈妈的生日就要到了，明明想利用现有的玩具黏土，用数学的眼光和思维去改造它，把长 12 cm、宽 6 cm、高 3 cm 的超轻黏土制作成精美的物品。

问题一：制作一个正方体魔方，魔方的棱长是多少？（用完一份原材料）

问题二：制作一个底面积为 36 cm² 的圆锥雪糕，圆锥雪糕的高是多少厘米？（用完一份原材料）

问题三：从正方体魔方中切一个最大的圆柱，圆柱的体积是多少？包装这个圆柱的侧面，至少需要多大面积的纸？（接头忽略不计）

师：请同学们自主选择上面任意一个问题，小组合作完成，并填写学习单，完成后请上台分享你们的想法。

师：哪个小组愿意给大家分享一下你们的成果？

生：我们小组选择的是问题一。先利用长方体的体积计算公式求出原材料的体积 $V = 12 \times 6 \times 3 = 216$（cm³）。由制作前后体积不变，可知正方体魔方的体积 $V = 216$（cm³）。根据正方体的体积 = 棱长 × 棱长 × 棱长，利用分解已知数的办法，经过尝试得到 $6 \times 6 \times 6 = 216$，所以魔方的棱长是 6 cm。

师：原材料是一个长方体，把它制作成一个正方体魔方后表面积发生变化了吗？体积发生变化了吗？

生1：它的形状发生了变化，表面积也发生了变化，但是它的体积并没有发生变化。

生2：我们小组选择的是问题二。先利用长方体的体积计算公式求出原材

料的体积是 $V=12×6×3=216$（cm^3），再根据制作前后体积不变和圆锥的体积计算公式求出这个圆锥蛋糕的高。

生3：我们小组选择的是问题三。由题意可知，能切出最大圆柱的底面圆的直径是 6 cm，高也是 6 cm，所以利用圆柱的体积计算公式可以求出最大圆柱的体积是 169.56 cm^3。包装这个圆柱侧面的纸的面积就是圆柱的侧面积，根据圆柱的侧面积计算公式即可求出答案。

师：为什么能切出的最大圆柱的直径是 6 cm 呢？

生4：要在正方体中切一个最大的圆柱，相当于在正方体的底面切出圆柱的最大底面，也就是在正方形中切出最大的圆，所以正方体的棱长就是圆柱底面圆的直径。

师：(小结) 同学们的基础都很扎实，通过解决这几个问题，对相关立体图形的表面积计算公式和体积计算公式进行了回顾。在解决问题的过程中，同学们还注意到将一块长方体的原材料全部用完做成一个正方体或一个圆锥，它们的体积不发生变化，这就是"等积变形"问题，生活中其实还有很多类似的问题等待大家去解决。

【思考】教师精心设计一个大问题情境，将立体图形的表面积与体积的相关知识综合融入教学素材中，旨在改变学生被动学习的状态，促使学生在解决问题中积极地调取已有知识储备，唤醒经验，并主动地进行知识关联，构建知识网络，达到综合运用、整体提高的目的。本教学片段中没有教师"教"的痕迹，教师只是精心选择教学素材，将几何直观、判断推理、应用意识等核心素养巧妙地蕴含其中，利用素材引导学生自主选择方法、解读过程、评价结果，逐渐形成关于立体图形的空间表象，实现方法的自主运用、策略的自主选择，达到真正的内化与建构并举。

【教学片段2】重构知识，构建网络

师：圆柱与圆锥两个立体图形与平面图形有关吗？

生：有，圆柱可以通过长方形旋转得到，圆锥可以通过直角三角形旋转形成。

动态演示：

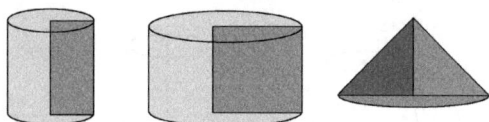

图 3-42

师：圆柱还可以看成是什么平面图形通过怎样的运动形成的？

生：圆形平移形成的。

师：是这样吗？（动态演示）最初的圆形就是圆柱的底面，垂直向上平移的距离是圆柱体的高。长方体和正方体可以用运动的观点解释吗？

动态演示：

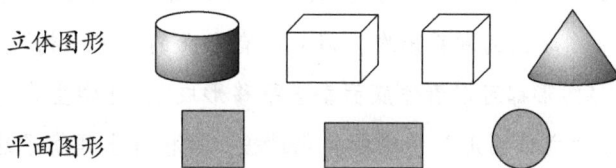

立体图形

平面图形

图 3-43

生：长方形垂直平移形成长方体，正方形垂直平移形成正方体。

师：有了这样的共同特征，它们的体积都可以怎样表示？

生：都可以用"底面积×高"表示。

生：长方体、正方体还可以看作左（右）侧面向右（左）平移得到。

师：你很善于联想。这种平移方法在计算长方体的体积时，左侧面相当于长方体的底面，水平移动的距离相当于长方体的高。

师：那么，圆锥可以看作平移得到的吗？

动态演示：

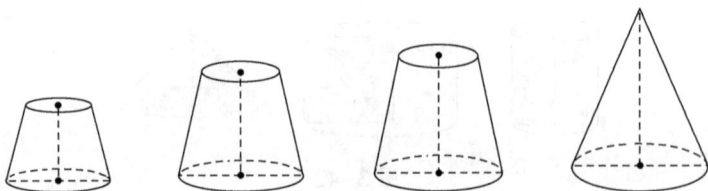

图 3-44

师：看到了这样的变化，你想到了什么？

生：圆锥也可以看作底面的圆形垂直向上平移，圆越来越小最后变成了一个点。

师：有了这样的认识，我们就可以解决一些看似复杂的问题。

【思考】《义务教育数学课程标准（2022 年版）》的教学建议中，明确提出要"强化对数学本质的理解，关注数学概念的现实背景，引导学生从数学概念、原理及法则之间的联系出发，建立起有意义的知识结构"。本环节教师通过动态演示"图形都可以看作底面垂直平移形成"，让学生在大脑中建构了"平面图形"与"立体图形"清晰的转化过程，从根源上理解了这些立体图形的体积计算都与"底面积、高"相关，帮助学生学会用整体的、联系的、发展的眼光看问题，形成科学的思维习惯，发展空间观念。

三、案例评析

（一）大问题驱动深度学习，让复习课"活"起来

教师要有强烈的问题意识，能抓住关键知识设计问题，引导学生从懵懵懂

胧走向豁然开朗，只有这样学生形成的知识才是深刻的，才能促进学生的数学学习由数学知识向数学技能转变。本节课教师抓住教学重难点，以大问题情境给学生创设探索和思考的空间。上课伊始，教师提供了一个大问题情境，然后生发出几个有关联的生活问题，使不同层次的学生有着不同的思考空间，每个学生都有着自己的猜想。学生看在眼中、思于脑中，一个个相互关联的问题"逼"着学生的思维走向深刻。

（二）大问题驱动深度建构，让知识点"串"起来

学习任务的完成旨在让学生经历自主探究的过程，并在探究中主动建构对知识的理解与认识，而精心设计的研究问题是学生主动建构知识的保证。随着问题的深入递进，学生头脑中建构的知识体系也随之更加稳固、更加清晰。在本节课的教学中，教师首先用自主创设的情境问题对学生进行提问，并在解决问题的过程中帮助学生梳理出本节课的知识点，让学生主动建构知识网络，学会用整体的、系统的眼光对学过的知识进行梳理，从而让知识结构更加合理。

（三）大问题驱动思维提升，让复习课"亮"起来

复习课涉及的学习内容较多，具有知识零散、综合性强等特点，而学生在以往的学习中呈现了一定的差异性。如果教师不加以精心设计，那么复习课往往会显得支离破碎，起不到应有的查漏补缺、质疑提升、拓展应用、思维进阶的作用，学生之间的差异会越来越大。采用整体建构、问题驱动的方法进行复习课的教学，可以有效地促进学生思考，实现思维的进阶。课中教师引导学生观察静态图形转向运动图形，建构二维空间向三维空间转换的立体视觉，让学生在变化的图形中找到不变的规律，将零散的知识逐渐串联起来，达到对"形"和"体"的清晰认识，从而学会举一反三、触类旁通。

数学课堂正是在提出问题和解决问题的循环反复中培养学生的思维品质、

提高学生的学习能力。因此，教师可以根据教学任务和学生学习的需要，在复习课中利用大问题情境激发学生的学习兴趣，撬动学生主动学习、合作探究学习，真实体现学生学习的主体地位，同时让学生在解决问题的过程中，获得知识技能、提升学习能力、发展数学思维，进而促进情感、态度与价值观的发展。

【参考文献】

[1] 陈惠芳：《问题驱动促思维提升——以小学数学复习课为例》，《教育科学论坛》2021 年第 12 期。

[2] 孙欣：《构建充满关联性的数学课堂——以〈"立体图形的体积"复习〉一课为例》，《教育视界》2017 年第 12 期。

[3] 袁晓萍：《"分数乘、除法"单元重组的思路与课时划分》，《小学数学教育》2020 年第 Z1 期。

第四章

深度学习下的教学实践

如何将发展学生的数学核心素养落实到具体的教育教学实践中，是落实新课标的关键所在，值得我们深入思考和研究。本章的教学实践案例，是笔者通过研读教材、研究教法、研究学生，找准学生现实起点后精心设计的，并能促进学生的"深度学习"在课堂上真实、有效地发生。教学内容涵盖"数与代数""图形与几何""统计与概率""综合与实践"四个板块，教学内容具有丰富性、挑战性和开放性，教学设计能促进学生对新知的建构和生成，让学生在获得知识和技能、形成能力的同时，学会用数学的眼光观察世界，用数学的思维思考世界，用数学的语言表达世界。

深度学习是一种学习理念，是一种和浅层学习相对应的学习理念。深度学习的发生，需要让学生围绕着有挑战性的主题，全身心地参与，体验成功，获得发展的有意义的学习过程。深度学习有一条重要的基本原则，那就是倡导自主学习、合作学习、独立思考、深度思考，让学生经历问题解决的全过程，是一个慢中求快、慢中求深、慢中求得知识方法内化的过程，是一个主动参与的过程，而不单单是增加教学难度的问题。我相信，只要我们每个数学人都能俯下身子，静下心，努力构造知识间的联系，让每节课不再是知识点的串联，而是知识结构的不断完善与补充，那我们的数学课堂就会变成一幅永远也画不完的美丽画卷，不断揭示着数学世界的奥妙与价值。

第一节　数与代数

◇经历学习过程　促进深度学习

——"温度"教学设计

● 教学内容

北师大版数学四年级上册第七单元第一课"温度"。

● 教材分析

"温度"一课是北师大版数学四年级上册的内容，是"生活中的负数"的第一课时，属于"数与代数"的知识体系中数的认识范畴。在学习本课之前，学生已经学习了自然数的知识，并有了一定的数感，教材在编排上充分考虑学生已有的经验，从学生熟悉的温度出发，引导学生进行负数的学习。掌握好这一内容，为学生下节课学习用正负数表示相反的量打下良好的基础。

● 学情分析

对于四年级的孩子而言，对温度的表示方法、读法在生活中都有所接触，但对于温度所表示的具体内涵，学生的概念是比较模糊的，尤其是零下温度的高低比较，对于习惯了比较正数大小的他们而言，理解起来有一定的难度。在教学活动中，教师可以借助城市气温、温度计、图示等直观的方法，来加深学生对零下温度的了解，这也为学生后续学习负数奠定基础。

● 教学目标

（1）结合温度的实例，探索零上温度和零下温度的表示方法，体验用带符号（"+"或"-"）的数表示零上温度与零下温度的必要性，理解用这样的数表示温度的实际意义。

（2）通过在温度计上标记零上温度和零下温度的活动，体会零上温度、零摄氏度、零下温度在温度计上的位置与顺序关系，会正确读出温度计上显示的温度。

（3）体会用带"-"的数表示零下温度，并能比较两个零下温度的大小。

● 教学重点

理解用"+""-"表示温度的实际意义。

● 教学难点

比较两个零下温度的大小。

● 教具准备

温度计、课件。

● 教学过程

一、以情境激起兴趣

出示课件：天气预报视频　你们听到的是什么？

这就是我们每天都关注的天气预报。天气的冷暖、温度的变化直接关系到我们生活，今天我们就学习和温度有关的知识。板书：温度。

【设计意图】数学来源于生活，从孩子们熟知的"天气预报"入手，引出气温，自然、简洁地揭示主题。学生对于发生在身边的事情很感兴趣，有一种亲切感和认同感，这种由生活引发的数学问题更容易被学生接受。

二、以尝试引发思考

（一）创造符号表示温度

播放音频，要求：听清信息，独立思考，选择自己喜欢的方式，把听到的信息准确、简洁地表示出来。

（二）展示方法，体验必要性

说出自己的想法。每位学生都用了自己才明白的表达方式，所以交流起来就比较麻烦，怎么办呢？（统一方法）选择一种让别人一眼就能明白的方式。

（三）认识正负号，学习读写法

边读边写这两个温度，认识正负号。"+""-""℃"。让学生感受到这是一对意义相反的量。

【设计意图】学生自由表示零上 20 ℃和零下 20℃，大胆想象，在学生交流中体会用"+""-"表示温度的必要性，体会知识形成的过程，感受方法最优化思想，培养学生的创新意识。

三、以活动理解新知

（一）写一写

同学们学会了吗？请听天气预报，然后用"+""-"的方法快速记录温度，比比看谁记得又准又快！完成学习单（见附学习单1）。（播放录音）

（二）标一标

（1）认识温度计。

今天我们了解了这么多和温度有关的数学知识，那么一定要认识一位朋友，它是谁呢？（出示温度计教具）

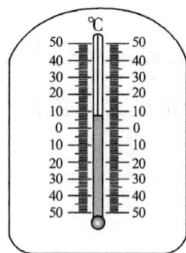

关于温度计你知道哪些知识？（播放视频）

（2）尝试标温度。

标出城市的温度。学生完成学习单（见附学习单 2）内容。

（三）比一比

（1）学生平板操作，并截屏上传。

5 ℃ ◯ -12 ℃　　-6 ℃ ◯ -0 ℃　　-5 ℃ ◯ -20 ℃

（2）同桌交流：温度如何比较大小？

【设计意图】密切联系学生生活，紧紧以温度计为依托，引导学生主动在温度计上标温度并进行大小比较，以实物模型通过动手操作、思考交流引导学生深入理解"＋""－"温度的实际意义，初步感知数的基本属性。

（四）猜一猜

【设计意图】让学生在猜温度的游戏中感受温度高低的含义，培养度量意识。体会地理位置的不同温度差距较大，在地图上潜移默化地引导学生要热爱我们的家乡，热爱我们的祖国。

（五）辨一辨

通过温度计的翻转，变成数轴，在数轴上辨认温度。

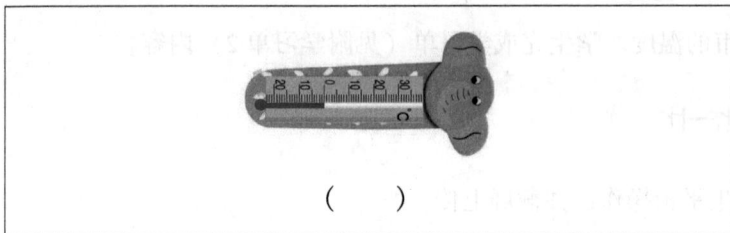

（　　）

【设计意图】借助温度计表示温度是为学习正负数寻找一个实物模型，而最终要回到数的抽象模型中去，运用温度计的直观、抽象变化让学生发现温度计就是一个数轴，从"数"的范畴去定位温度，有利于学生整体把握知识体系。

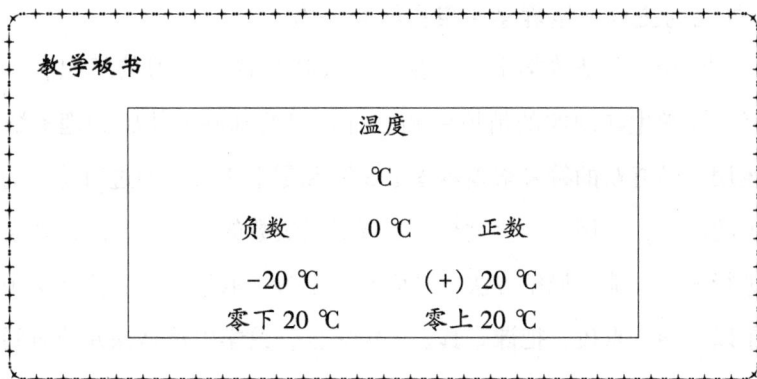

教学板书

温度

℃

负数　　　0 ℃　　　正数

−20 ℃　　　（+）20 ℃

零下 20 ℃　　　零上 20 ℃

● 教学反思

　　整节课我的设计很简单，但对教材进行了深度挖掘。利用信息技术创设游戏情境，利用微课突破教学难点，较好地激发了学生的学习兴趣，重视学生数学素养的养成，并且渗透情感态度和价值观教育。主要有以下几方面的突破：

1. 创设情境，激发学生学习兴趣

　　新旧课标都强调"数学来源于生活"。小学生学习的数学应是生活中的数学，是学生"自己的数学"，数学知识只有来自生活中才会有灵性和活力。本节课我是采用播报天气预报的形式来展开这一课的学习，学生在熟悉的天气预报背景音乐中，在这种浓厚的天气播报氛围当中，激发了学习的兴趣。接着让学生说一说自己从中获得的信息，说说哪个城市最冷、哪个城市最热，唤起学生对温度的认识，初步感知生活中的负数，一下子拉近了学生与数学之间的距离。使学生感受到数学就在自己身旁，这样的学习方式学生感到十分新鲜，从而吸引了他们的注意力。在此基础上自然而然地引入北京的最高气温和最低气温，让学生说说自己的理解，从而激发了学生进一步学习数学的兴趣。

2. 以学生为主体，培养学生自主学习能力

《课标》指出学生是数学学习的主人，教师是数学学习的组织者、引导者、合作者，让学生在现实的情境中和已有知识的基础上体验和理解数学知识。让学生用自己喜欢的符号来表示零上 5 ℃和零下 2 ℃，通过对符号的意义与作用理解的同时，经历符号化过程，实现对正负数的初步认识。在独立创造的基础上进行全班交流，调整方法，进而互相学习，取长补短。整节课中，我在关键处予以引导、点拨，把课堂真正还给学生，给学生足够探究的时间和空间，让他们在自主、探究、合作的过程中感受到了学习数学的乐趣，同时也体验到了成功的喜悦，积累了活动经验。

3. 在游戏和活动中巩固知识

小学生年龄小，好动、易疲劳，有意注意保持时间短。课前我设置了"我说你做"的游戏环节，一下子激发了孩子们学习的积极性。课中我采用小组合作学习方式，让学生在平板上拨一拨具体的温度，这种看得见摸得着的学习方式，一下子突破了本节课的难点。课后练习时，我特别设计了猜温度游戏环节，让学生在玩中巩固比较两个零下温度的高低。宽松和谐的学习环境，学生有想法敢说，有问题敢问，学生真正成为课堂学习的主人，深度学习在课堂上真正发生。

4. 注重对学生思想情感的培养

在最后环节，我隆重地向孩子们介绍我国地域的差距，大部分学生没有去过东北，对东北的生活文化、冬天的景色等没有多少了解。通过介绍，不仅让学生对零下极寒温度有了深刻的体会和感受，拓宽了学生的眼界，丰富了学生的课外知识，激发了学生热爱祖国大好河山的情感，培养了学生的爱国主义情怀。此时很多孩子还意犹未尽，这堂课将在他们的心中留下深刻的印象，课后不少学生表示自己课下还要去学习、查阅更多温度方面的知识。

整节课在大问题的设计上还可以进行突破，让学生围绕着大问题开展交

流、展示，可以让课堂变得更加大气、开放、包容。

附学习单：

学习单1

请用你喜欢的方法表示梅州市和哈尔滨市的气温。

(画图或用符号等)

梅州市最低气温 （　　　　　　　）

哈尔滨市最低气温 （　　　　　　　）

学习单2

请在温度计上标出下列城市的最低温度。

拉萨-4℃　　西安0℃　　台北17℃　　长春-12℃

◇促进数学知识的整体建构

——"认识分数整理与复习"教学设计

● 教学内容

北师大版数学三年级下册第六单元的整理与复习。

● 教材分析

从整数到分数是数概念的一次扩展，学生的数学学习将要建立一个新的数概念，是对数的认识的一次质的飞跃。本单元内容包括三部分：一是分数的初步认识；二是分数的简单计算；三是分数的简单应用。而本节课是一节复习课，通过本节课学习让学生在熟悉基础知识的基础上，加深对分数含义的理解，以及建构各部分知识间的联系，为以后学习分数和小数奠定基础。本节课的内容在考试中经常出现的题型有计算题、填空题、解决生活中的问题等，占有一定的比例。

● 学情分析

学生已经学习了这部分内容，基本掌握了数的认识和数的运算，对这部分内容进行整理与复习。

● 教学目标

（1）学生回顾落实有关分数的意义、结构、大小比较、部分与整体的关系等基础性知识，培养学生利用分数解决实际问题的能力。

（2）能较熟练地计算简单的同分母分数的加、减法，培养学生操作能力和分析、综合、抽象、概括等能力，形成合作意识和解决问题的意识。

（3）学生主动参与生动直观的教学活动，使他们体验到数学知识来源于生活，能克服困难，获得成功的体验。

● 教学重点与难点

教学重点：回顾落实有关分数的意义、结构、大小比较、部分与整体的关系等基础性知识。

教学难点：培养学生利用分数解决实际问题的能力。

● 教学方法

讨论法、合作学习法、探究学习法等。

● 教学过程

一、思维导图、唤醒记忆

配合设计的预学单：

"'认识分数'整理与复习"预学单

班级：＿＿＿＿＿＿＿　　学科：＿＿＿＿＿＿＿　　姓名：＿＿＿＿＿＿＿

一、我的整理

　　这一单元我们学过了哪些内容？能画一个图整理出来吗？

二、我能选择

　　找两道好题，分析这道题好在哪里？

三、我的提醒

　　关于这一单元的内容，我有什么要提醒同伴注意的？准备明天与同伴交流。

四、我的疑惑

　　关于这一单元的内容，我有什么问题想请教老师或同伴的？

（学生课前自主复习书本第 84 页到第 86 页，并且用思维导图等方式总结自己所学知识，记录还存在的疑难问题）

1. 小组交流，构建知识链

学生小组汇报自己知识总结，并提出还存在的疑难问题。

2. 质疑对话，澄清知识源

师生共同交流汇报，教师适时引导学生质疑补充，逐步出示知识网络图：

分数的初步认识 {
  认识分数 {
    分数的读、写法
    分数的意义
    比较分数的大小
  }
  分数的加、减法计算
  运用分数加减法解决问题
}

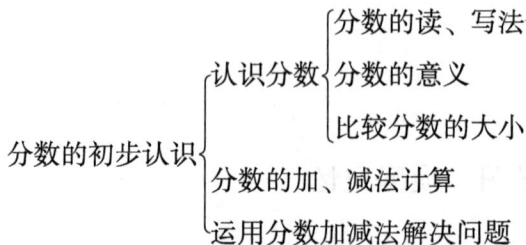

【设计意图】 复习已学的知识，建构起一张知识网络，通过让学生阅读回忆、自主整理、汇报交流，引导学生将分散的知识进行系统整理、归纳。

二、查缺补漏，提升知识

(1) 用分数表示下面各图中的涂色部分。

    （　　　）   （　　　）

(2) 在（　　）里填上 ">" "<" 或 "="。

$1(\quad)\dfrac{9}{10}$ $\dfrac{11}{11}(\quad)1$ $\dfrac{7}{8}(\quad)\dfrac{5}{8}$ $\dfrac{3}{11}(\quad)\dfrac{3}{8}$

(3) 计算。

$$\dfrac{3}{9}+\dfrac{4}{9}=$$ $$\dfrac{11}{12}-\dfrac{5}{12}=$$

(4) 奇思看一本书，第一天看了全书的 $\dfrac{2}{7}$，第二天看的和第一天同样多，两天一共看了几分之几？还剩几分之几没有看？

【设计意图】 通过练习和测试的方式去检查学生对所学知识掌握的情况，加深对所学知识的理解，提高掌握知识的水平。

三、回顾总结，拓展评价

(1) 今天的整理和复习，我们是怎样学习的？

(2) 自我评价：请你对自己的表现打星吧！

我的表现（星级：★★★　★★　★）

内容	我的表现	我的得星
学习状态	①始终在学习、思考，没做与课堂无关的事；②认真倾听他人讲解；③敢于表达自己的想法	
组内合作	①主动帮助别人解决问题，主动地向别人请教问题；②愿意与他人合作完成任务	
知识掌握	学懂了新知识，能熟练完成课内作业	

四、布置作业：完成下面的达标训练

配合设计的达标检测训练：

"'认识分数'整理与复习"达标检测训练

班级：＿＿＿＿＿＿　　学科：＿＿＿＿＿＿　　姓名：＿＿＿＿＿＿

1. 用涂色来表示分数。

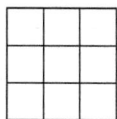 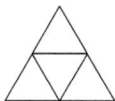 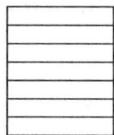

$\frac{3}{9}$ $\frac{2}{4}$ $\frac{4}{7}$

2. 在括号里填上合适的数。

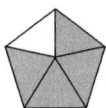

$\dfrac{4}{5}$是（   ）个$\dfrac{1}{5}$ $\dfrac{7}{8}$是（   ）个$\dfrac{1}{8}$ $\dfrac{2}{6}$是（   ）个$\dfrac{1}{(\quad)}$

3. 先写出涂色部分表示的分数，再比较大小。

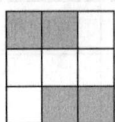 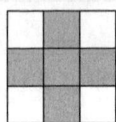

（   ）〇（   ）

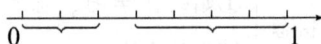

（   ）〇（   ）

4. 在 〇 里填 ">" "<" 或 "="。

$\dfrac{1}{3}$〇$\dfrac{1}{2}$ $\dfrac{3}{5}$〇$\dfrac{2}{5}$ 1〇$\dfrac{8}{9}$

5. 计算。

$\dfrac{2}{7}+\dfrac{4}{7}=$ $\dfrac{5}{9}-\dfrac{1}{9}=$ $\dfrac{1}{10}+\dfrac{1}{10}=$

$\dfrac{2}{4}-\dfrac{2}{4}=$ $\dfrac{8}{18}-\dfrac{4}{18}=$ $1-\dfrac{3}{5}=$

6. 丁丁爷爷有一块地的$\dfrac{1}{3}$种青菜，剩下的一半种番茄，其余的种黄瓜。黄瓜占这块地的几分之几？

214

7. 妈妈买了一个比萨饼，平均分成 8 份后，苗苗吃了其中的 3 份，妈妈吃了 2 份，奶奶吃了 1 份。

　　(1) 她们一共吃了这个披萨饼的几分之几？

　　(2) 苗苗比奶奶多吃这个披萨饼的几分之几？

　　同学们，请把错题整理到数学错题集中吧！

数学错题集

时间：

题目来源：	□作业 □参考书 □试卷 □其他		错题次数	
题目所属章节		错误原因：□概念模糊　□粗心大意		
		□不认真审题　□完全不会		
原来写的答案：	评讲时的切入点技巧、思维：	正确解答：		
根据错误原因总结：				

● 点评

本节课打破传统教学形式，以学生为主体，结合学生已有的知识经验，设计符合学生实际的课堂活动，体现本教学设计的独特之处，体现在三个方面。

1. 以学生为中心，充分发挥了学生的主体作用

通过课前个人整理，课中小组交流汇报等方式形成知识网络，建立"分数"模型。在活动开展过程中，让学生学会与他人分享交流，培养了学生的合作意识。

2. 注重回归教学本质，体现数学教学人文关怀

本课改变了传统的教与学方式，鼓励学生从学生生活经验入手，抓住知识的生长点，层层推进，鼓励学生大胆参与课堂，积极思考，勇于探究，敢于表达，让自主学习成为教学的新常态，这也是本课对学生的一种人文关怀。

3. 注重合作学习效率，提高课堂教学效率

在知识点梳理的过程中，让学生自我完善、小组交流、班级分享。设计练习时，难度有梯度，精、准，收到查漏补缺的实效。通过交流调动学生的学习积极性，激发学生的学习兴趣，课堂气氛活跃，让学生充分发表自己的见解，训练学生的语言表达能力和逻辑思维能力。

◇ 任务驱动学习　促进自主建构
——"比例尺"教学设计

● 教学内容

北师大版数学六年级下册课本第21—23页的内容。

● 教材分析

比例尺这部分内容是在学生对比例的意义有一定的建构基础、掌握比例基

本性质的背景下进行探索学习的。教材首先设计讨论"淘气和笑笑画的平面图"活动，体会比例尺的必要性，引入了比例尺的概念，再结合地图理解比例尺、图上距离和实际距离的关系。内容有较强的实际应用价值，为学生架起数学学习和现实生活之间的桥梁，使他们充分感受到数学的现实意义，从而进一步激发学习兴趣，并为后续学习打下良好的基础。

● 学情分析

六年级学生形象思维向抽象逻辑思维的过渡阶段，对于各种图形有比较丰富的生活经验，同时也掌握了一定的数学研究方法和计算的技能。本班学生大部分思维较为活跃，有思维碰撞的课堂是有活力的课堂，在教学中从学生已有的生活经验出发，激发学生的主体意识和学习兴趣，培养学生的自主、合作、探究能力。充分发挥信息技术辅助教学的优势，引导学生在生动形象的情境中探究新知，并受到爱国主义思想教育。

● 教学目标

1. 知识与技能

（1）在观察、思考、操作、归纳等学习活动中，使学生认识比例尺的含义，掌握求比例尺的方法，并能用以解决简单的实际问题。

（2）培养学生发现问题、分析问题和解决问题的能力。

2. 过程与方法

（1）通过自主观察、思考、动手操作等学习活动，进一步发展学生动手测量和画图的能力。

（2）通过小组合作研讨，实践操作，培养学生的合作意识和创新思维能力。

3. 情感态度价值观

（1）体验数学与生活的联系，培养用数学眼光观察生活的习惯。

（2）激发学生的爱国主义情感。

● 教学重点

理解比例尺的意义，掌握比例尺、图上距离和实际距离的关系。

● 教学难点

体会比例尺的实际意义，理解比例尺的含义。

● 教具准备

多媒体课件、学生用地图、导学单。

● 设计思路

根据新课程标准指出的"教师是学习的组织者、引导者、合作者"这一理念，教学中我遵循激、导、探、放的原则，由"脑筋急转弯"引入，再用自主探究、小组合作的学习方式，让学生经历观察、比较、操作、归纳、应用等，为学生创设思考和学习的空间和时间，增强学生的合作意识，形成数学探究能力，从形象思维过渡到抽象思维，进而达到感知新知的目的。本节课的知识建构流程：情景引入—体验角色—体会比例尺的含义—画图上距离—研究数值比例尺—解决实际距离问题—巩固与应用—回顾与总结—布置研究性作业。

● 教学过程

一、情景引入，激发兴趣（4分钟）

（1）师：同学们，你们去梅州站坐过高铁吗？从梅州坐高铁去广州大约需要多久？有一只小蚂蚁很厉害，它只用 5 秒钟就从梅州到达了广州，你知道是为什么吗？

（2）（出示中国地图）师：在绘制地图和其他平面图的时候，需要把实际距离按一定的比例缩小（或扩大），再画在图纸上，这是我们今天要研究的新知识——比例尺。（板书课题：比例尺）

（3）观察动态图片，回答：

图形（　　）变了，（　　）没变。

【设计意图】用脑筋急转弯引入新课，激发学生的学习兴趣，并结合图片感受画示意图时要按一定的比例才合理，为探索比例尺做好铺垫。

二、多元互动，探究新知（20 分钟）

（一）提出疑问，感知比例尺

超市在学校正北方向 200 米，邮局在学校正西方向 100 米，书店在学校正东方向 300 米。

（1）出示淘气、笑笑画的示意图，问：他们画得合理吗？

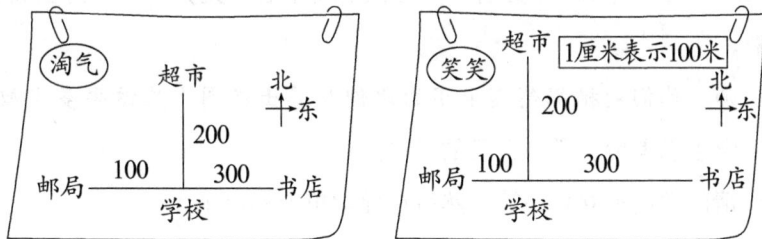

（2）学生小组内交流意见。

（3）小组代表汇报：淘气画得不合理，笑笑画得合理。

（4）为什么淘气画得不合理，而笑笑画得合理呢？（学生畅所欲言，教师再小结）

（二）认识比例尺

（1）师：笑笑是按图上 1 厘米表示实际距离 100 米来画的，像这样图上距离和实际距离的比叫作这幅图的比例尺。

师板书：图上距离∶实际距离＝比例尺。

（2）小小辩论会：笑笑用的比例尺是 1∶100 吗？学生分小组讨论学习，教师共同参与。

（3）师生评议，得出比例尺不是 1∶100，是按 1∶10000 画的。

（4）谁能说说比例尺有什么特征呢？（学生发言师补充）

A. 比例尺是一个比，不带计量单位的。

B. 比例尺里，图上距离和实际距离的单位是统一的。

C. 比例尺的前项一般化简成 1，如果写成分数的形式，分子就是 1。

【设计意图】 引导学生自主探索，合作交流，让学生在思考、对比、归纳中理解比例尺的意义。

（三）应用比例尺求图上距离

学校的东北方向 400 米处有一个社区活动中心。先算一算，再在笑笑的图中标出来。

（1）师：你们能根据笑笑采用的比例尺算出在图上应该画多少厘米吗？
学生思考后，说说自己的看法。

（2）请同学们独立算一算，然后在导学单上标出来。

（3）投影学生作品，师生评议。

（4）小结：求图上距离，先把实际距离和图上距离的单位换算统一后，再计算。

（四）认识线段比例尺

（1）课件出示一幅地图。

师：我们还能在地图上见到线段比例尺，你能说说它表示什么意思吗？

（2）学生观察地图思考，再汇报发言。

学生汇报预测：这幅地图上的比例尺是用线段表示的，图上1厘米表示实际距离90千米。

（3）师解说：笑笑画图采用的比例尺是1：10000，这种比例尺叫作数值比例尺，而这幅图中所用的比例尺叫作线段比例尺，它们都是常用的比例尺。

【设计意图】结合具体操作，同时让学生分析数值比例尺和线段比例尺，了解比例尺的多样性，加深理解比例尺的含义。

（五）应用比例尺求实际距离

（1）课件出示情境图，理解题意。奇思从这幅地图上量得北京到上海的距离大约是3厘米。两地之间的实际距离约是多少千米？

（2）拿出学生用地图，分小组学习，交流解决方法，然后请小组派代表上台汇报。

学生汇报预测：

A. 由比例尺可知图上1厘米表示34000000厘米，也就是一厘米表示340千米，所以3厘米就表示3个340千米，列式3×340。

B. 可以用比例的方法来解，设实际距离为 x 厘米，那么 $3：x = 1：34000000$，最后把单位换算成千米。

C. 因为实际距离是图上距离的34000000倍，所以直接用3×34000000，再把单位化成千米。

（3）观看地图，你还想计算哪两个城市的实际距离呢？量一量、算一算，再汇报。

【设计意图】先解决求实际距离的问题，再放手让学生量一量、算一算，不但能培养学生的动手、独立思考的能力，还能培养学生运用类比法解决问题的能力。

三、学以致用，发展能力（**10分钟**）

第一部分：基础训练题

（1）我会判。

①小华在绘制学校操场平面图时，用20厘米的线段表示地面上40米的距离，这幅图的比例尺为1∶2。　　　　　　　　　　　　　　（　　）

②比例尺是一种尺子。　　　　　　　　　　　　　　　　　　　（　　）

③比例尺就是实际距离和图上距离的比。　　　　　　　　　　　（　　）

（2）我会选。

①用10厘米表示实际距离9千米，这幅图的比例尺是（　　　　）。

A. 1∶900000　　　　　B. 1∶90000　　　　　C. 1∶900

②比例尺1∶240000000表示图上1厘米，实际（　　　）千米。

A. 24　　　　　　　　　B. 240　　　　　　　　C. 2400

【设计意图】基础练习这一环节的设计，很好地让学生巩固新知，做到学以致用，达到窥"一斑"以见"全豹"的效果。

第二部分：综合应用题

（1）课件展示三幅最美逆行者图片。2020年1月18日，84岁高龄的钟南山院士建议公众"没什么特殊情况，不要去武汉"，自己却乘坐高铁从广州前往武汉，把自己的生命置之度外。请问：在一幅比例尺为 1 ∶ 20000000 的图纸上，量得广州到武汉的高铁路线长约 5 厘米，实际长约多少千米？

（2）观看武汉火神山医院建设视频，介绍四万名建设者仅用十天建成火神山医院，创造了让世界震撼的"中国速度"。火神山医院很多建筑采用钢化集装箱结构，现场可以直接拼装，提高了建设效率。已知每个集装箱长 6 m、宽 3 m，你能确定一个合适的比例尺，画出它的底面示意图吗？先计算，再画图。

①学生独立完成。

②学生上台展示并讲解做法。

【设计意图】把数学知识和解决生活问题联系起来，并融入思想，体会全民一心抗疫的精神，感受伟大祖国的强大，激发学生的爱国主义情怀。

四、课堂总结，升华感情（4 分钟）

（1）这节课你学到了什么？你有什么收获？

（2）思想教育，总结升华。

师：同学们，这节课我们不但学会了用比例尺解决生活问题，同时我们也见证了一代中华儿女为祖国的责任与担当以及爱国爱家的情怀。这里，老师引用习近平总书记说的"青年一代有理想，有担当，国家就有前途，民族就有希望，实现中华民族伟大复兴就有源源不断的强大力量"。这句话与大家共勉。

五、课外延伸，拓展提高（2 分钟）

（1）阅读课本第 23 页"你知道吗"。

你知道吗

精密零件图纸上的比例尺，一般都写成后项是1的比，表示把实际长度扩大为原来的若干倍以后画在图纸上。例如，在一张精密零件图纸上，用1 cm表示实际长度1 mm这张精密零件图纸的比例尺就是10:1。

（2）课本第23页第6、7题。

第6题，量一量你家某一个房间的长和宽，以及一些家具的长和宽，然后以1:100的比例尺画出这一房间的平面图。

第7题，找一张中国地图，用△标出你家乡的大致位置。

①估一估，在地图上你的家乡与北京的距离大约是_____cm，实际距离大约是_____km。

②放暑假时，你打算从_____到_____旅游，两地之间的实际距离大约是_____km。

【设计意图】生活中蕴藏着丰富的数学知识，课外作业的合理设计，能鼓励学生去关心、观察、思考，能为有效地完成教学任务服务，并深刻体会数学与生活的紧密联系。

板书设计

比例尺

图上距离和实际距离的比，叫作这幅图的比例尺。

图上距离:实际距离=比例尺

$$\frac{图上距离}{实际距离}=比例尺$$

● 教学反思

（1）在生活情境中建构新知。数学知识来源于生活，又服务于生活。在教学中，我注重从学生的实际出发，把数学知识的发展与生活紧密联系起来，创设了"脑筋急转弯"和中国地图的图片情景，学生在好奇心的驱使下，对数学知识产生浓厚的兴趣。继续创设画示意图、抗疫等一系列的生活情境，使学生切实体会到了数学的应用价值，获得了新知识的丰富意义，同时也完善了原有的认知结构。

（2）在自主探究中发展能力。在新课教学过程中，从比例尺的意义、比例尺模型的建立以及应用，教师充分信任学生，给学生以较多的时间、空间探究新知。激发学生以积极的思维状态参与知识的探究过程，鼓励学生自己寻找解决问题的策略、途径。在观察、比较、操作、归纳、应用等活动中，每一位学生自始至终共同参与学习全过程，把学习的主动权交给学生，让其尽可能有自行探索、创造的机会，从而获得数学知识，获得成功的体验，提高学生的数学素养。

（3）在思想教育中升华感情。巧妙设计练习，把数学知识和解决实际问题相联系，并融入思想教育，让学生体会全民一心抗疫的爱国之情，感受伟大祖国的强大，激发学生的爱国主义情怀。

◇关注建模过程　促进深度学习

——"乘法分配律"教学设计

● **教学内容**

北师大版数学四年级上册第 56 页到第 57 页的内容。

● **教学设想**

　　乘法分配律是北师大版数学四年级上册的教学内容。本课是在学生已经学习掌握了乘法交换律、结合律，并能初步应用这些定律进行一些简便计算的基础上进行学习的。乘法分配律是本单元的教学重点，也是本单元内容的难点。学好乘法分配律是学生以后进行简便计算的前提和依据，对提高学生的计算能力有着重要的作用。因此本节课不仅要让学生掌握什么是乘法分配律，更要让学生经历探索规律的过程，进而培养学生的分析、推理、抽象、概括的思维能力。在本节课教学过程的设计上，我以平远特色旅游有关的话题作为主线，辅于现代信息技术，把数学知识和实际生活紧密地联系起来，让学生在体验中学到知识，有效地培养了学生的数感，提高学生的运算能力。

1. 主动探究，亲历过程

　　新课标理念引领下的数学课堂就是要让学生开展猜想、推理、交流等活动，使学生在活动中掌握基本的数学知识和技能。在本节课新课的教学中，我首先利用生活中关于平远旅游相似规律的问题激发兴趣，让学生猜测可能存在的数学规律，然后通过分析解决贴瓷砖中呈现的数学问题，让学生对规律有了初步的表象认识，再让学生通过正反两个不同的角度去举例验证自己所发现的规律的可行性和普遍性，最后通过观察交流，共同总结出乘法分配律。在设计整个教学活动的过程中，没有把规律直接呈现在学生面前，而是让学生主动参与，自主探究，自己去发现规律，学生的主体性得到了充分的发挥。让学生体会到：数学探究的过程，其实就是一次严密的科学发现过程。有效促进学生生动、活泼、主动地发展，有利于学生数学素养的渗透与培养。

2. 循序渐进，发展思维

根据以往的教学经验，学生对知识的应用从新课的学习开始就会形成一种思维定式：认为只要用了简便方法，就可以使所有的计算变得简单。忽视了乘法分配律的真正内涵——改变原来式子的运算顺序，结果不变。本节课的新授教学中，我一共设计了3组题目。在教学中通过第1、2组两种情况让学生形成"要根据数字的特点，灵活运用乘法分配律"这一重要思想，避免学生形成思维定式，盲目运用乘法分配律。第3组题目让学生从意义上真正理解乘法分配律，使学生不会因强记模式而没有解题能力。在这样的过程中，学生由于不再是紧紧围绕公式去套用公式进行僵化的学习，而是真正应用乘法的意义解决乘法分配律的计算问题，学生的等式变形能力得到很大提高，也感受到了成功的喜悦，有利于提高学生熟练地应用乘法分配律解决问题的计算能力。学生经历一个由"扶"到"放"的过程，循序渐进，轻松地掌握了知识，有效地发展了思维能力。

● 教学目标

1. 知识与能力

在探索的过程中，发现乘法分配律。体会用字母表示乘法分配律的严谨与简洁，通过计算说理，初步了解乘法分配律的应用，会用乘法分配律进行一些简单的简便运算。

2. 过程与方法

（1）通过探索乘法分配律的活动，进一步体验探索规律的过程。

（2）让学生经历共同探索的过程，发展比较、分析、抽象和概括能力。

增强用数学表达规律的意识，体会数学与生活的联系，培养解决实际问题和数学交流的能力。

3. 情感、态度与价值观

（1）让学生感受数学规律的确定性和普遍适用性，获得发现数学规律的愉悦感和成功感，增强学习的情趣和自信。

（2）在学习活动中不断产生对数学的好奇和求知欲，充分利用信息技术，培养学生的数学素养。

● 教学重点

理解并掌握乘法分配律。

● 教学难点

乘法分配律的推理及应用。

● 教具、学具准备

多媒体课件、电子白板等。

● 教学过程

一、欣赏美景，激趣导入

师：课件播放平远各地特色美景。孩子们，我们平远的旅游景点很多，你最喜欢哪个呢？

生：我喜欢五指石，我也喜欢相思谷。

师：你能把这两句话合并成一句话吗？

生：我喜欢五指石和相思谷。

师："我想去曼陀山庄和黄田水库。"这句话分成两句话怎么说？

生答。

师：我们的语言就是这么神奇、美妙，在我们的数学里有没有这种奇妙的现象呢？猜一猜，我们数学能不能把两个算式合成一个算式，把一个算式分成两个算式呢？这节课我们就来研究这个问题。

二、引导探究，发现规律

师：我们的家乡是越来越美了，旅游景点多，土特产更是丰富。近几年，我们家乡接待的游客一年比一年多。五指石景区的一间饭店为了提升档次，对整个饭店进行了重新装修，还特别注意厨房的美化与卫生。请看屏幕。

（1）看到这幅图画，你想提什么问题？（一共贴了多少块瓷砖？）

（2）谁能估计一下一共贴了多少块瓷砖？

①请大家用自己的方法来验证他的估计是否正确。

②请学生来汇报自己的算法。[出示两种不同的算式 $3×10+5×10$ 和 $(3+5)×10$] 为什么这样列算式？

生1：有3行白色瓷砖，每行10块，共有30块白色瓷砖；有5行蓝色瓷砖，每行 10 块，共有 50 块蓝色瓷砖，两种瓷砖一共有 80 块。

生 2：有 3 行白色瓷砖，5 行蓝色瓷砖，一共有 8 行瓷砖，每行 10 块，共有 80 块瓷砖。

师：你还有不同的算法吗？说说你的理由。

$4×8+6×8$ 和 $(4+6)×8$。

生 3：侧面有 4 列瓷砖，每列 8 块，正面有 6 列，每列 8 块瓷砖，两面一共有 80 块瓷砖。

生 4：侧面 4 列瓷砖，正面 6 列瓷砖，一共有 10 列瓷砖，每列 8 块，共有 80 块瓷砖。

师：观察上面两组算式，你有什么发现？

学生发现：$3×10+5×10=(3+5)×10$，$4×8+6×8=(4+6)×8$。

生 1：等号左边的算式是两个加数分别与一个数相乘，再把所得的积相加；等号右边的算式是两个加数与一个数相乘。

生 2：两个不同的数分别去和同一个数相乘，再相加，可以先把这两个数相加，再去乘这个相同的数，结果不变。

师：这位同学说得非常好，我们就先将他的这个发现命名为××猜想。（板书：猜想）

（3）提出假设，举例验证。

①猜想：是否只要符合上述特点的两个算式，结果就一定相等呢？是不是所有这样的式子都有这样的规律呢？

②学生举例交流，教师引导学生探究等式是否符合要求，强化算式的特点。

师：认真观察屏幕上的这两个等式，你还能举出含有这样规律的例子吗？（板书：举例）

把自己举出的例子在练习本上写一写，谁来说一说自己举的例子？我们一

起来验证一下等号左右两边是否相等。（可举两个例子）

③轻声读这些等式，你发现了什么？

（4）归纳总结，概括规律

①师：现在谁能说一说这些等式有什么共同特点？（板书：总结）（运算顺序不同但结果相同）

②师：刚才，我们用举例的方法验证了自己的猜想，在举例的过程中有没有发现与结果不一样的例子？能不能举一个这样的反例。

③师：看来这个规律是普遍存在的，同学们，恭喜！你们的猜想是正确的。这个规律在数学上叫作乘法分配律。（板书：乘法分配律）

④师：你能用自己的话说说什么是乘法分配律吗？（教师根据学生的汇报总结：两个数的和与一个数相乘，可以把这两个数分别与这个数相乘，再把两个积相加，结果不变。这就是乘法分配律）

⑤师：刚才我们举了很多含有这样规律的例子，这样的例子能举完吗？那么我们能不能用一个含有字母的式子把乘法分配律表示出来呢？四人小组商量一下。

⑥选择有代表性的例子进行展示。

师：这样表示有什么好处呢？

生：简洁、明了。

师：这就是数学的美。

最后确定$(a+b)×c=a×c+b×c$为乘法分配律的最佳表示方法。板书：$(a+b)×c=a×c+b×c$。

师：在读这句话的时候，应特别注意哪里？请看屏幕上的等式，这个等式从左到右成立，反过来从右到左呢？也是成立的。

三、探索发展，应用规律

师：我们发现了乘法分配律，它对我们的计算有很大的帮助，应用乘法分

配律可以使一些计算简便。(板书：应用)

(1) 师：请同桌合作研究下面这些题目怎样计算比较好？请看大屏幕：谁来读一下题。(出示课本第58页"试一试"中的题目)

(80+4)×25　　　　　　　　34×72+34×28

然后让学生汇报计算方法，重点说这两题都应用了什么运算定律。

(2) 师：刚才这两道题比较简单，大家做出来了，现在我出两道比较难的，大家有没有信心做出来？请四人小组合作研究下面这两道题目，怎样计算？

56×99+56　　　　　　　　34×102

(3) 师小结：同学们通过研究，你认为怎样的题目才能应用乘法分配律使计算简便？如果遇到像刚才这两道题，我们可以把它稍做变化，再应用乘法分配律，使计算简便。

四、巩固拓展，深化规律

出示课件。

师：孩子们，知道这是哪里吗？五指石的"聪明泉"很出名，传说喝了那里的水人会变得聪明，大家想不想喝？但要喝到"聪明泉"的水必须闯过这下面前两关。

(1) 抢答。

(10+7)×6 = _____×6+_____×6

8×(125+9)= 8×_____+8×_____

7×48+7×52 = _____×(_____+_____)

(2) 下面各题的乘法分配律用对了吗？

①(57+140)×4 = 57+140×4　　　　　　　　( )

②99×65 = 99×65+1×65　　　　　　　　( )

③16×19+84×19 = (16+84)×19　　　　　　( )

④$98×15=100×-2×15$　　　　　　　　　　　　　（　　）

（3）师：恭喜大家闯关成功，喝了"聪明泉"的水，相信下面的题目都可以迎刃而解。课件出示相思谷美景和特产。孩子们，我们平远的土特产都有些什么，你知道吗？看，昨天我们相思谷又接待了一个旅行团，你能算出这个旅行团买红薯干和柿饼一共消费了多少钱吗？

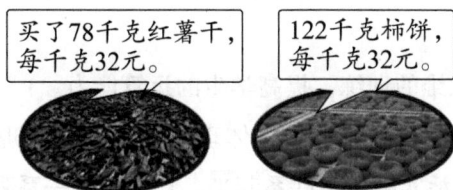

买了78千克红薯干，每千克32元。

122千克柿饼，每千克32元。

（4）课件出示曼陀花海。

师：我们长田曼陀山庄的花开得正艳，吸引了无数的游客前来观赏。今年7月，曼陀山庄接待了99个外地旅行团，每个团平均35人，外地散客共接待35人，曼陀山庄今年7月共接待了多少名外地游客？

五、全课小结

师：请你选择一个最能代表今天研究成果的算式，说说我们今天研究了什么？今天，我们通过猜想、举例、总结、应用发现了乘法分配律，今后，同学们还可以运用这种数学思维去研究其他的数学知识。

> 板书设计
>
> 乘法分配律
>
> $(a+b)×c=a×c+b×c$
>
> 猜想→举例→总结→应用

● 教后反思

乘法分配律是本单元的难点，学生在理解、掌握和运用上都有一定的难度。如何让学生真正理解乘法分配律，并在理解意义的基础上运用好它？我觉得既要注意形式上的认识，更要注重意义上的理解。以后在解题过程中，无论遇到怎样的变式，学生都能做到轻松应对。在本节课的教学中，我觉得自己有以下两个方面体会。

（1）注重学生思维的训练，提高学生的运算能力。

本节课在设计时，我尽量地想去体现新课标的一些理念，注重从实际出发，把数学知识和生活实际紧密联系起来，让学生在一系列的旅游体验中学到知识。整节课学生兴致很高，教师大胆放手，把学生放在主动探究知识的主体位置上，让学生能自由地用自己的知识经验、思维方式去观察思考，去发现规律、验证规律、概括规律和应用规律，培养了学生的思维能力和创新能力。

（2）多维互动，共同体验。

本节课中，我给学生充足的时间和空间，通过小组合作、汇报交流等活动来培养他们的合作意识和团队精神，学生在多种互动、交流中思维不断碰撞，促使学生更加主动地探究，共同构建出乘法分配律的外在形式，并理解它的内涵。

在教学过程中，也有不尽如人意的地方，如本节课虽然在感知认识乘法分配律上下了不少功夫，但个别学生对乘法分配律的理解还不够，导致在计算中出现了一些问题，如：只用 a 去乘 c 而忘了 b 也要乘 c。后续教学中还要把乘法分配律的变化类型加以梳理，分类进行练习，逐个击破。

第二节　图形与几何

◇把握知识本质　突出数学思考
—— "什么是面积"教学设计

● **教学内容**

北师大版数学三年级下册第 49—50 页。

● **教材分析**

"认识面积"是北师大版数学三年级下册第五单元第一课时的内容，是在学生已经掌握了长方形、正方形的特征，并且学会计算长方形和正方形周长的基础上进行教学的，也是为后续学习长方形、正方形的面积奠定基础。本课要结合实例直观认识面积的含义，并经历比较两个图形面积大小的过程，体验比较策略的多样性，体会数学与生活的密切联系，发展空间观念，激发学生兴趣。

● **学情分析**

三年级的学生已经建立了长度及长度单位的概念，但是由"长度"概念到"面积"概念，知识跨度大，难度高，抽象性也比较强，学生对于面积含义的理解还很陌生。此时，学生的思维正处在由具体形象思维向抽象思维过渡的阶段，他们要以形象的事物或亲自参与活动为认识的基础。所以本节课我让学生通过一系列的感观及可操作的数学活动，借助已有的知识、生活经验，熟悉的生活场景，获得感性认识，抽象出面积的概念。

● 教学目标

（1）通过找一找、说一说、摸一摸、比一比等体验活动使学生理解面积，感受面积的大小，建立正确的表象。

（2）经历比较图形大小的过程，探索比较图形大小的方法，积累比较图形面积的直接经验。在操作活动中感受建立面积单位的必要性，感受将面积的大小抽象成"数"的过程，初步理解面积单位建立规则，了解比较面积大小方法。

（3）体会面积的性质，在比较图形面积大小的过程中，培养学生合作学习的能力、分析综合能力和初步的空间观念，养成独立思考，勇于探索的习惯。

● 教学重点

结合实例，理解面积含义，知道比较面积的方法。

● 教学难点

探索比较两个图形面积大小的方法，体验比较策略的多样性；建立面积是二维图形大小的空间观念，会借助小方格计算面积。

● 教具准备

课件、实物投影、学习单、正方形、长方形等。

• 教学过程

一、前置交流，建构面积概念

（一）分享展示

师：谢谢课前小老师分享，今天我们就来了解面积。课前的前置学习，你完成了吗？接下来，我们就来分享一下同学们的研究结果。

活动要求：

1. 看一看，把记录或带来的物体展示给小组。

2. 说一说你找到了哪个面。

3. 摸一摸，邀请小组同学摸一摸你找到的面。

师：下面请小组按照要求开始交流讨论。

师：哪个小组愿意和大家分享？

小组交流后分享，全班同学进行补充。

师：感谢你们小组的精彩分享，像刚才大家找到的面都可以叫作物体的表面。物体的表面是有大有小的。同学们，你们认为什么是面积呢？

学生交流，各抒己见。

师小结：看来大家都有了对面积的理解：物体的表面的大小就是它们的面积。

师：除了物体的表面上能找到面积，还有哪里可以有面积？

生1：图形也有面积，比如长方形、正方形、三角形……

生2：不规则图形……

生3：……

（二）生生互动

师：接下来，我们一起运动运动，老师带着大家，一起来做"小粉刷匠"吧。

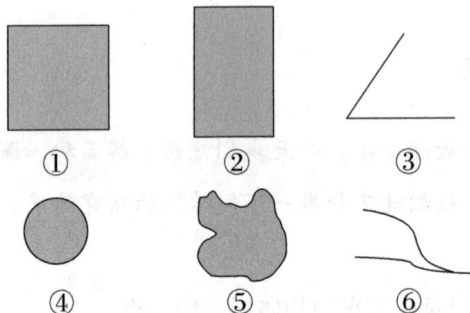

师小结：谢谢同学们的补充。看来封闭图形也有大有小的。那么封闭图形的大小就是它们的面积。

【设计意图】 本环节主要是对于面积概念的感知和概括。基于学情，直接导入，通过找一找、说一说、摸一摸、比一比等体验活动，从学生身边熟悉的事物出发。学生通过寻找生活中的面这一过程，运用多种感官参与学习，感知物体的表面以及面的大小，帮助学生建立"面"的概念，理解面积概念的两重内涵。

二、小组探究，体验比较策略

（一）游戏激趣

师：下面我们一起做一个小游戏——"大小排排坐"。

选一位主持人带着学生一起做游戏。

师小结：通过观察就能判断出物体面积的大小，这种方法在数学上叫作观察法。

238

（二）互动交流

主持人：刚才的1号正方形和2号长方形也要参加我们的"大小排排坐"游戏。我们一起来看看。

师：这两个图形哪个面积大？现在出现了不同意见，我们想想别的办法，实践证明。请同学们打开学具袋，开始验证吧。

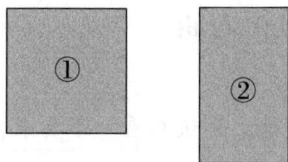

活动要求：
1.想一想：怎样比较？用什么工具？
2.做一做：比较图形的面积，并记录在探究单上。

【设计意图】面积概念的理解和掌握必须建立在对具体事例进行大量感知获取丰富表象的基础上。引领学生经历面积的感知和面积大小的比较，不断获得对"面"的认识，强化脑海中对"面"的印象，加强对面积概念的理解。借助游戏活动激发学生兴趣，让学生能够通过观察法直观比较面的大小，再次完整构建面积的语言模型，建立正确的表象。

（三）活动探究

学生小组合作，选择学具进行探究。

（四）汇报展示

师：同学们的想法还真是多啊，来，我们先来听听各个小组同学是怎么想的。

小组展示讨论，分享比较方法，同学们互相补充交流。

教师总结分析各类方法，和学生进行交流论。

【设计意图】问题是启发式教学的驱动，在游戏中引起学生的争论，让学生带着问题思考。感受到面积相差很大的两个物体或图形，我们可以用观察的方法直接比较出结果。当两个图形的面积相差不大时，我们得找出更合理的办法。激发学生的思维热情，调动他们动手尝试的欲望。让学生经历比较的过程，通过小组讨论、交流体验比较两个图形面积大小，体会策略的多样性。

三、辨析比较，深化面积内涵

师：现在请同学们拿出学习单，再认真看一下要求，我们一起来画一画：

①在方格中画出 3 个不同形状的图形。

②使它们的面积都等于 7 个方格的面积。

完成后，同桌交流，师巡视，生展示。

画一画
①在方格中画出3个不同形状的图形。
②使它们的面积都等于7个方格的面积。

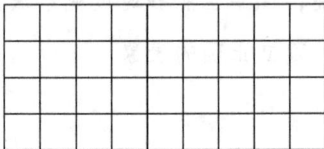

师小结：方格纸也是学习面积的一个重要工具，今后的学习中我们也要学会用已有的工具来帮助我们解决数学问题。

【设计意图】在体会面积相同的图形，可以有不同形状的同时，从而加深学生对面积含义的理解，渗透转化思想、变中不变的数学思想，并且让学生感受到方格纸是面积学习中的一个重要的工具。

四、学以致用，练习巩固提升

师：这节课我们认识了什么是面积，学会了比较图形的面积大小。接下来让我们学以致用。

1. 数一数：谁的面积大？

如果每个小方格的面积是1。

（1）比一比，下面每组图形面积的大小。

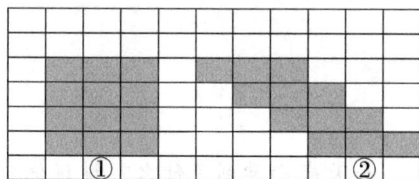

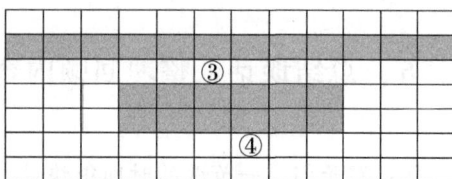

①面积：_____   ②面积：_____   ③面积：_____   ④面积：_____

（2）数一数，下面图形的面积是多少？

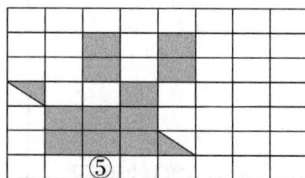

⑤面积：_____

2. 想一想：这里有两个小任务，老师进行了这样的分配，你觉得这样分公平吗？为什么？

想一想

任务1.除草：男生除A区，女生除B区。

任务2.扫地：男生绕A区扫一圈，女生绕B区扫一圈。

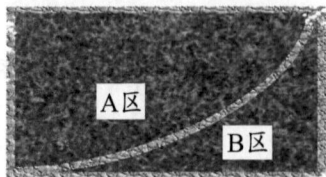

师小结：同学们集思广益利用学到的知识帮我们解决了生活中的难题。

【设计意图】 通过数一数、想一想的练习设计，让学生在练习中加强对本节课知识的内化理解，讨论辨析周长和面积的概念区分。

五、总结谈话，整理回顾内容

师：孩子们，一节课的时间很快过去了，今天我们学到了什么？说说你们有什么收获？同学们下课！

板书设计

什么是面积

观察法

剪拼法

摆图形

物体的表面
封闭图形 } 的大小，就是它们的面积

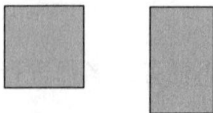

● 教后反思

"什么是面积"是北师大版数学三年级下册第五单元的内容，本课是在学生已经掌握了长方形、正方形的特征以及它们周长的基础上进行教学的，是一维空间向二维空间转化的开始，是空间认识上的一次飞跃。本节课，我通过找面、摸面、摆面、比面等多样化的数学活动，由浅入深地从"面在哪、面有多大"两个层次开展体验活动，认识"面积"的概念，不断地触摸概念本质，经历"面在哪—面有多大—比面的大小"的认知过程，在获得感性认识的基础上，建立面积表象，抽象出面积的概念，从而发展学生的空间观念。

1. 在操作中引领学生感悟面积概念

本环节在小组分享中由学生带领大家利用找生活中常见的面来初步构建面积概念，带领着学生分别摸一摸数学书封面、作业本封面等，这样通过让学生亲自动手实践，使学生有了感性认识。降低了学生理解的难度，符合学生以形象思维为主的思维特点。然后在游戏中比面积大小并引出面积的第二重概念。由观察三角形、圆、正方形以及不规则图形的面逐步过渡到比较封闭图形的大小，培养和发展了学生的空间观念。通过"我是小小粉刷匠"给封闭图形和非封闭图形涂色揭示只有封闭图形有面积，为学生进一步认识面积的含义做了铺垫。

2. 在体验中启发学生认识面积内涵

体验比较面积大小策略的多样性，这一环节是整节课教学的难点，这里放手让学生充分自由发挥，学生在课堂上有的将两个图形重叠后，对剩余部分进行剪拼比较；有的用圆片摆一摆、数一数；有的用学具袋里的正方形来拼摆，学生创造出了多种多样的比较方法。这种资源共享不仅仅是简单地解决了知识上的问题，更使学生在交流的过程中感受到人与人之间合作的快乐，同时享受到积极思考后获得成功的喜悦。

3. 在比较中推动学生辨析面积的大小

这节课直接切入主题，通过小组前置性研究分享，由学生带领全班同学进行面积概念的探索，通过两个小游戏的衔接激发了学生学习的兴趣，让学生带着疑惑和浓厚的学习兴趣去学习。课堂教学中，我采用小组合作的形式，让学生自己探究、操作的过程中学习比较面积的方法。课堂注重生本概念的渗透，让学生通过小组合作、生生互动自主探究。

课堂教学总是有遗憾的，反思自己的这节课，我觉得在把握学生数学学习心理的能力方面还有欠缺，回应即时生成的课堂提问的针对性有待加强。教无止境，我将以问题为新的课题，引领自己踏上更精彩、更有价值的教育征程。

◇聚焦空间观念　创生关键能力
"观察物体——看一看（一）"同课异构

● 教学内容

北师大版数学三年级上册第二单元《观察物体》。

● 教学设计

本节课重视联系实际生活组织学生开展探索性的数学活动，注重知识发现和探索的过程，使学生从中积累数学活动经验，感受数学的力量；同时在学习活动中，使学生学会自主学习和小组合作，培养学生解决数学问题的能力。

● 教材分析

从数学知识、方法的角度看，"从不同位置观察物体"是在直观认识了简单几何体和平面图形的基础上进行教学的，它是"空间与图形"中的一个内容，为培养和发展学生的空间观念提供了一个很好的载体。一年级下册初步学习了从不同位置观察一个简单物体的基础上，现在拓展到观察一个物体最多可以看到3个面，从相对位置观察物体，看到的画面正好是相反的，进一步积累观察物体的经验。发展想象力的最好方法是鼓励学生大胆去想、引导学生亲自去做，让学生从更多不同的位置观察一个物体，通过想象、推理、模拟、观察、验证等不同层次的活动过程，获得丰富的观察物体的直接经验，在头脑中形成表象，逐步发展空间观念。

本节课要继续发展观察物体的经验，一是能够根据照片或直观图辨认从不同角度观察到的简单物体；二是体验从不同角度观察长方体，每次最多只能看到3个面；三是初步感知相对位置观察物体看到的形状是相反的。本课时的主情景图是 3 名学生站在桌子的周围从不同角度观察桌面上的一个投票箱，以此来引导学生辨别他们各自看到的是什么，体验从不同角度观察长方体，每次最多只能看到 3 个面；四是通过 4 名学生观察小熊图，引导学生初步感知：从相对位置观察物体，看到的画面正好是相反的。这样，学生经历"观察图片—空间想象判断—观察实物图—形成表象"的过程，以此帮助学生体会从不同位置观察物体看到的形状是不同的，积累观察物体的经验，发展空间观念。

● 学情分析

此前学生已掌握了前、后、左、右、上、下的知识，但是由于低年级学生的观察能力还未形成，因此教师必须教会学生学会观察，要求学生有序地、具体地观察事物。这样，学生才能从观察中汲取知识，并使思维在观察中活跃起来。

● 教学目标

1．知识与技能

（1）能根据照片或直观图辨认从不同角度观察到的简单物体。

（2）在实物观察、空间想象和推理等活动中，体验从不同的位置（角度）观察物体，每次最多能看到 3 个面，积累观察物体的活动经验。

2．过程与方法

在想象、推理、观察、验证的活动中，初步发展合情推理和空间想象的能力，形成初步的空间观念。

3．情感态度与价值观

在与他人合作交流中，能简单描述自己的思考过程和观察结果，体验观察的乐趣。

● 教学重点

让学生在具体观察情境中，体会从不同位置观察会得到不同的观察结果。

● 教学难点

感知从相对位置观察物体，看到的画面正好是相反的，体验观察位置和角度与看到的简单物体之间的对应关系。

● 教学过程

一、创设情境，激趣导入

（一）引起冲突，激发兴趣

师：同学们，我们在一年级已经学习过观察物体了，今天老师来考考你。你敢接受挑战吗？

出示长方体投票箱。

师：请听题！这个长方体箱子一共有几个面？

师：六个面。难不倒你们。第二题，请听题！在你的位置上，你能看到它的几个面？

（二）揭示课题

师：为什么大家观察到的结果不一样呢？

预设1 生：因为站在了不同的位置。

师：站在了不同的位置。这节课我们就学习从不同的位置"观察物体"，看看还有什么新的发现。

（板书课题）

预设2 师：这节课我们继续学习"观察物体"，看看究竟是怎么回事。

（板书课题）

【设计意图】创设"观察长方体箱子"的情境,让学生坐在不同的位置上进行观察,通过学生的回答发现很多同学观察到箱子的面数不同,从而引起学生之间的认知冲突,激发学生学习新课的兴趣。

二、观察探究,验证拓展

(一)观察长方体主题图

问题一:下面的三幅图分别是谁看到的?想一想,连一连。

1. 看一看:明确观察位置

出示主题图。

看一看

● 他们分别站在什么位置观察长方体投票箱?

师:瞧,淘气、笑笑、妙想三个小朋友在做什么?你能说说他们分别站在什么位置观察长方体投票箱吗?(投票箱的位置都在笑笑和妙想的水平视线之下)

2. 连一连:独立想象判断(完成1号学习单)

让学生想一想,连一连。

3. 说一说:汇报交流

师:这三幅图分别是谁看到的,你是怎样想的?

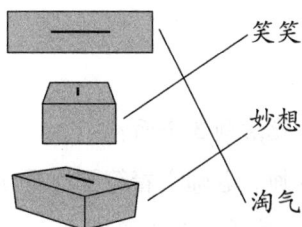

【设计意图】让学生带着问题开始观察，目标指向明确。激活学生观察物体的已有经验，发挥他们的空间想象力和独立思考能力。"说一说"这个环节在引导学生观察物体的活动中，培养学生的观察能力，建立初步的空间观念；为学生今后研究几何图形的形状、位置关系打下基础、铺平道路。

问题二：站在不同的位置，每次最多能看到几个面？先猜一猜，再看一看、说一说。

1. 猜一猜

师：刚才淘气他们站在不同的位置观察投票箱，淘气看到了一个面，笑笑看到了两个面，妙想看到了三个面。猜一猜，站在不同的位置观察投票箱，每次最多可以看到几个面？

2. 看一看

师：真的能看到 4 个面吗？

师：究竟能不能看到四个面或五个面呢，在小组观察之前，我们先明确活动要求。(出示活动要求)

小组活动：

(1) 和你的同伴一起观察投票箱，看一看每次最多可以看到几个面？

(2) 和你的同伴说一说，你在什么位置看到了几个面？

师：你理解"每次"是什么意思吗？

师：孩子们，都明白怎么看了吗？请小组长把投票箱放到桌面上和同伴一起观察，开始吧。

3. 理一理

全班汇报。

师：为什么每次最多只能看到 3 个面？

请一个学生上来配合老师。老师举着箱子（固定）。

（让学生看上面）师：你能看到下面吗？

（让学生看前面）师：你能看到后面吗？

师：如果你看到了左面，一定看不到哪一面。（板书：上—下，前—后，左—右）站在不同的位置观察长方体，每次最多只能看到三个面。

【设计意图】这个活动有助于帮助学生积累观察物体的活动经验以及提高空间想象与推理能力。为了进一步丰富学生的直观表象，通过实物观察，验证孩子们自己对问题的想法。师展示自己的推断思路，让学生感受有序思考、空间想象和推理的方法与价值。这一环节，让孩子尝试说清楚站在不同的位置观察长方体，每次最多只能看到 3 个面，也有效地培养了孩子的表达能力。

（二）观察小熊主题图

问题：下面的四幅图分别是哪位同学看到的？先想一想，再看一看。

1. 做一做：完成学习单

2. 验一验：汇报交流

师：刚才我们验证了答案，谁能说说，你是怎么想的？

主要引导学生说清楚奇思和淘气的情况（奇思在小熊的左边，看到小熊的左手臂。淘气在小熊的右边，看到小熊的右手臂）。

3. 议一议

引导学生分析：从相对位置观察物体，看到的画面正好是相反的。

板书：从相对位置观察物体，看到的画面正好是相反的。

【设计意图】引导学生初步感知：从相对位置观察物体，看到的画面正好是相反的。充分体验观察位置和角度与看到的简单物体之间的对应关系，才能促进他们空间想象力的发展和空间观念的建立。通过理和议，使学生获得观察物体的直接经验，提升他们的空间观念，使学生的思维层次由"单纯的观察"转为"理性的思考"。

三、初试验证，分层练习

（一）对号入座

根据小熊的照片，找到摄影师的位置。

师：你看，老师给你们带来了什么？（出示实物小熊）

师：小熊也想考考你们，愿意接受挑战吗？

小熊：摄影师从我的前、后、左、右4个位置都拍了一幅照片，照片都在这（师举起来给大家看），你能根据照片找到摄影师的站位吗？

现在请四个同学上来，每人拿一幅照片，再站到摄影师照相的位置。

（二）选择表演

出示四人观察茶壶图。

选择表演

聪聪   红红

亮亮

( )   ( )   ( )   ( )

（三）抽题检测

下面四幅图分别是谁看到的？

下面四幅图分别是谁看到的？实际看一看，连一连。

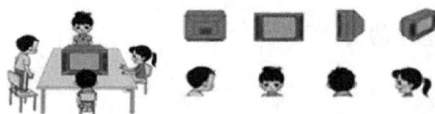

【设计意图】使学生进一步认识到：观察的位置不同，看到的形状也不同；从相对位置观察物体，看到的画面正好是相反的。这几道基本题让学生经历了前、后、左、右的完整观察过程。这些图所对应的实际物体是学生生活中常见的，学生经过回忆、再现、比较、筛选，达到巩固与提升并举的目的。

四、课堂小结，交流提升

通过今天的学习，你有什么想和大家分享的吗？

实物观察是"看图观察"的基础，"看图观察"是实物观察的发展。本设计的问题串是让学生经历从"实物观察"到"看图观察"的过程，以此帮助学生积累观察物体的经验，发展他们的空间观念。只有从不同位置观察物体，才会逐步形成这个物体的完整表象。

为紧密联系学生的生活实际，我设计了 3 个活动：一是从上面、左边、右前方观察长方体，让学生积累从多个角度观察简单物体的经验，体验每次最多只能看到长方体的 3 个面，这种观察物体的活动，让学生通过想象，先对问题的答案提出猜想，再尝试说明这个猜想的合理性，让每个学生都有机会参与思考活动，能够激活学生观察物体的已有经验，发挥他们的空间想象力。二是四人观察小熊图，让学生初步感知：从相对位置观察物体，看到的画面正好是相反的，这样，学生经历"观察图片—空间想象判断—观察实物图—形成表象"的过程，帮助学生积累观察物体的经验，发展空间观念。三是找摄影师的站位和观察茶壶并表演的活动，使学生深刻体会到同一个物体从不同角度观察到的形状是不同的。

课上，我创设了对学生现有水平具有挑战性的问题来促进学生空间观念实质性的发展；力求让学生享受学习、享受教育、享受求知的种种美好；让学生在玩中学、乐中学，学生敢想、敢说，培养了学生的进取心，激发了学生的求知欲，提高了教学效果。但是，低年段的学生在说理这一层面还需要进一步的启发引导。

◇发展思维品质　建构数学结构
——"面积的整理与复习"教学设计

● 教学内容

北师大版数学三年级下册总复习"图形与几何"——"面积"。

● 教材分析

"面积"是本册书的教学重难点，也是图形与几何学习中的重要内容，为后续学习平行四边形、三角形、梯形、圆等相关知识奠定基础。在前面的学习中，学生已经学习了长方形和正方形的特征，周长和面积的求法，但是对面积的本质特征、计算公式的推导过程理解掌握不够透彻。因此本节复习引导学生回顾计算公式的推导过程，加深对公式的理解与掌握，在具体情境中能正确灵活地运用计算公式；同时，也要关注学生学习过程中的情感体验，引导学生经历对所学内容的回顾与梳理、查漏补缺，构建完整的知识体系，拓展思维，积累整理与复习的经验，增强学生学习数学的兴趣和信心，使学生通过复习与整理，对数学知识之间、数学与生活之间以及数学内在魅力的认识和理解能上一个更高的台阶。

● 学情分析

之前，学生已经掌握了长方形、正方形的周长及面积意义、面积单位、面积计算方法等知识，并能够解答比较简单的相关习题。但是学生对于长方形、正方形的周长与面积之间的关系、利用所学知识合理解决生活实际问题等方面还有所欠缺；而复习课的最终目的就是在回顾、梳理基础内容的前提下，通过观察、比较、计算等方法使学生的空间观念、实际解题的能力得到进一步巩固提高；同时，我们应该认识到学生在学习的过程中，空间观念的形成、思考推理方法的初试、解决问题的思维方法的学习，对于今后学习其他平面图形相关知识有着重要影响。

● 教学目标

（1）经历归纳整理的过程，加深对所学知识的理解，构建各部分知识的内在联系。

（2）通过回忆、讨论与交流，结合练一练，巩固所学知识，培养几何直观素养。

（3）进一步感受图形与几何知识与现实生活的密切联系。

● 教学重点与难点

教学重点：复习整理"图形与几何"部分的知识，提高归纳整理能力和解决问题能力。

教学难点：培养发现问题、提出问题、分析问题的能力，发展空间观念和想象能力，能灵活运用所学知识解决实际问题。

● 教学准备

导学案；多媒体课件。

● 教学过程

课前谈话：观察小区示意图谈及各建筑物的方位。

一、创设情境，激活经验

小丽家所在小区新建一个健身园和一个商店，要想知道这两个建筑物谁的占地面积大？需要用到本学期已学的哪方面的知识？（面积）今天我们就一起整理和复习"面积"这单元的有关知识。（板书课题：面积的整理和复习）

【设计意图】营造现实生活与复习的数学知识点的积极情境：要比较小区两建筑物占地面积，需要用到本学期已学的哪方面知识？教师简明地点出知识与情境的联系。

二、回顾整理，沟通联系

1. 自主整理

看到面积，你能想到与面积有关的哪些知识点？请大家好好想一想或者翻阅书回忆，然后把你的想法说给同学听一听。

指导学生重现知识点：面积、面积单位、面积单位间的进率、面积计算。

老师随机出示复习提纲说一说：

①什么是面积？

②常用的面积单位有哪些？

举例：周围哪些物体的一个面接近 1 平方厘米、1 平方分米、1 平方米？

每相邻两个常用面积单位间的进率怎样？

③怎样计算长方形、正方形的面积？

指导学生用自己喜欢的方式试着整理面积知识，教师巡视参与。

2. 全班交流，构建知识链

刚才通过小组合作进行了整理，谁先来给大家汇报一下？

3. 质疑对话，澄清知识源

师生倾听学生汇报，适时引导学生质疑补充。（要复习面积的含义，常用的面积单位及它们之间的进率；建立 1 平方厘米、1 平方分米、1 平方米的表象及举例说明其大小；还有长方形及正方形面积的计算方法）充分让学生说出自己学到的有关面积的知识，并适时评价。

4. 整理完善，沟通联系

师适时完成知识整理的板书，形成网络，特别深度追问学生周长和面积的区分。

【设计意图】复习已学的知识，并建构起一张知识网络。通过让学生阅读回忆、自主整理、汇报交流，引导学生将分散的知识进行系统整理、归纳，并将那些有内在联系的知识点在分析、比较的基础上"串"在一起，形成良好的知识网络结构，力求使每一个学生在原有的基础上都学有所获。

三、查缺补漏，提升知识

（1）丁丁的数学日记。

叮铃铃……闹钟响了，我从面积是 4 平方分米的床上起来，用面积是 9 平方分米的毛巾洗了一把脸，刷了一下我的面积约 1 平方厘米的大门牙，用高 1 分米的杯子喝了一杯牛奶，吃了一块厚 5 厘米的大蛋糕，飞快地朝学校跑去。

（2）填一填。

1 米 = （　　　）分米

1 分米 = （　　　）厘米

5 平方米 = （　　　）平方分米

9 平方分米 = （　　　）平方厘米

300 平方分米 = （　　　）平方厘米

（3）出示课始长方形健身园和正方形商店平面图的相关数据，计算面积并比较大小。

【设计意图】通过练习和测试的方式去检查学生对所学知识掌握的情况，加深对所学知识的理解，提高掌握知识的水平。

四、回顾总结、拓展评价

（1）今天的整理和复习，我们是怎样学习的？

（2）自我评价：请你对自己的表现打星吧！

我的表现（星级：★★★★　★★★　★★　★）

内容	我的表现	我的得星
学习状态	①始终在学习、思考，没做与课堂无关的事；②认真倾听他人讲解；③敢于表达自己的想法	☆☆☆☆
组内合作	①主动帮助别人解决问题，主动向别人请教问题；②愿意与他人合作完成任务	☆☆☆☆
知识掌握	学懂了新知识，能熟练完成课内作业	☆☆☆☆

配合设计的学习任务单：

《面积的整理与复习》学习任务单

班级：＿＿＿＿＿＿	学科：＿＿＿＿＿＿	姓名：＿＿＿＿＿＿

	学习内容：面积的整理与复习
学习目标	1. 经历归纳整理的过程，加深对所学知识的理解，构建各部分知识的内在联系； 2. 通过回忆、讨论与交流，结合练一练，巩固所学知识，提高掌握水平； 3. 进一步感受图形与几何知识与现实生活的密切联系
重点	复习整理"图形与几何"部分的知识，提高归纳整理能力和解决问题能力
难点	培养发现问题、提出问题、分析问题的能力，发展空间观念和想象能力，能灵活运用所学知识解决实际问题

任务一：归纳整理

1. 独立梳理知识点，课前先把本册有关"面积"相关或易混淆的知识点写在知识卡上。

2. 分小组整理知识点，在小组内汇报交流（在汇报的过程中，小组同学互相补充、修改）。

3. 展示汇报时，其他小组进行补充。

4. 根据汇报，形成知识网络。

任务二：巩固提升

1. 第一关：辨一辨。

丁丁的数学日记：叮铃铃……闹钟响了，我从面积是 4 平方分米的床上起来，用面积是 9 平方分米的毛巾洗了一把脸，刷了一下我的面积约 1 平方厘米的大门牙，用高 1 分米的杯子喝了一杯牛奶，吃了一块厚 5 厘米的大蛋糕，飞快地朝学校跑去。

2. 第二关：填一填。

1 米 = （　　　） 分米　　　　　　1 分米 = （　　　） 厘米

5 平方米 = （　　　） 平方分米　　9 平方分米 = （　　　） 平方厘米

300 平方分米 = （　　　） 平方厘米

3. 第三关：算一算。

出示课始长方形健身园和正方形商店平面图的相关数据，计算面积并比较大小。

任务三：自我评价

内容	我的表现	我的得星
学习状态	①始终在学习、思考，没做与课堂无关的事；②认真倾听他人讲解；③敢于表达自己的想法	☆☆☆☆☆
组内合作	①主动帮助别人解决问题，主动向别人请教问题；②愿意与他人合作完成任务	☆☆☆☆☆
知识掌握	学懂了新知识，能熟练完成课内作业	☆☆☆☆☆

配合设计的达标检测训练：

《面积的整理与复习》的达标检测训练

班级：＿＿＿＿＿＿　　学科：＿＿＿＿＿＿　　姓名：＿＿＿＿＿＿

1. 填一填。

   (1) 在括号里填上合适的单位名称。

   数学书的封面大约5 (　　　　)。

   黑板的周长是10 (　　)，面积是6 (　　　　)。

   一个房间地面的面积是15 (　　)。

   (2) 2平方米5平方分米＝ (　　) 平方分米

   1200平方厘米＝ (　　) 平方分米

   (3) 一块长方形菜地的面积是64平方米，宽是4米，则长是 (　　) 米，周长是 (　　) 米。

   (4) 用一根绳子刚好围成一个长5厘米、宽3厘米的长方形，如果用这根绳子围成正方形，这个正方形的面积是 (　　) 平方厘米。

2. 一间教室长9米、宽6米，现在给这间教室地面铺上边长为3分米的正方形地砖，至少需要多少块地砖？如果每块地砖13元，铺完这间教室一共需要多少钱？

3. 爷爷靠墙围了一个长10米、宽8米的长方形菜地。

   (1) 在菜地周围围上篱笆，需要多长的篱笆？

   (2) 如果把这块菜地从中间分成一个正方形和一个长方形，分别种植不同的蔬菜，正方形菜地种土豆，长方形菜地种辣椒，种土豆和辣椒的菜地的面积是多少平方米？

   同学们，请把错题整理到数学错题集中吧！

数学错题集

时间：

题目来源：	□作业 □参考书 □试卷 □其他	错题次数	
题目所属章节		错误原因：□概念模糊　□粗心大意 □不认真审题　□完全不会	
原来写的答案：	评讲时的切入点技巧、思维：	正确解答：	
根据错误原因总结：			

● 教学反思

　　整理与复习课的目的就是引导学生通过回顾知识并进行系统整理，进而归纳总结，把握知识的内在联系，形成知识网络，再辅之以练习，从而使学生的知、能、情、感、行诸方面都得到发展和提高。

　　本节课是对长方形、正方形面积计算公式的推导，乃至它们之间内在联系的整理和复习，从教学目标的定位、学习方式的选择、练习题设置，从以学定教的原则等方面，都可以看出本教学设计的用心与精心。具体来说，体现在：

1. 有趣

　　整个设计教学思路清晰、结构合理、层次分明、逐步递进。首先情境引入，唤醒学生的已有知识经验；接着让学生自主整理所学的知识，激发内驱力；再通过小组合作交流整理知识卡，学生完善自己的知识梳理；最后创设

"查缺补漏"，调动学生学习积极性，激发学生学习兴趣，活跃课堂气氛，让学生充分发表自己的见解，既训练了学生的语言表达能力和逻辑思维能力，又充分体现了以"学生为主体"的教学原则。

2. 创新

对于面积计算来说，只要学生掌握了公式，一般来说，计算不会有多大问题。因此教师把重点放在了思维训练上。不仅突出了知识方面的要求，而且突出了智能发展的要求；不仅注意了"使学生理解和掌握基本的数学知识和技能"，而且注意了"使学生体会和运用数学思想和方法"。养成了乐思、善思的良好习惯，感受到创造的喜悦和成功的快乐。

3. 真实

小组合作交流的过程中。教师注重个别学生的指导，重视知识体系的形成。在知识点梳理的过程中，让学生自我完善，小组交流，班级分享。设计练习时，难度有梯度，精、准，收到查漏补缺的实效；同时，通过展示学生作品，既尊重学生，又展示了学生真实的一面。

总之，教师的教学设计既有充分的预设，又有充足的生成空间，让学生的知识得到巩固，思维得到提升，素养得到提高。

◇在探究中看见真实的学习
——"组合图形的面积"教学设计

● 教材分析

"组合图形的面积"是北师大版数学五年级上册第六单元的第一课。学生在三年级已学习了长方形与正方形的面积计算，在本册的第四单元又学习了平行四边形、三角形与梯形的面积计算。在此基础上学习组合图形，一方面可以巩固已学的基本图形，另一方面可将所学的知识进行综合运用，提高学生综合解决问题的能力。在学生探索问题、解决问题的过程中渗透数学转化的思想，在学生灵活运用多种方法解决问题的过程中，培养学生优化的意识，从而培养学生思维的灵活性。

● 学情分析

五年级的学生根据已有的生活经验，通过直观操作，对组合图形的认识不会有困难。学生在此基础上探索组合图形面积的计算方法，应该能通过自主探索、合作交流达到方法的多样化。但是对于解题方法的优化则需要教师的引导与点拨。所以，要重视让每个学生都积极地参与到活动中来，让活动有实效，真正让学生在数学方法、数学思想方面有所发展。

● 教学目标

（1）在自主探索活动中，理解计算组合图形面积的多种策略。

（2）根据各种组合图形的条件，有效地选择计算方法并进行正确的解答。

（3）能运用所学的知识，解决生活中组合图形的实际问题。

● 教学重点

经历自主探索的过程，掌握计算组合图形面积的方法，运用转化的思想方法解决新问题。

● 教学难点

能够根据组合图形的条件，有效地选择计算方法，解决实际问题。

● 教具准备

PPT 课件；平板 iPad；小组探究单。

•教学过程

一、创设情境，导入新课

（一）创设小游戏，复习平面图形的面积

师：同学们，我们之前已经学过平面图形的面积计算，老师把平面图形的面积公式编成了小游戏，现在请两位同学上来PK，有哪些同学愿意参加呀？

学生纷纷举手。

师：哇！这么多同学想要参加，那我们随机抽选两个座号，看看哪两个同学最幸运。（利用易课堂平台的抽选功能抽选出两位学生参加活动，班里其他同学分成两组啦啦队协助这两位同学）

【设计意图】通过动感的课堂教学游戏活动复习平面图形的面积，学生通过游戏唤起对旧知识的回顾，为学习新知识做好铺垫；同时利用易课堂的抽选功能，激发学习兴趣，活跃课堂气氛。

（二）组合图形的概念

师：下面请同学们观察这些图形，它们有什么特点呢？（出示组合图形的图案）

生：第一个图形是由三角形、长方形、梯形组成的，第二个图形是由三角形和长方形组成的，第三个图形是由三角形和正方形组成的。

师：这位同学观察得真细心！在实际生活中，有很多图形是由几个简单的平面图形组合而成的，我们把这些图形叫作组合图形。（板书：组合图形基本图形）

【设计意图】学生通过观察比较，认识组合图形，为"转化"做准备。

（三）情景引入

师：同学们，我们的老朋友智慧老爷爷最近买了新房子（出示房子图片），哇！好漂亮的房子啊！这是他家的客厅的平面图（课件出示客厅平面图）。它是一个什么图形呢？

学生回答：组合图形。

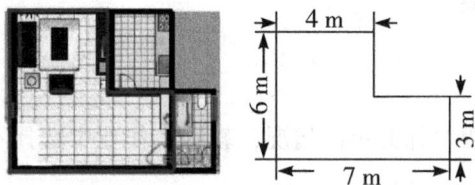

师：智慧老爷爷想要给客厅铺上地板，客厅的面积到底有多大呢？你们能帮帮智慧老爷爷吗？

学生大声回答：能！

师：那这节课我们就一起来研究组合图形的面积。（板书课题：组合图形的面积）

【设计意图】从学生比较熟悉生活区域导入，让学生感受到组合图形就在我们的身边，激发学生探究的欲望与激情。

二、自主探究，合作交流

（一）小组探究

师：怎样求这个组合图形的面积？（推送小组探究习题）下面请同学们打开平板，拿出小组探究单，跟小组的成员进行讨论交流，并把解题方法写在探究单上，拍照上传。

学生活动，教师巡视指导。

【设计意图】 推送资源（图形素材）到学生平板上，学生在自己的平板电脑上接受任务，并将自己的想法用标注、线条、编号、手写算式等形式呈现出来。然后小组通过讨论交流，解决学习中的疑惑，培养了学生自主探究的能力和小组分工合作能力。

（二）交流反馈

1. 分享方法

展台显示学生提交探究单的情况，教师在作业中选择不同方法全屏展示。学生的方法可能有以下几种。

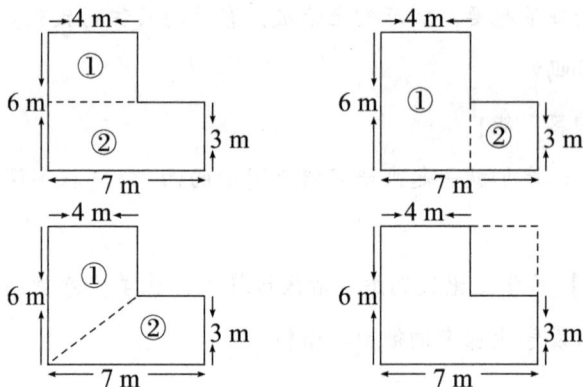

2. 小组各派代表上台汇报

生1：我们小组采用的方法是把组合图形分成上、下两个长方形，先计算出每个长方形的面积，再把两个长方形的面积加起来，就是组合图形的面积。$3×7=21$（m^2），$6-3=3$（m）$3×4=12$（m^2），$21+12=33$（m^2）答：客厅的面积是 33 m^2。同学们，你们赞同我们小组的看法吗？

生2：我们小组采用的方法是把组合图形分成左右两个图形，分别计算出这两个图形的面积，再把这两个图形的面积加起来，就是组合图形的面积。4×6＝24（m²），7−4＝3（m）3×3＝9（m²），24+9＝33（m²）答：客厅的面积是33 m²。同学们，你们有不同的意见吗？

生3：我们小组采用的方法是把组合图形分成两个梯形，分别计算出两个梯形的面积，再求出两个梯形的面积之和，就是组合图形的面积。(3+6)×4÷2＝18（m²），(3+7)×3÷2＝15（m²），18+15＝33（m²）答：客厅的面积是33 m²。同学们，你们赞同我们小组的看法吗？

生4：我们小组采用的方法是把组合图形空缺的地方补起来，使这个组合图形变成一个大长方形，算出长方形的面积，减去空缺部分的面积，就是组合图形的面积。6×7＝42（m²），3×3＝9（m²），42−9＝33（m²）答：客厅的面积是33 m²。同学们，你们同意我们小组的看法吗？

班上的同学对台上汇报的同学报以热烈的掌声。

【设计意图】运用易课堂平台多图同时展示功能进行直观对比，让小组代表轮流上台讲解解题方法，既拓展了学生的思维，又培养了学生的表达能力。

3. 教师点拨

师：同学们回答得太精彩了，现在我们来回顾这几种解法。（利用希沃白板5多媒体动态演示分割法、添补法）

方法一：把组合图形分割成两个长方形，两个长方形的面积之和就是组合图形的面积。

方法二：把组合图形分割成一个长6 m、宽4 m的长方形和一个边长为3 m的正方形，长方形和正方形的面积之和就是组合图形的面积。

方法三：把组合图形分割成两个梯形，这两个梯形的面积之和就是组合图形的面积。

方法四：利用添补法补上一个小正方形，使它成为一个大长方形，大长方形的面积减去小正方形的面积就等于组合图形的面积。

【设计意图】通过教师的讲解，让学生快速且清晰地懂得可以用分割、添补等方法来求组合图形的面积，并意识到转化思想的重要性。

（三）比较归纳，揭示优化解题方法

1. 揭示计算组合图形面积最常见的方法

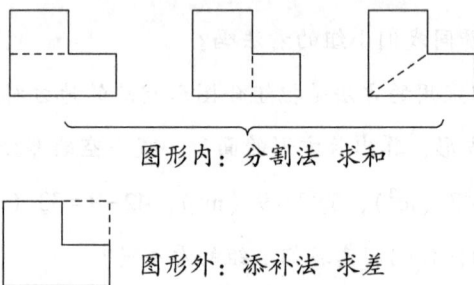

图形内：分割法 求和

图形外：添补法 求差

师：前三种方法是在图形内分割，叫作分割法，是求平面图形的和，第四种方法是在图形外添补，叫作添补法，是求平面图形的差。但无论用哪种方法，它们都是把组合图形转化成已学过的基本图形来计算。（板书：分割法；添补法）

2. 揭示最优的解题方法

师：同学们，这四种方法你们最喜欢哪一种呢？

大部分学生回答：第一种。

师：为什么？

生：因为比较简便，容易计算。

师小结：同学们，我们进行分割转化的时候，分割成的图形越少，需要的数据越直接，解题计算就会越简单。在计算组合图形的面积时，同学们要认真观察，多动脑筋，选择自己喜欢又简便的方法进行计算。

【**设计意图**】鼓励学生用不同的方法进行计算，并引导学生寻找最简单的方法，实现方法的最优化。

三、实际应用，拓展提高

1. 课堂测验

教师推送课堂测验题，学生独立完成。

（1）把下面各个图形分成已学过的图形。

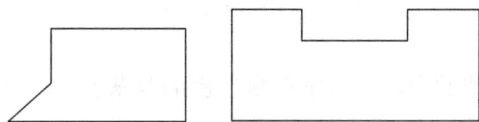

（2）求下面组合图形的面积。（单位：cm）

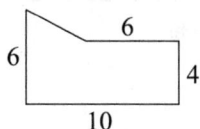

（3）来自工人叔叔的求助信。

学校请我给 40 扇门的正面刷上油漆，一共有多少平方米？如果每平方米付费 5 元，请你帮我算算，学校要付给我多少钱？

2. 反馈交流

（1）学生独立思考，完成小测后提交答案。

（2）教师利用希沃白板的查看功能了解学生完成小测的情况。

（3）教师利用希沃白板 5 的克隆、添加辅助线、手写算式等功能及时讲评出错较多的题目，扫除部分学生的障碍。

3. 小结

师：今天，同学们不仅认识了组合图形，还运用了一种重要的数学思想——转化来计算组合图形的面积，其实，计算组合图形的方法还有很多，有兴趣的同学课后去研究一下，把你的发现记下来和老师同学们一起分享。

【设计意图】通过学生的独立解决，旨在加深学生对组合图形面积问题的理解。不同层次的问题体现了不同学生的发展，同时体验数学来源于生活，又服务于生活。

四、回顾反思，自我评价

（1）通过本节课的学习，大家有哪些新的收获？

（2）你能评价一下自己这节课的表现吗？（完成自我评价表）

项目	评价内容及标准	星级评价
课前预习	①我能自主预习所学的新知	☆ ☆ ☆ ☆ ☆
	②我能自主探究新知	☆ ☆ ☆ ☆ ☆
课堂表现	①我能遵守课堂纪律，做好课前准备	☆ ☆ ☆ ☆ ☆
	②我能主动举手发言，敢于表达自己的观点	☆ ☆ ☆ ☆ ☆
	③我能积极参与小组讨论活动，并与他人合作	☆ ☆ ☆ ☆ ☆
	④我能勤于思考，喜欢发现数学问题，能及时做好笔记、用心做好课堂练习	☆ ☆ ☆ ☆ ☆
	⑤我能注意倾听和尊重他人意见，对别人的发言进行思考，给予补充或提出质疑	☆ ☆ ☆ ☆ ☆

（续上表）

项目	评价内容及标准	星级评价
作业情况	①我能做到每天按时上交作业，根据老师批改情况及时订正错题	☆☆☆☆☆
	②我能独立、认真地完成作业，做到书写规范、整齐	☆☆☆☆☆
学习策略及情感	①我能对所学知识进行及时的复习与反思	☆☆☆☆☆
	②我能在不懂时向别人请教。别人不懂向我请教时，我乐于当小老师帮助他人	☆☆☆☆☆
	③我在学习的过程中感到快乐和满足	☆☆☆☆☆
我共获得（　　）颗"☆"		
我的收获、体会		
我的遗憾		
我的总体评价	（说明：54—60 颗☆ "优"；48—53☆颗 "良"；42—47 颗☆ "中"；36—41 颗☆ "达标"；36 颗☆以下 "待达标"）	

【设计意图】学生可以说知识上的收获，也可以说情感上的收获，既发挥了学生的主动性，又将本节课的内容进行了总结；也可以评价自己的学习表现，学生既认识自我，建立信心，又体验了成功，促进认知的发展。

五、知识拓展，布置作业

1. 渗透数学文化（介绍刘徽）

刘徽，汉族，山东邹平县人，魏晋期间伟大的数学家，中国古典数学理论的奠基人之一，是中国数学史上一个非常伟大的数学家，他的杰作《九章算

271

术》和《海岛算经》是中国最宝贵的数学遗产。割补法就出自他的《九章算术》一书。

2. 拓展练习

小欣用一张红色不干胶纸剪了一个大写英文字母"A"。它的面积是多少？

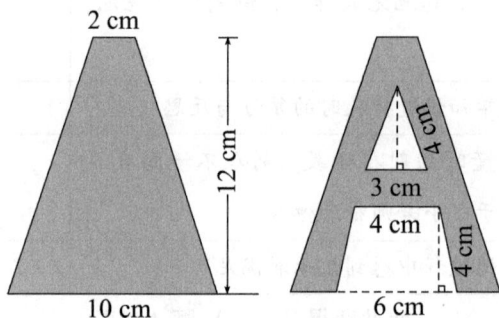

【设计意图】拓宽学生的视野，学习数学的最终目的是运用数学知识解决生活中的实际问题，增强应用意识，发展学生综合解决问题的能力。

板书设计

组合图形的面积

组合图形 —— 分割法 添补法 / 转化 —→ 基本图形

● 教后反思

《组合图形的面积》是北师大版数学五年级上册第六单元的第一课。在学习本课之前，学生已经学习了长方形、正方形、平行四边形、三角形与梯形这些基本图形面积的计算方法。本课的教学目标是巩固已学的基本图形面积的计算方法，能将所学的知识进行综合，学会归纳总结计算组合图形面积的方法，能根据各种图形的条件，有效地选择计算方法进行解答，领会"转化"这一重要的数学思想。这节课是一节信息技术与学科整合后的数学课，整体教学有如下特点。

1. 让信息技术手段助力数学课堂

我利用希沃易课堂平台推送题目给学生，学生在平板上进行尝试和现场操作，还可以进行相互交流和讨论，实现了真正的人机互动、人人互动；同时，平台上的画图、手写算式、克隆、辅助线、拍照等功能，方便好用，为学生思考提供很好的帮助。课中利用希沃白板 5 的 PPT 向学生直观、生动形象地演示分割法和添补法，既吸引了学生的注意力，又使学生从中领悟了组合图形的解题思路与方法，从而提高了课堂教学效果。习题提交后，教师现场借助希沃易课堂平台"查看"功能对作业情况进行实时统计，可以及时讲评出错较多的题目，扫除部分学生的障碍。

2. 充分发挥学生的主体地位

在课堂中，我大胆尝试放手，相信学生的能力，给予学生充足的时间和思维空间，让学生合作探索组合图形面积的计算方法，在"小组探究单"上记录探究结果，写出解题过程，拍照上传。全班交流时，在平台上把学生的各种做法在同一页面上显示出来，并让小组派代表上台汇报解题思路，进而在对知识的逐渐理解中对比解题方法的不同，优化了面积计算方法，教学目标得以落实。

3. 有效渗透数学思想

解题策略和思想方法远远要比掌握知识更重要。本节课并不是要教会学生求几个组合图形的面积，而是让学生体会到分割、添补等方法是求组合图形面积的重要策略。教学中鼓励学生用多种方法将组合图形分成基本图形，学生在分、添、画等实践操作中找到了组合图形面积计算的方法，将组合图形转化成基本图形，用基本图形的和或差计算出组合图形的面积，当学生真正获得了解决问题策略和数学思想方法时，就能举一反三、触类旁通。

第三节　统计与概率

◇运用统计思想　形成数据分析观念
——"平均数"教学设计

● 教学内容

北师大版数学四年级下册第 90—91 页。

● 学情分析

四年级学生已经积累了一些简单的统计知识，会看条形统计图，其思维正在从具体向抽象过渡，在生活中对一些具体的平均数有所了解，比如平均成绩，但是对平均数代表一组数的一般水平并不是很理解。因此，在教学中借助条形统计图进行直观演示，通过移多补少让学生理解"匀"的过程，在交流、思考、补充的过程中，理解平均数的意义。

● 设计思路

《义务教育数学课程标准（2022 年版）》指出，解决问题要让学生初步学会从应用数学的角度发现问题、提出问题，并能综合运用所学的知识和技能解决问题，密切数学与生活的联系，增强学生的应用意识，形成解决问题的一些基本策略，体验解决问题策略的多样性，培养简单的数据分析能力和运算能力，发展统计观念。

一、在解决问题的过程中，感受收集数据的意义和价值

本节课首先创设情境，向学生渗透在解决生活实际问题的过程中，应先做调查研究，而调查的初步是对数据的收集、整理，所以导入环节为原始的记录单引出的一系列问题。

二、在解决问题的过程中，感悟平均数产生的意义

在把数据整理成统计图表后，为了解决问题，学生会从每组数据中的个体数据开始，再到整组数据的观察，用这样的逻辑思维去思考，再加入思维与画图的结合，更好地对数据进行描述，从而理解平均数的意义，即代表一组数据的整体水平。

三、在解决问题的过程中，理解平均数的本质内涵

平均数是一个虚拟的数，它受一组数据中每个数据的影响。创造活动，为了提高第二组的整体水平可以怎么办？数据的变化与条形统计图的结合，把数据分析直观地展现在学生面前，在数据不断的变化中，分析判断对整体水平的影响。

四、在解决问题的过程的中，深入体验平均数的价值与作用

利用学生熟悉的平均分数让学生体会平均数像"一把尺"一样，不仅可以比较出整体与整体的差距，还可以对比出一组数据中个体与整体的差距，感

受到平均数是统计中一个非常重要的量。

● 教学目标

1. 知识与技能

在具体情境中，通过实践操作和思考体会平均数的意义，能用自己的语言解释其意义，体会平均数的作用，感受求平均数是解决一些实际问题的需要，能计算平均数。

2. 过程与方法

运用平均数的知识解释简单生活现象、解决简单实际问题，进一步积累分析和处理数据的方法，发展统计概念。

3. 情感态度与价值观

在活动中，进一步增强与他人交流的意识和能力，体验运用已学的统计知识解决问题的兴趣，增强学习数学的信心。

● 教学重点

理解平均数的实际意义，掌握求平均数的方法。

● 教学难点

体会平均数的特征，用平均数解释简单的生活现象。

● 教学过程

一、创设情境，提出问题

每3秒呈现10个数字，淘气看一看每次可以记住的数字如下：（单位：个）

淘气 5 次记住数字的情况统计表

次数	第1次	第2次	第3次	第4次	第5次
记住数字的个数	5	4	7	5	9

每 3 秒淘气能记住（　　）个数字。

师：如果用一个数表示淘气 3 秒记住的数字，用哪一个数表示比较合适呢？相信通过这节课的学习，同学们一定能找到答案。

【设计意图】通过学生熟悉的生活实例，让学生带着问题自然进入课堂，激发学生的学习兴趣。

二、自主探究，理解意义

1. 提出问题

到底用哪一个数表示淘气记住的数字比较合适呢？

（1）请同学们先独立思考，然后同桌交流。

【设计意图】学生在思考的过程中感知到底填哪个数合适，思考的过程也是思维训练的过程。学生在不同的答案中不断地质疑、补充、完善，最后想到 6 这个数字。学生所填的数字都有自己的想法，发挥学生的主观能动性，把课堂真正地还给学生。

（2）汇报交流。让学生充分表达自己的想法，重点说一说"6"是怎么想出来的。

【设计意图】让学生感受"6"不在这列数中，但是却蕴含其中，有的学生可能会想到计算，有的可能会想到把多的移给少的，有的可能会觉得"6"是"刚刚好"的，这些感觉都非常好，在这里学生慢慢地就感悟到了移多补少的方法，有的可能还会发现多的部分和少的部分是一样多的，可能也会出现先合后分的方法等生成，将课堂还给学生，我适时地引导点拨，让课堂有真正的生成，让学习在课堂上真正地发生。

结合学生的交流讨论老师指出：数学上，我们把通过移多补少得到的同样多的这个数，就叫作原来这几个数的平均数。（板书：平均数）

2. 教师设疑

"6"这个数字老师根本没有写出来，怎么就能用它表示淘气记住的数字呢？学生充分交流。

【设计意图】让学生体会"6"虽然没有写出来，但是蕴含其中，平均数是虚拟的，"6"是匀出来的，和每个数字都有关系，代表的不是某一个具体数据，而是这一组数据的一般水平。

淘气5次记住数字的情况统计表

次数	第1次	第2次	第3次	第4次	第5次
记住数字的个数	5	4	7	5	9

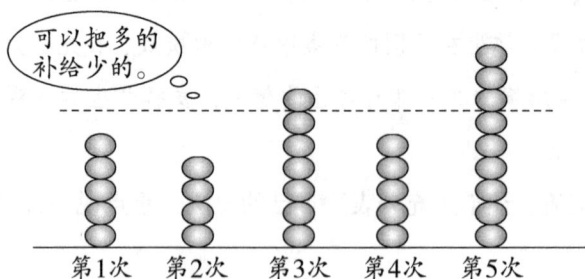

3. 深化理解

淘气又记了第6次，这次记住数字的个数是6个。

课件再次出示不同数字（包含平均数）：

次数	第1次	第2次	第3次	第4次	第5次	第6次
记住数字的个数	5	4	7	5	9	6

师：观察这些个数的特点，你认为哪个最有意思？

（1）师：这6次的平均数和刚才5次的平均数比较，有变化吗？

（2）师：第6次的6和平均数6，这两个"6"一样吗？

【设计意图】第6次的6恰巧和平均数的数值一样，让学生体会某次的数值和平均数的区别，一个仅代表这一次的水平，而平均数代表的是这组数据的一般水平，实际意义是不同的。

（3）师：淘气又记了第7次，这次记住了14个，你们认为现在这七次的平均数会不会发生变化？是怎样变化的？如果想让平均数变小，下次记住的个数应该怎么样？

【设计意图】体现平均数会受其中任何一个数据的影响而变化，数据变大，会让平均数变大，数据变少会让平均数变小，但并不是记住的个数可以任意小，是要有事实根据的。给学生渗透平均数是用于实际生活的，也是以现实生活为依据的，而不是随意捏造的数据。

4．学生思考

师：说一说你在生活中哪里见过平均数？

让学生充分地说一说生活中的平均数，感受数学源于生活。

举例：401班有51名同学，学号前50人的数学平均成绩90分。

（1）师：每个人都是90分吗？

【设计意图】体会平均数不是某一个人的成绩，而是这一组数据的一个平均水平，同时体现有大于和小于90的成绩，这个90是匀出来的。

（2）师：李明数学成绩90分，这两个"90"表示的意义一样吗？

【设计意图】区分个人成绩只是代表个人，而平均成绩代表的是整体的平均水平，是用整体的所有成绩匀出来的，这两个"90"只是恰巧一样，实际意义是不同的。

（3）师：如果李明的数学成绩是60分，你认为会不会影响平均分？低了还是高了？如果是100分呢？

【设计意图】体现平均数的变化受某一个数的影响，成绩偏低会降低平均数，成绩高会提高平均数。此时适时渗透每个学生的成绩都会影响班级平均成绩，激励每个学生都要努力学习。

三、归纳概括，体验本质

结合刚才的学习，你认为平均数是一个什么样的数？

四、应用知识，拓展延伸

（1）师：在1分投球比赛中，奇思前后4次投中的个数分别为7个、7个、6个、8个。用哪个数表示奇思投中的个数比较合适？为什么？

（2）师：池塘平均水深110厘米，冬冬身高140厘米，他认为自己游泳没有危险。你们认为对吗？

【设计意图】理解平均水深110厘米的含义，再次体会平均数的意义，同时联系生活实际，向学生进行防溺水的安全教育。

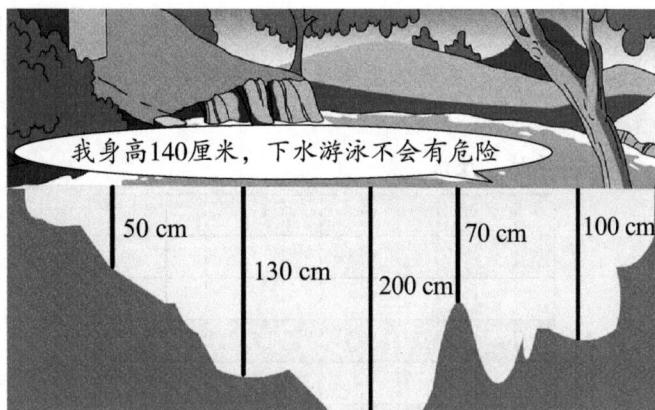

（3）拓展应用：课件出示三条不同的彩带。

①一条 7 厘米，一条 12 厘米，一条 8 厘米，平均长度是 10 厘米吗？

【设计意图】出示 10 厘米的竖线，学生会发现比 10 厘米多的部分和比 10 厘米少的部分不一样多，确定平均长度不是 10 厘米，进一步深化移多补少，体会多的部分和少的部分是一样的，才能确定最后的平均长度是多少。

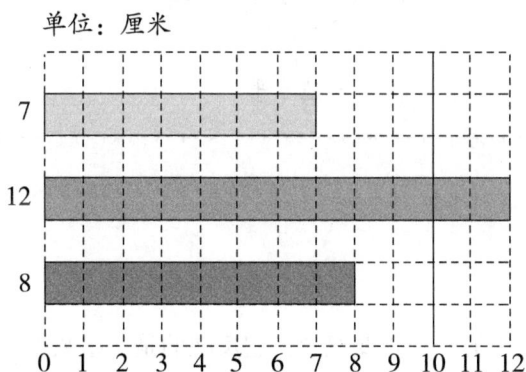

②再次出示彩带图，隐藏第 3 条彩带，若要使平均长度为 10 厘米，让学生思考，第 3 条彩带应该长多少才能让平均长度为 10 厘米？

【设计意图】知道平均数和其中两条的长度，让学生计算第 3 条彩带的长度，属于逆向思维，通过此题可以看出学生学习的深度，同时也可以看出学生是否会灵活地运用平均数，更能体现学生的思维能力。

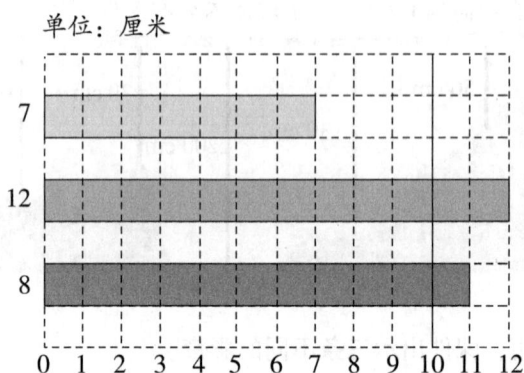

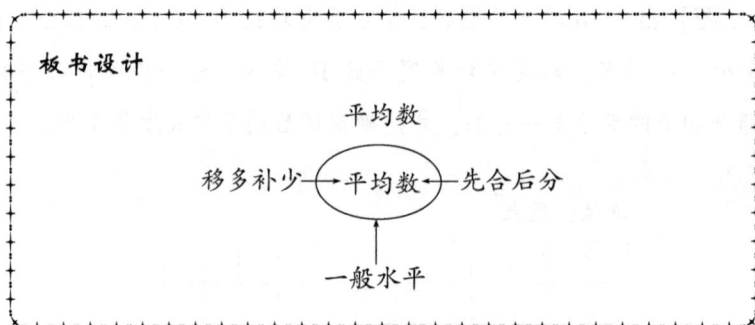

单位：厘米

板书设计

平均数

移多补少 → 平均数 ← 先合后分

↑

一般水平

● 教学反思

平均数是统计中的一个重要概念，它反映的是一组数据的总体情况，代表一组数据的平均水平，在我们日常生活中的应用也是很广泛的，例如，跟学生息息相关的一项就是平均分问题。而四年级学生已经有了许多机会接触到数与计算、统计初步知识、应用问题等较为丰富的数学内容，已经具备了初步分析推理和解决实际问题的经验与能力。基于这一认识，我在设计中突出了让学生在具体情境中体会为什么要学习平均数，注重引导学生在统计的背景中理解平均数的含义，在比较、观察中把握平均数的特征，进而运用平均数解决问题，了解它的价值。这节课我注重以下几个方面：

1. 在现实生活情境中引入概念，激发学生学习的兴趣

结合实际问题"淘气能记住几个数字"，引导学生展开交流、思考。让学生感受到数学就在我们身边，从而深刻认识到数学的价值与魅力。在学生的活动讨论中，在认知的冲突下，认识在次数不同的情况下，"比总数"显然也不公平；而"平均数"能代表他们的整体情况。因此感受到平均数是实际生活的需要，也产生了学习"平均数"的需求。教学只有经历了这个过程，学生对平均数的统计意义以及作用才有比较深刻的理解，也才能在面临类似问题时，能自主地想到用平均数作为一组数据的代表去进行比较和分析。

2. 创造有效的数学学习方式，理解平均数的意义和学会平均数的算法

我采用了小组合作自主探究的方式让学生自己体验求平均数的方法。一种是先合再分，一种是移多补少。然后引导学生感受到这两种方法的本质都是让原来不相同的数变得相同，从而引出平均数的概念。并在讲解方法的同时，不失时机地渗透：平均数处于一组数据的最大值和最小值之间，能反映整体水平，但不能代表每个个体的情况。这样一来，学生对平均数这一概念的认识显得更为深刻和全面。

3. 紧密数学与生活的联系，体会数学学习的价值

在教学中，我还结合教材内容，遵循学生的认知规律，把学生对生活的体验融进课堂，引导学生领悟数学与生活的联系，发掘现实生活中的数学素材，利用身边有效的数学资源学习数学知识。所选取的两个练习由浅入深，层层深入，内容都与学生生活贴近，如：第一题是对平均分、平均数的理解；第二题是对平均数的应用，这两道巩固练习都与学生的生活紧密联系，使学生真真切切地感受到生活之中有数学，生活之中处处用数学，从而让学生对数学产生极

大的兴趣，主动地学数学、用数学。这节课总体来说，完成了教学目标，重难点突出，学生的积极性较高。

总之，本节课我突出让学生在情境中理解平均数的意义，体会平均数的作用，多次渗透德育教育，让学生体会数学源于生活且应用于生活。在以后的教学中，我还将不断地努力探索与实践，力争让自己的课堂有更多的精彩，让学生的数感可见，数据分析观念可鉴。

第四节　综合与实践

◇ 问题 · 思维 · 文化——巧算"24 点"

● 课前思考

一、数学好玩

我国的一位数学大师说过，"数学有趣、数学好玩、数学很美"，这究竟该怎么在课堂上得以实现？是我一直思考的问题。数学课是数学教师和学生共同生活的时空，可是孩子们越到高年级越是不喜欢数学课了，在他们眼中，数学就是枯燥的作业和考不好的分数。如何落实课改理念，让数学变得好玩，让学生体验学习的趣味与愉悦，让教师享受数学教育的幸福呢？我想到的是合理开发课程资源，转变学习方式，让数学游戏为我们的数学课堂服务，让生活与数学完美相遇。刚才我上的这节"巧算 24 点"是依据北师大版数学四年级上册"买文具（四则运算）"练习中一道小游戏内容开发的一节数学文化练习课，我想让孩子们在活泼、开放的游戏中体会和感悟数学的价值，提高学习数学的兴趣，一起享受学习数学的愉悦和幸福！

二、问题教学

问题是数学的核心。问题提出往往被视为创造性活动，正如陶行知先生说的："发明千千万，起点是一问。"郑毓信说过：我们应认真地去研究学科教育如何才能更好地承担起自己的社会责任，也即如何能够更为有效地促进社会的进步与学生个体的发展。从促进学生个体的发展来看，数学思维练习课确实有它存在的必要。课始的"看了这个游戏名字，你会提出什么数学问题?"旨在培养学生提出问题的能力，并带着问题进入今天的数学游戏，这样可能更有的放矢。在探究环节，我大胆放手，让学生围绕探究单，开展 4 个层次的活动：玩中探究、积累经验；评价交流、获得方法；尝试应用、以评促学；拓展阅读、文化熏陶。让大问题作为学习的支点，导引学生卷入学习。在课尾处，我设计一个难度升级版的"24 点游戏"，驱动学生积极探究和深度思考，旨在有效建构知识、发展能力、积淀经验、感悟思想。"课虽止，思未止"，把课上学习延伸到课下，延展到家庭，体现一个大的数学观。

三、数学文化

学科教学不仅是学科知识的教学，更重要的是通过学科知识的教学达成育人的目标。就数学学科而言，探索基于"四基""四能"提升的教学中蕴含了数学素养的发展、数学文化的渗透，以及对数学育人价值的感悟和落实。24点游戏是数学文化实践活动。24 点是传统的牌戏，是通过扑克牌来完成的竞争性智力游戏，考的是玩家的临机应变和速算能力。研究表明，玩 24 点游戏能够促进大脑的逻辑性发展，对提高记忆力和思维敏捷度有促进作用。

四、课程改革

我们学校从今年开始，每年都有"学生素养展示节"活动，我们数学组想开发一套数学社团课的校本课程，本节课是我率先作一个尝试，抛砖引玉，期待引领和带动更多的老师进行思考和行动，促进教与学方式的变革。

五、学会思维

聚焦数学核心素养：学会思维。通过教学帮助学生学会数学的思维，学会数学地观察世界、解决问题，"我们并非用眼睛在看，而是用头脑在看"。

● 教材分析

"数学作为文化的一部分，其最根本的特征是它表达了一种探索精神。""巧算 24 点"是依据北师大版数学四年级上册"买文具（四则运算）"练习中一道小游戏内容开发的一节数学文化练习课。本节课是在学习了混合运算的顺序后所进行的一堂实践活动课，学生以玩扑克牌的形式进行加、减、乘、除计算，结果为 24，为学生所喜闻乐见，让学生在玩中学、学中玩，有利于调动学生学习的积极性，既增强对数学的亲近感，培养合作精神和创新意识，又巩固已有的知识技能，激发学生学习数学的兴趣，使他们更喜欢数学。教学由易到难，不是把现成的计算方法告诉学生，而是激发学生原有的相关知识经验，促进知识经验的"生长"，促进知识经验的构建活动。创设生动、直观的游戏情境，调动学生的学习积极性，同时在活动中充分展现学生自主、合作、探究的学习方式，通过讨论交流，培养学生的合作意识，探究"巧算 24 点"的方法。

● 教学目标

（1）让学生掌握"巧算 24 点"的基本方法，并在游戏中巩固混合运算的运算顺序。

（2）让学生明白不同的牌可以算成 24，相同的牌有不同的算法。

（3）让学生体会和感悟数学的价值，提高学习数学的兴趣；养成良好的思维习惯，培养锲而不舍的探索精神。

● 教学重点与难点

让学生掌握"巧算24点"的基本方法，感悟游戏中的数学文化。

● 教学过程

一、导学

1. 师生起立问好

师：同学们好。（老师好）请坐。

【设计意图】很普通的课堂常规，告诉我们传统的一定要传承。

2. 问题导入

师：喜欢玩游戏吗？今天我就和你们一起玩个游戏吧。瞧，游戏的名字是——巧算24点（课件与黑板上均出示）看了这个名字，有什么想问的吗？

指名交流。（教师尽可能多让学生发言，鼓励学生大胆说出问题）

预设学生的问题：

①巧算24点是什么意思？（师：有想法）

②24是什么意思？（师：问得好）

③这个游戏怎么玩？（师：就是呀，你是想知道它的游戏规则是什么）

④这个游戏几个人玩？（师：也跟规则有关系）

⑤这个游戏需要什么道具？（师：这个问题有意思）

师边点评归类边板书：规则？方法？

【设计意图】问题是数学的核心。问题提出往往被视为创造性活动，正如爱因斯坦所言："提出一个新的问题，才标志着科学的真正进步。"课始的"看了游戏名字，有什么想问的？"旨在培养学生提问题的能力，并带着问题进入今天的数学游戏，这样可能更有的放矢。这里老师的梳理很重要，比如学生问道："为什么是巧算？""巧在什么地方？"这都可以引出"方法"。

二、研学：介绍数学文化及规则

1. 学生读巧算 24 点的"由来"

师：大家问了这么多，就让我们带着问题进入今天的数学游戏。先来看看它的由来。它是由华人孙士杰发明的，怎么发明的呢？谁给大家读一读。（指名读）

【设计意图】数学文化是隐藏在知识背后的数学思想方法、数学思维方式和数学理性精神，要真正体现和发挥数学文化的育人价值，就需要在数学学习中引领学生去充分体会和感悟数学的思想、精神、语言、方法、观点，体会数学在人类生活、科学技术、社会发展中的贡献和意义，感悟数学文化的魅力。本节课的价值不在于追求巧算 24 点的技能、技巧和结果的数量，而在于对有限结果的探究解决过程与方法的体会，进而形成积极的学习情感态度和对数学文化的认同。"巧算 24 点"只是数学教学的一扇小窗口，透过这个小窗口，让学生感受到数学在培养人的思维能力和创新能力方面的重要作用，改变学生对数学的认识，增强学生学习数学的兴趣、学好数学的信心，这才是本节课教学的价值所在。向学生介绍"巧算 24 点"的由来是一种数学文化的渗透，只需要学生了解，不要求重点掌握，所以采用指名读的形式。这个环节看似很浅，其实为课尾的游戏创造埋下伏笔。

2. 学生自由读规则

师：噢，连外国人都特别喜欢玩的游戏，要玩好一个游戏，必须明白游戏规则，一起来看看，自由读一读，边读边思考，规则里哪里最重要？

师：想一想，规则里你认为重要的是什么？给我们分享一下吧。

学生汇报对规则的理解；

预期得到：可以运用"+-×÷"，还可以运用小括号、中括号，这四个数都用上，每个数用一次，不能丢数，得数必须是24。

随着学生的汇报教师板书：

四个数→"+""−""×""÷"＝24

【设计意图】设置提问"规则里你认为重要的是什么？"是为了让学生学会取舍，培养学生的理解能力。

三、小试牛刀

1. 4321

师：理解得真好。跃跃欲试了吧，好吧，满足你们，让我们一起小试牛刀。

大家独立思考，可以在练习本上写一写。

学生汇报：$4×3×2×1＝24$（这么快，听懂他想法的孩子给他回应吧。）

或$4×(1+2+3)＝24$（不一样的思路）

$4×3×2÷1＝24$（用上除号了）

【设计意图】初次玩游戏，不在于快，而在于准确，在玩中理解游戏规则，灵活地运用"加、减、乘、除"运算符号来巧算。

2. 4326

师：太简单了吧，那我变得稍微有难度一点儿，变，把刚才的"1"变成"6"，这回呢？

学生：$4×3+2×6＝24$（动脑子了）

或$4×6×(3−2)＝24$（另一种思路）

$4×(6÷2+3)＝24$（有自己的想法，好。）

【设计意图】让学生体会"数"的小变，计算就可能会大变。

3.4857

师：还真难不倒你们，再来一道。

$4+8+5+7=24$

$(4+8)×(7-5)=24$

$4×(8+5-7)=24$

$8÷4×(7+5)=24$

【设计意图】让学生自然而然地运用"把四个数都加起来的方法"。为后面方法的提炼做埋伏。

四、大显身手

1．小组合作计算

课件出示活动要求：

（1）同桌两人一组合作，时间8分钟，比一比哪个小组列出的算式最多。

（2）为使结果尽量多，对于两人都得不到24的4张牌，可以选择放弃，换4张牌再接着算。

（3）要做好记录。

序号	抽到的点数	如果能算出24，写出算式；如果不能，打上"×"
1		
2		
3		
4		
5		

续表

序号	抽到的点数	如果能算出 24，写出算式；如果不能，打上"×"				
6						
7						
8						
9						
10						
11						
12						
13						
14						
15						
互评等级	入门 （5 道内）	新手 （6 道题）	老手 （7 道题）	将军 （8 道题）	主帅 （9 道题）	大王 （10 道及以上）

师：开始计时。（课件演示计时）

【思考】苏联教育家斯托里亚尔在《数学教育学》一书中指出："数学教学是数学活动（思维活动）的教学，而不仅是数学活动结果的教学——数学知识的教学。"建构知识不能只让学生记住现成的结论，而忽视思维过程的展开，必须让学生经历学习的过程。本环节的合作探究活动，一方面是想让学生在玩中发现和提出问题"怎样思考才能更好更快地列出算式"，逐步从特殊例子中找到一般的思路方法，提高学生的发现归纳能力，落实"四能"培养目标；另一方面是为后续全班展示交流中开展二次深入学习提供资源，使"学生人人都有收获、有发展"的课程理念落到实处，同时还能培养和发展学生的自主探索与合作交流能力，转变学生的学习方式。

2. 评价交流，获得方法

（1）互评：下面请前后两个小组交换表格，认真检查每个算式是否都符合要求，并在相应等级下面打上对号。

（2）师：请各小组长依次汇报你们的结果。算式都是一次列好的吗？不是一次列好的能举个例子吗？

（3）（板书：思路方法、钻研精神）师小结：他们经过三次尝试才列出了算式，这个算式来得真不容易。是的，解决问题本来就是不断确立思路、反复尝试、验证思路的过程，探索发现就得有这种锲而不舍的钻研精神。越是难解决的问题，这种过程和精神就越显得重要。

（4）师：根据刚才的交流，谁找到了巧算的方法？

让学生举例说过程，并适时板书。

师：这种凑数的思考过程就是倒推，先想一个加、减、乘、除后结果等于24 的算式，再去凑想要的两个数，通过一步步倒着想，就变成列两个数运算的式子了。

板书：（　　　）+（　　　）= 24

　　　（　　　）-（　　　）= 24

　　　（　　　）×（　　　）= 24

　　　（　　　）÷（　　　）= 24

（巧算 24 中，除了这样的思路方法，还得多试）

3. 尝试应用，以评促学

（1）师：现在我们有了巧算24点的思路方法和注意事项后，对于刚才没有计算出24 的几组数，你们愿意再试一试吗？

（2）学生再次尝试算出24 点。

（3）师小结：原来算不出来的现在都算出来了，看来能不能算出来靠的不只是运气，还要靠数学的思维方法和锲而不舍的钻研精神。

【设计意图】 没有比较就没有优化，本环节通过教师适时追问、点拨和师生深入的互动交流，使学生经历由特殊（解决具体问题）到一般（发现归纳计算 24 点的一般思路方法），再到内化提升的学习全过程，真正落实学生是学习主体的课程理念。

五、脑洞大开

1. 486

师：真了不起！不仅会算出 24，还会思考、会总结、会表达。太喜欢你们了。下面是脑洞大开的时间。敢挑战吗？

师：少了一个数，怎么办？——（补上）那就开动小脑筋，思考补上一个什么数呢？补上后要能算出 24 噢。

从 1 至 10 都能行。

【设计意图】 培养学生灵活运用知识解决问题的能力。

2. 学生自己抽牌，出题大家自己做

师：下面的时间交给你们，抽出扑克牌吧，我们一起来算。谁来——

独立思考，然后汇报交流。

（若遇到无解的情况）师：算不出来，数学当中还有很多无解的问题呢，很多数学家都在猜想，都在算，探索这些无解的问题，就能成为数学家。

【设计意图】 学生自己呈现了教学资源，旨在落实生本课堂。

3. 拓展延伸

师：人多力量大！这么多可能啊。再来一组，哇，都是四胞胎呢，有点难，你们怕不怕？5555　　4444　　6666　　3333

六、融学：总结与拓展

1. 谈感受

师：玩够了吗？没玩够？有什么感受，说说吧。

生：喜欢这个游戏。(数学内部有很多有意思的规律呢)

生：我知道了游戏的规则。(原来运算一定要按规则来)

生：好玩。

2. 课后任务

师：同学们，今天我们玩了一个什么游戏？回家后可以和爸爸妈妈一起玩噢。另外，我们还可以像孙士杰发明这个游戏一样，发明创造一个数学小游戏呢。

努力创造吧，让我们的数学世界更加好玩。

● 教学反思

在整个教学过程中本着以活动为载体，以竞赛的形式进行，将全班小朋友分为若干个竞赛队。为学生创设了生动、直观的活动环节，从新手到能手再到高手，充分调动学生的兴趣和积极性，使学生真正"活"起来。但是也要注意有放有收、收放有序，使课堂活而不乱。同时在活动中设计了多次小组合作，让学生在领会活动要求的情况下进行小组合作，在合作中交流、分享，相互补充、吸收，逐步增强合作的意识。激发学生的学习兴趣，让学生充分发挥主体作用，能在一个玩的过程中学到需要的知识，充分释放每个学生的潜能和才华，让人人体验成功的快乐。教育到底应该带给孩子什么？教育其实要带给孩子种子，一颗是善良，一颗是责任，一颗是思维，一颗是……教育就是把这些种子埋在孩子们心底，我们陪它们一起发芽、生根、长大……

● 教学点评

为进一步发挥省、市名教师工作室的示范、引领、辐射作用，推动名教师工作室建设，促进教师专业化成长，带动全市中小学教师队伍素质的整体提升，2021 年 12 月 21 日，梅州市首届省市名教师、名校（园）长工作室论坛之名师课堂分论坛（小学数学）的教研活动，在平远县东石中心小学成功举行，由我为大家进行课堂教学展示——"巧算 24 点"。下面是全市各县区教研员和骨干教师代表的点评。

梅州市兼职小学数学教研员杨志东老师点评：高效互动、多思喜悟，是深度教学的课堂：一注重创设问题情境、激发学生的学习兴趣；二注重让学生在玩中学，经历知识的形成过程；三注重学情，化解难点，因材施教，给不同层次学生不同的学习要求，给不同层次的学生不同的选择；四拓展知识，开阔视野，渗透数学文化，用数学的眼光观察世界，用数学的语言表达世界。

梅县区教师发展中心的教研员郭小娟老师点评：用生本、生成、思维、育人四个关键词高度总结，整节课教师以学生为本，以学习为本，提供时间和空间让学生不断地去挑战、去探索、去碰撞，是一节开放的、有深度的数学课堂。

大埔县教师发展中心教研员陈德生老师点评：教师抓住儿童的心理特征，在动手实践、自主探究、合作交流中，让枯燥的数学计算教学变得有趣，提高了学生学习积极性。

丰顺县骨干教师陈瑜玉老师点评：教师综合运用所学知识，组织学生自主活动，使学生在玩中学。增强学生的合作意识，培养学生的创新能力；教给学生思维方法，锻炼了学生的思维能力。真正体现了以教师为主导，以学生为主体的课堂。

平远县骨干教师肖桂红老师点评：教师本身散发出来的光芒；设计由易到

难的问题，有效组织学生在玩中学，学中玩；真正体现学生是学习的主人，教师只是组织者与合作者；提高学生学习数学的兴趣，养成良好的数学思维方法和锲而不舍的钻研精神。

梅州市小学数学教研员高惠琴老师作总结点评：三个感谢，感谢东石中心小学的精心准备，感谢静娴老师倾情带来的精彩展示课，感谢所有领导和老师们，正是因为有了大家的积极参与，才能共研共讨。两个亮点，一是静娴老师在深度读懂教材的基础上创造性地使用教材，让学生抽牌计算分类交流，让学生经历和发现"巧算"的方法；二是给足时间和空间让学生经历探索的过程，发现多样化的思维方法。两个思考，一是学生出示合作交流发现方法时，尽量明确活动要求，让学生多角度地思考；二是可以进行适当归纳解决问题的策略。

【参考文献】

[1] 刘富森、苗东军：《渗透数学文化 落实育人目标——"巧算24点"教学探索与思考》，《小学数学教育》2020年第9期。

◇让学生的数感在"填数"中丰满
——"填数游戏"教学实践与思考

● **教学内容**

北师大版数学一年级下册第66—67页数学好玩中的"填数游戏"。

● **教材分析**

本册教材在第五单元之后安排了数学实践活动——"填数游戏"，旨在训练学生的逻辑思维能力和观察能力。本课是根据数独游戏改编的填数游戏，有 3×3、5×5 的九宫格及数字迷宫，因为学生从未接触过九宫格，怕他们在填数的时候无从下手，因此，在教学中我添加了一个 2×2 的表格，目的是更好地帮助学生从数学游戏中领略到其中的奥妙，并在做游戏的过程中能独立思考，举一反三，体验到数学游戏的乐趣。

● 学情分析

由于年龄特征，一年级学生的认知水平较低，自主探索的能力较弱，缺乏分析问题、解决问题及灵活运用知识的能力。第一次接触九宫格，让他们自主探索完成 3×3、5×5 的表格，并能准确描述自己的想法是有一定的难度的。因此，在教学中我设计了由易到难、循序渐进的教学方法（由 2×2 的表格→3×3 的表格→5×5 的表格），先让学生根据已有的认知水平和知识经验完成 2×2 的表格，然后再完成 3×3 的表格，最后完成 5×5 的表格。让他们在游戏中经历"理解题意""分析解答""回顾反思"解决问题的一般过程，初步学会分析解决此类问题的基本方法，并引导学生用完整、准确的语言表达自己的思维过程。

● 教学目标

（1）知识与技能目标：让学生经历填数游戏，了解游戏规则，初步提高分析推理能力。

（2）过程与方法目标：在探索、尝试、交流等活动中，体验填数游戏的乐趣。

（3）情感态度与价值观目标：在有趣的情境中调动学生的学习兴趣，发展学生的分析推理能力，培养学生主动探索的精神。

● 教学重点

理解游戏规则，并能按规则填数。

● 教学难点

经历填数游戏，初步提高学生分析推理的能力。

● 教具、学具准备

多媒体课件、尺子、彩色笔。

● 教学过程

一、创设情境，激发兴趣

出示 5 个数字宝宝：

师：小朋友们，今天老师带来了 5 个可爱的数字宝宝，大家喜欢吗？

生：喜欢！

师：数字宝宝原来的队伍是有顺序和规律的，但它们太贪玩了，忘记怎样排队了？你们能帮它们排一排吗？（按从大到小或从小到大的顺序排列）

生：好！

师：谁来说说你是怎样排的？

生 1：我是以从大到小的顺序排列的：5→4→3→2→1。

生 2：我是以从小到大的顺序排列的：1→2→3→4→5。

师：同学们真是太棒了！这么快就帮数字宝宝们排好了队，它们可高兴了，想再和你们继续玩一些挑战游戏，大家敢挑战吗？

生：敢！

师：好，下面我们就用数字宝宝来进行填数挑战游戏，大家准备好了吗？（板书课题：填数游戏）

生：准备好了！

师：好！现在，我宣布：游戏开始！第一关：初展身手。

【设计意图】充分利用了学生已有的经验，调动学生的各种感官，有效唤起学生的学习积极性。

二、合作探究，智慧闯关

（一）第一关：初展身手

（1）出示 2×2 的表格（如图 1 所示）。

图 1

（2）明确游戏规则。

游戏规则：①每个空格只能填 1、2 两个数字；

②每一横行和每一竖行的数字不能重复。

（3）学生观察表格并填表。

（4）探索规律。

师：从表中，你发现了什么？

生 1：我发现表格中只有数字 1。

师：那该怎样填表，说一说你是怎样填的？

生2：因为每个空格只能填1、2两个数字，每一横行和每一竖行的数字又不能重复，表格中只有数字1，所以第一横行和第二横行的空格都要填2。

（5）小结：（根据游戏规则）每个空格只能填1和2两个数字，每一横行和每一竖行的数字又不能重复，已知表中只有数字1，所以第一横行和第二横行的空格都要填2。

【设计意图】让学生更好地理解"横行""竖行""不能重复"的意思，并能有序地填数，为下一个游戏做好铺垫。

（二）第二关：奋力闯关

师：同学们真是太棒了，这么快就闯过了第一关。数字宝宝又给我们设置了两个游戏关卡，大家有信心挑战吗？

生：有！

师：好，我们现在就来闯第二关：奋力闯关的第一个游戏——涂色游戏。

1. 涂色游戏

（1）出示3×3的表格（如图2所示）。

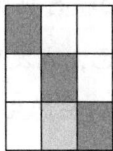

图2

（2）明确游戏规则。

游戏规则：A. 每个空格只能涂红、黄、蓝三种颜色；

　　　　　　B. 每一横行和每一竖行的颜色不能重复。

（3）学生小组探讨并思考：说说你是怎样涂的？是从哪个空格开始涂的？

为什么？

（4）探索规律。

师：从表中你发现了什么？

生1：表中只有红色和黄色，没有蓝色。

生2：第一横行和第二横行有两个空格没有颜色，第三横行只有一个空格没有颜色。

师：观察得很仔细。那你能说说你是怎样涂的吗？是从哪个空格开始涂的？为什么？

生1：因为每个空格只能涂红、黄、蓝三种颜色，而且每一横行和每一竖行的颜色不能重复。所以我们可以从只有一个空格的横行或竖行开始涂起，然后再涂其他的空格。首先，我先涂第三横行的，因为第三横行中已经有了红色和黄色，毫无疑问，最后一个空格肯定是涂蓝色。涂好后，我又发现第一竖行和第二竖行也只剩一个空格了，根据表格中已有的颜色，我很快就发现第一竖行中的空格要涂黄色，第二竖行中的空格要涂蓝色。最后只剩下第一、二横行的两个空格了，根据表格中已有的颜色，我很快地判断出：第一横行的空格要涂黄色，第二横行的空格要涂蓝色。

生2：我也是从只有一个空格的横行或竖行涂起的。先涂第二竖行和第三横行的空格，根据表格中已有的颜色，我发现这两格都要涂蓝色；然后涂第一横行的空格（黄色）；最后涂第一竖行和第三竖行的空格，分别是黄色和蓝色。

（5）师小结：说得真好！对了，填这样的表格，我们要找出突破口：从只有一个空格的横行或竖行开始涂起，按照这个方法我们就能把剩下的空格涂好。

2. 填数游戏

师：同学们，刚才数字宝宝使了坏，穿上了有颜色的隐形衣把自己隐藏了起来，你们想不想看它们的真面目？

生：想！（生惊讶、好奇）

师：现在它们马上要出来了，大家睁大眼睛看清楚哦。（出示3×3的数字表格，把表格中的颜色变成数字）

生：哦！原来是它们！

师：数字宝宝可喜欢和大家玩游戏了，现在它们迫不及待地想开始玩游戏了，大家准备好了吗？

生：准备好了！

师：好！游戏开始！

（1）出示了3×3的表格（如图3所示）。

1		
	1	
	2	1

图 3

（2）明确游戏规则。

游戏规则：A. 每个空格只能填1、2、3三个数字；

B. 每一横行和每一竖行的数字不能重复。

（3）生独立完成表格。

（4）汇报、小结。

师：说一说你是怎样填的？为什么？

生：第三横行中已经有了1和2，所以那一个空格就要填3；第二竖行中已经有了1和2，所以另一个空格也要填3。按照这样的方法填下去，第一横行的空格就要填2；第三竖行的空格要填3；第一竖行的空格要填2。

师：通过填表你发现了什么？

生：我发现原来填数游戏的方法和涂色游戏的方法是一样的，都是从只有一个空格的横行或竖行开始涂起。

（5）师小结：对了，填数游戏的方法和涂色游戏的方法是一样的，都是从只有一个空格的横行或竖行开始涂起。先找只有一个空格的横行或竖行，再找空格中缺少的数字，最后填不重复的数。

【设计意图】这样的设计，遵循了"由浅至深，由易到难"的原则，让学生先在涂色游戏中找到填数的突破口，发现其方法，并能运用这个方法有序填数。从而有效发展了学生的分析推理思维，培养了学生的主动探索的精神。

（三）第三关：勇往直前

师：刚才同学们顺利闯过了两关，真棒！现在数字宝宝们说要加大难度了，大家愿意接受挑战吗？

生：愿意！

师：好！现在我们就一起来闯第三关：勇往直前。在没有闯关之前，请大家观察表格，看看你有什么发现？

生：我发现每行和每列的格子多了，变成了5格。

师：观察得真仔细。对了，刚才的是每行和每列都是2格或3格，现在变成了5格，难度增加了。不过，我相信这么聪明的你们，这样的难度肯定难不倒你们的。加油！老师相信你们！

（1）出示5×5的表格（如图4所示）。

5	1			3
1	3			4
4	2		1	5
2		4	3	1
3	4	1		2

图4

（2）明确游戏规则。

游戏规则：①每个空格只能填1、2、3、4、5五个数字；

②每一横行和每一竖行的数字不能重复。

（3）小组合作探讨并填表。

（4）探索新知。

师：根据刚才的方法，可以先填哪些空格？

生：根据刚才的方法，我们很快就把最后三横行的3个空格填好，根据表中已知的数字，第三横行要填3，第四横行要填5，第五横行也要填5。

师：第一横行和第二横行应该怎样填？说说你是怎样填的？为什么？

生：从表中，我发现第一横行中缺少了2和4，但不知道哪个空格是填2？哪个空格填4？第二横行中缺少了2和5，但不知道哪个空格填2？哪个空格填5？

师：那该怎样填？谁能想出好办法？

生：第一横行中缺少了2和4，虽然不知道哪个空格是填2？哪个空格填4？但我们可以同时观察第三竖行，第三竖行中缺少了2和5，而且这行中已经有了4，所以我们就能很快判断出第一横行的第一个空格必须填2，第三竖行的第二个空格就要填5。最后，根据表中已有的数字，就可以判断出第一、二横行的二个空格分别要填4和2。

（5）师小结：在填数游戏中，我们发现原来填数时，不仅要观察横行中缺少的数字，同时还要观察竖行中缺少的数字，然后再判断空格中应填什么数字，最后把表格填完整。

【设计意图】这样设计目的是让学生能利用知识的迁移进行简单的推理，并有效积累学生推理的经验。

（四）第四关：乘胜追击

师：同学们，数字宝宝发现只有它们几个宝宝根本难不倒你们，有点不服气，就叫来了下面那么多的数字宝宝来挑战你们，你们被它们吓到了吗？

生：才没有呢！

师：真是勇气可嘉的孩子，老师就喜欢你们这股冲劲。既然数字宝宝不服气，我们就做到让它们心服口服，好吗？

生：好！

师：老师相信你们！加油！

（1）出示数字迷宫（如图5所示）。

数字迷宫
按照从51到100的顺序走走看，遇到★要填一个数才能通过。

在★处填上56就可以通过第一关！

62	85	86	90	91	94	92	95	100
63	★	87	88	89	90	★	94	99
60	83	82	81	80	81	92	93	98
59	60	61	64	79	94	93	96	97
58	69	62	79	78	77	94	★	94
57	★	63	64	65	76	77	96	95
57	55	54	55	66	★	74	93	96
51	52	53	68	67	69	73	98	97
52	54	54	69	70	71	72	99	98

开始

图5

（2）明确游戏规则。

游戏规则：按照从51到100的顺序走走看，遇到★要填一个数才能通过。

师：你能看懂游戏规则吗？

生：能！

师：老师再解释一下游戏规则，完成这个游戏要从 51 一直数到 100，从 51 开始是迷宫的入口，按照顺序，只能走横行或竖行，不能走斜行，一个格也不能重复走两遍，遇到一个★要填一个数，填不出来就会掉进陷阱里，一直从 51 开始走到 100 结束，是迷宫的出口。大家懂了吗？

生：懂了！

师：好，那我们开始游戏吧！

（3）小组讨论：画一画、填一填、说一说你的行走路线。

（4）全班汇报。

师：为什么 51 开始不是往下走而是往前走？到 53 后为什么不是往下走而是往上走？到 54 后为什么不是往右走而是往左走？第一个★要填什么？……

生：如果从 51 往下走，到 53 也往下走，到 54 后往右走，那些路根本行不通，所以只能选择从 51 开始往前走，到 53 后往上走，到 54 后往左走，到第一个★时就可以判断要填 56。按照这样的方法，剩下的 4 颗★分别填 75、84、91、95，这样就能顺利到达 100 了。

（5）师小结：说得真好！对了，在走迷宫时，不仅要会数数，而且在选择方向时，还得看下一步，要走一步看三步。

【设计意图】这样设计，目的是让学生能根据游戏规则，按照数的顺序和行走方向进行研究，在游戏中学会简单的推理，有效促进学生分析推理能力的提高。

（五）质疑反思，总结评价

师：同学们，刚才我们和数字宝宝玩了那么多好玩的游戏，并顺利闯过了四关，真的是太棒了！你们真是聪明、爱动脑的孩子！数字宝宝现在可是心服口服了，都对你们刮目相看了，还说有机会一定要和大家再玩，大家同意吗？

生：同意！

师：既然大家都玩得那么开心，那么能不能说说你们学到了什么知识，有什么收获吗？你们觉得这节课自己表现得怎样？能给自己几颗星？为什么？

指名谈收获。

【设计意图】通过总结评价，让学生重新回顾课堂，认识自我，树立信心。

板书设计

填数游戏

看→横行或整行
找→缺少的数字
填→不重复的数

1	3	2
2	1	3
3	2	1

● 教学反思

本节课在教法上我采用"启发式教学法""情境教学法""游戏教学法"，把游戏贯穿教学的全过程，让学生在游戏中学习，使学生真正成为学习的主人。在学法上，我力求体现"玩中学—学中悟"的思想，以"自主探究""合作交流"的学习方法，让学生在合作、探究中获取新知，让学生经历填数游戏，了解游戏规则，从而发展了学生的分析推理能力，培养学生主动探索的精神。在教学中，我设置了 4 个闯关游戏：初展身手—奋力闯关—勇往直前—乘胜追击。让学生经历填数游戏，了解游戏规则，在游戏中发现问题，利用数学思想和方法解决问题，最终获得填数的奥秘，并掌握填数的技巧，从中体验到填数游戏的乐趣。为了让中下层次的学生能更快、更直观地了解游戏规则及填数方法，在第一关中我设置了简单的 2×2 的表格游戏，让他们能快速掌握游戏规则及方法，并能很快地融入游戏中，为下面学习 3×3、5×5 的填数游戏做好铺垫。整节课的教学设计，充分体现了新课程标准的要求，教法灵活生动，充分激发了学生的学习兴趣，让学生在游戏中掌握新知，形成技能，构建了一个学生积极参与、生动活泼的数学课堂。

纵观整节课的教学，因为一年级的学生年龄小、好动，自控能力较差，课堂中不能用完整、准确的语言表达自己的思维过程，课堂上我追求孩子完美的答案。所以整节课显得很拘谨，学生的潜能没有得到很好的释放，这也是以后课堂要改进的方向。

◇让数学文化在课堂上起舞
——"对策问题"教学设计

● **教学内容**

北师大版数学四年级下册"综合与实践"拓展课。

● **设计理念**

结合"往深处思，往简处行"的简约教学理念，感悟制定对策的思想，感受对策问题的数学历史文化。寓教于乐，育德于数，引导学生在策略建模中锤炼思维，在数学活动中感悟为人处世，在数学经典中感受数学文化。

● **教学目标**

（1）通过玩游戏和听故事等活动主动参与、自主建构，探究"以弱胜强"的最优策略。

（2）经历操作、观察、对比等活动落实"四基""四能"，体悟运用对策获胜的运筹思想，培养推理能力。

（3）以传统文化为数学背景，增强民族自豪感，感受数学与生活的联系，加深对运筹思想的感悟。

● 教学重点

探究"以弱胜强"的最优策略。

● 教学难点

感悟对策论思想，运用"以弱胜强"的策略解决生活中的问题。

● 教具准备

（1）教师：多媒体课件、游戏板若干张、扑克牌若干张。

（2）学生：练习本。

● 教学过程

一、课前谈话，明晰规则

师：同学们，平时喜欢玩扑克吗？说说你们是怎么玩的？学生汇报平时玩牌游戏规则：（1）小牌先出。（2）谁先出完谁胜出等。（3）出示规则课件，出示游戏规则：①同桌两人用所选的牌，在游戏板上进行比大小游戏，每一局点数大的同学获胜；②比拼三局，三局两胜；③第一局谁先出，后两局还是谁先出，先出的放在第一行。

【设计意图】从生活中的玩扑克引入，激发学生学习兴趣的同时让学生明白数学源于生活，但又不同于生活。同时，引导学生懂得在数学课上玩扑克和生活中大不一样，要多动脑勤思考，课前要厘清游戏规则，为后面的游戏奠定基础。

二、初次玩牌，点燃智慧

（1）每组学生从两组牌中选牌。

红牌4、6、8和黑牌5、7、9。选牌规则：剪刀石头布，一局定胜负，谁赢谁先选。

（2）学生玩牌，从中发现黑牌比红牌大一些，黑牌战胜红牌也就是大牌战胜小牌。

师：黑牌3：0获胜的同学请举手，请你们汇报一下你们的比拼情况。

学生汇报。

师：你有什么想说的？

生：他的牌比我的大，5比4大，7比6大，9比8大。

师：也就是说黑牌总体上比红牌大一些，黑牌战胜红牌，就是大牌战胜小牌。那有没有大牌2：1获胜的？

学生汇报比拼情况，教师将其摆在黑板上。

师：看来不见得红牌场场都输，虽然黑牌赢了，但是红牌也有一线生机。能不能让红牌逆转，以小博大赢黑牌？

【设计意图】通过首次玩牌，使学生发现这两组牌实力相近，即"黑牌总体上比红牌大一些"；同时顺应学生的自然生成，发现红牌有"一线生机"，使学生感知"小牌战胜大牌"的事实存在，为后面的探究活动指定了方向。

三、疑难探究，碰撞智慧

（1）引导学生带着"小牌战胜大牌"的探究，再一次玩牌和讨论。

师：同桌讨论怎样以小牌战胜大牌。

（2）学生合作交流。

师：能够用小牌战胜大牌的请举手。掌声送给你们自己，用智慧帮助小牌实现了逆转。

（3）学生展示小牌战胜大牌的比拼情况。

（4）交流探究小牌战胜大牌的策略。

师：结合这三种情况，说说小牌要逆转需要什么必要条件。

生：让黑牌先出。

师：为什么要让黑牌先出呢？

生：因为先出才能知道怎么对付他。在此引导学生意识到让对方先出，是因为我们知己知彼，知道对方的牌比较大，所以要让对方先出，我们才能有办法对付他。

师：除了让对方先出，还要注意什么？

生：最小对最大。

师：也就是要用最小的4，对最大的9（拿下9和4）。可是这不就输了吗？

生：为了赢后两局。

师：赢后两局？观察剩下的牌，你发现了什么？

生：红牌大。

师：大在哪儿？

生描述：红牌8比黑牌7大，红牌6比黑牌5大。

师：那怎样才能赢下后两局。

生：用6对5，8对7。

师：最终是谁赢了。

生：红牌。

师：红牌赢了，也就是小牌战胜了大牌，实现了逆转。看看哪一局最关键。

　　生：9 对 4。

　　师：为什么？

　　生：4 干掉了 9。

　　师：哦，因为 4 对上黑牌的每一张，她都会输。输给谁最值得？

　　生：9。

　　师：所以 4 虽然输了，但帮助红牌从劣势转化成了优势。

　　师：同学们，从最初的黑牌 3∶0 到 2∶1 再到红牌 2∶1，我们经历了无还手之力到发现一线生机最终反转获胜，这是因为我们做到（指板书）：让对方先出，最小对最大。

　　【设计意图】首先，学生通过合作交流，发现小牌战胜大牌的必要条件：让对方先出和最小的 4 对最大的 9，在学生的认知趋于成熟的时候，教师要及时地引领学生进行总结梳理，形成了基本的策略模型，初步体会运筹思想的应用价值，进而初步体悟运用对策获胜的"运筹思想"。其次，引导学生深思小牌中 4 的作用，4 是最小的牌，却"物尽其用"，浪费掉对方最大的 9，其中蕴含着"转化优势"的深刻思想。

四、变式反思，延伸智慧

　　（1）师：第四次游戏规则同前，但要再增加一条：先选牌的先出牌。老师为大家重新抽出了 3 张红色牌和 3 张黑色牌。请大家思考，你们准备让老师先选牌，还是你们先选牌？

　　基于之前策略模型的基础，学生往往会让教师先选。

　　生：老师先选牌。

　　（2）教师呈现下面的两组牌：第一组：黑牌 5、7、9，红牌 2、3、4，学生意识到红牌不可能获胜，嚷嚷着输定了。

师：刚才不是找到小牌战胜大牌的方法了吗？怎么又输了？

学生汇报：这里黑牌比红牌大太多，用策略也赢不了。第二组：黑牌5、7、9，红牌2、4、6。

生：还是赢不了，最多只能赢一局。

师：除了要让对方先出，以最小对最大，这里靠方法获胜还需要满足什么条件？

生1：牌不能太小。

生2：实力相差不能太悬殊。

（3）师：如果让你换一张牌，你会选择换掉哪一张？最小能换成几？

生：换掉2或4，最小换成8。（引导学生明白要想用策略获胜，小牌必须有两张牌的点数比大牌最小的两张牌大）

（4）师：你们后悔让老师先选牌吗？

生：后悔。

师：说说你们为什么让老师先选。

生：因为我想赢，刚才的游戏想赢就要让对方先出。

师：经过这个游戏，你有什么反思？

生1：不能照搬经验，要灵活应变。

生2：要先看牌，再做决定，不能急。

【设计意图】首先，在前面策略模型的基础上，大部分学生认为只要让对方先出就能获胜，因此本环节巧妙设计"反转"，让学生在失败中反思，之所以失败是因为没有看牌就根据之前的经验让老师先选牌，体会到知己知彼的重要性及不同情况下应及时调整策略；其次，让学生在游戏中体会到靠对策获胜的前提是两组牌的实力相当，即小牌必须有两张牌的点数比大牌最小的两张牌大。

五、回顾经典，升华智慧

（一）播放"田忌赛马"不完整视频

师：对策思想在我国源远流长，历史悠久，这其中最著名的就是流传至今的历史故事"田忌赛马"。下面我们就来一起听故事。要边听故事，边思考：第一次比赛，为什么田忌全都输了？

学生观看视频并明确田忌输的原因在于"齐王的马比田忌的马快一些"。

【设计意图】引导学生观看视频并分析第一次赛马，培养学生通过自己的观察、思考所得独立分析的能力，从而将"比大小游戏"中的活动经验进行思维迁移。

（二）师：如果你是孙膑，说说你会怎么帮助田忌获胜

生：田忌用下等马对齐王的上等马，用上等马对付齐王的中等马，用中等马对付齐王的下等马。

师：只有这样才能获胜吗？当齐王出马顺序为"上、中、下"时，田忌会怎么出马？请你在练习本上列出来。

学生列举并发现有6种方法，只有一种能获胜。

【设计意图】引导学生有序列举所有可能性，锻炼学生的有序思考能力，同时在生动有趣的数学活动中认识到靠对策可以使获胜可能性小的一方取得胜利，从而认识到应用对策的必要性和实用性。

（三）观看剩余视频，验证猜想，沟通两种方法的联系

师：联系田忌赛马的方法和小牌战胜大牌的方法，你有什么想说的？

生1：都是要做到知己知彼，让对方先出。

（板书：知己知彼）

生2：都要用最弱的浪费对方最强的，转化优势。

（板书：转化优势）

【设计意图】引导学生进一步体会让对方先出和最小对最大背后蕴含的对策思想是知己知彼和转化优势，不拘泥于方法的死记硬背，而是要掌握思想的灵活应变，将学生的认知由最初的对策方法提炼到"知己知彼、转化优势"的对策思想。

师：在第二次比赛中，强一些的齐王意外地输给了田忌，很不服气，所以他强烈要求第三次比赛！如果现在让你做个选择，你是愿意做齐王，还是做田忌？

（1）选择齐王　获胜策略：让对方先出，下等马对对方下等马，中等马对对方中等马，上等马对对方上等马，可以赢3局。

（2）选择田忌　获胜策略：让对方先出，下等马对对方上等马，中等马对对方下等马，上等马对对方中等马，最多赢2局。

师：当齐王和田忌都得知策略以后，谁都不肯先出，都想让对方先出，比赛该怎么进行下去呢？

生：抽签决定谁先出。

师：所以，现在的很多体育比赛在开赛前都会通过投硬币决定比赛顺序，尽可能地做到公平公正。

【设计意图】对于第二次赛马的分析，本质上是学生将前面的"扑克牌游戏"的对阵策略进行了正迁移，引导学生在罗列对阵情况的过程中进一步体悟"统筹优化"思想，进一步感受靠对策获胜的奥妙。引领学生将知识前后联系，融会贯通，由对阵策略提升为一种对策思想，使学生的数学认知水平登上了一个更高的层次。同时，引导学生思考当双方都知晓策略的情况下该如何决定谁先出，将对策问题与现实生活联系起来。

六、拓展延伸，总结提升

（一）拍球比赛（五局三胜）

如果比赛中每个人都能正常发挥，第 2 队怎样对阵才能获胜？

第 1 队	小张 230 下	小赵 220 下	小周 205 下	小冯 180 下	小陈 155 下
第 2 队	小何 220 下	小杜 210 下	小王 190 下	小刘 165 下	小宋 150 下

（二）请你当智慧军师设计游戏

要求：①在 4 张红牌中选 3 张，在 4 张黑牌中选 3 张；②认真思考，创造一个以弱胜强的对阵。

红牌 4 张（9、7、5、2），黑牌 4 张（10、8、6、4），创造以弱胜强的对阵游戏。

局次	1	2	3
先			
后			
以弱胜强			

（三）介绍对策思想的相关知识

其实早在两千多年前的战国时期，就有古人曾经用过这种方法，我们把这种方法称为"对策"。对策思想在我国源远流长，历史悠久，从《孙子兵法》的知己知彼到《孙膑兵法》的田忌赛马，再到后汉时期的赤壁之战，等等，在西方1928年，冯诺依曼创造了博弈论也就是对策论，从此它在很多领域都有着广泛的应用。咱们今天只是研究了对策问题的一小部分，说说你有什么收获？

(四) 学生汇报学习收获

【设计意图】引导学生感悟数学思想的源远流长，感受其背后的底蕴魅力，增强民族文化认同感与自豪感；同时引导学生结合学习、生活谈感悟，使其感受到数学好玩、数学有用，提升学生数学学习兴趣。

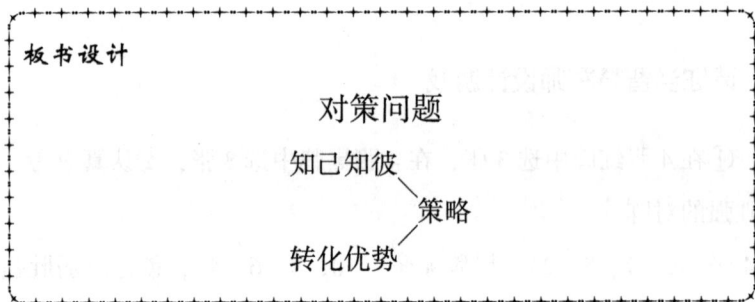

板书设计

对策问题

知己知彼

　　　　策略

转化优势

● 教学反思

本节课以扑克牌游戏为主线，以"田忌赛马"的故事为辅助，通过玩游戏和听故事，让学生经历操作、观察、对比等活动，充分发挥学生的主体作用，引导学生从中发现问题、分析问题，探究"以弱胜强"的最优策略，体悟运用对策获胜的运筹思想。主要凸显三个方面的亮点。

1. 数学文化味

"数学文化"是国内数学教育的热点问题，本课具有浓厚的数学文化味，结合"往深处思，往简处行"的简约教学理念，通过设计学生喜欢的"比大小"游戏，引导学生经历"大牌3：0胜出，小牌毫无还手之力—大牌 2：1 胜出，小牌出现一线生机—大牌1：2失败，小牌逆袭获胜"的思维过程，逐步体会靠对策"转化优势"的深度运筹思想，体会"物尽其用"，感悟制定对策的思想，感受对策问题的数学历史文化。寓教于乐，育德于数，引导学生在策略建模中锤炼思维，在数学活动中感悟为人处世，在数学经典中感受数学文化。

2．数学思维味

在师生对阵环节，教师的以强胜弱、以弱胜强引发学生思考，发现教师的获胜秘诀是"后出"，体会其作用是"知己知彼"。随后，在"后出"的情况下进行探究，同桌合作寻找以弱胜强的方法，对比分析、生生质疑、师生互动，寻找6种对阵的相同之处，得出"要想'以弱胜强'，必须'全盘考虑'"的结论。师生先通过应用策略对阵，让学生体会到策略的有效性；接着教师改变黑牌的大小再次对阵，引发学生的思考，补充策略有效的前提是"实力相当"。这节课的教学中，教师循循善诱，整个推理过程思路清晰、层层推进，逐渐"抽剥""完善"策略。

3．数学融合味

数学新课程标准强调我们的数学课要打通学科间的壁垒，实现跨学科的融合。晓华老师这节课就做了一个很好的尝试，精心整合教材内容中的核心思想，选取教材内容中"优化"思想的拓展——策略优化，通过数学游戏、历史故事实现了信息技术、语文等的深度融合，引出学生走出课堂更深入地研究数学知识，拓展综合与实践活动的范畴，促进学生全面发展。

总之，本节课的教学中，教师化繁为简，让极具挑战性的逻辑推理变得轻松而丰富、严谨而活泼，教学难点处理细腻，让学生主动参与、自主建构，体悟了运用对策获胜的运筹思想，培养了学生的推理能力。

第五节　作业设计

◇ 精准作业设计（一）

北师大版数学六年级下册第四单元"正比例和反比例"

第 1 课时　变化的量

● **课时目标**

(1) 结合具体情境，让学生体会生活中存在着大量互相依赖的变量。

(2) 在具体情境中，尝试用自己的语言描述两个变量之间的关系。

(3) 在学习过程中培养学生初步的综合、概括能力。

● **知识归纳**

变化的量：一个量变化，另一个量也会随之发生变化，比如小朋友年龄增大，身高也随之长高。

● **基础性作业（必做）**

一、选择题

丽丽骑自行车从家到百货商店，（　　）和（　　）是变化的量。（　　）

A. 路程　时间　　　B. 速度　路程　　　C. 已行路程　剩下路程

二、填空题

东石花生油的数量和总价之间的关系如下表所示。

数量/千克	1	2	3	4	5	…
总价/元	28	56	84	112	140	…

表中数量和（　　　）是两种相关联的量，（　　　）随（　　　）的变化而变化。数量增加，（　　　）随之增加；数量减少，（　　　）随之减少。

三、想一想：一个量是怎样随另一个量的变化而变化的？请你写一写。

1. 每支钢笔 15 元，钢笔的总价与数量。

2. 明明看一本故事书，已看页数与剩下页数。

四、解决问题

小林今年 5 岁，妈妈 31 岁，根据这个信息把表格填写完整。

小林/岁	2	4	5	8	10	…
妈妈/岁			31			…

（1）表格中，（　　　　）与（　　　　）在发生变化，（　　　　）不变。

（2）如果用 x 表示妈妈的年龄，用 y 表示小林的年龄，那么小林的年龄和妈妈的年龄的关系表示为（　　　　　　）。

● 拓展性作业（选做）

一袋大米 50 千克，小明家 4 口人，每天大约吃掉 1.2 千克，a 天后还剩下（　　　　）千克。请你说一说剩下的大米和吃掉的大米是如何变化的。

六年级自我评价表

完成时间	书写工整	准确率	突破自己	及时订正	推荐评优
	☆☆☆	☆☆☆	☆☆☆	☆☆☆	☆☆☆

第2课时　正比例（1）

● 课时目标

（1）结合"路程、时间与速度，总价、单价与数量"等情境，让学生经历正比例意义的构建过程，能从变化中看到"不变"，认识正比例。

（2）能根据正比例的意义，判断两个相关联的量是不是成正比例；能举出生活中成正比例的实例，感受正比例在生活中的广泛应用。

（3）让学生经历比较、分析、归纳等数学活动，提高分析比较、归纳概括能力，初步体会函数思想。

● 知识归纳

两个相关联的量，一个量变化，另一个量也随之变化，如果这两个量中相对应的两个数的比值（也就是商）一定，那么这两个量就叫作成正比例，它们的关系叫作正比例关系。

● 基础性作业（必做）

一、填空题

1. 妈妈去逛超市买水果，看到标价每千克西瓜2.5元，买了8千克用去20元，20元和8千克成（　　）比例。

2. 黑板的长不变，（　　）和（　　）成正比例。

3. 坪上有一堆谷，小林挑走的质量与剩下的质量（　　）正比例。（填"成"或"不成"）

二、解决问题

1. 爸爸装修房子去做窗帘，它的数量和总价如下表所示，看表回答问题。

数量/米	1	2	3	4	5	6	7
总价/元	10	20	30	40	50	60	70

（1）分别写出各组总价和相对应的数量的比，求出比值。

（2）说明总价和相应数量的比值所表示的意义。

（3）表中的总价和数量成正比例吗？为什么？

2. 小龙的姑姑在香港，他经常跟姑姑联系，通话时间与话费情况如下表所示。（改编）

通话时间/分	1	2	3	4	5	6
话费/元	0.3	0.6	0.9	1.2	1.5	1.8

（1）（　　）和（　　）是两种相关联的量，（　　）越长，（　　）也随着增多。

（2）通话3分钟需付话费（　　）元，2.1元可以通话（　　）分钟。

（3）话费和通话时间这两种量中相对应的两个数的比值都是（　　），这两种量叫作（　　）的量。

● 拓展性作业（选做）

1. 小丽家今年的粮食大丰收，晒谷场上谷堆的底面积一定，它的体积和哪个量成正比例？为什么？

2. 今年风调雨顺，林大爷家的花生大丰收。100 千克花生大约可以榨油 38 千克，林大爷家一共收了 850 千克的花生，请你帮林大爷算一算，大约可以榨油多少千克？

六年级自我评价表

完成时间	书写工整	准确率	突破自己	及时订正	推荐评优
	☆ ☆ ☆	☆ ☆ ☆	☆ ☆ ☆	☆ ☆ ☆	☆ ☆ ☆

第 3 课时　正比例（2）

● 课时目标

（1）结合丰富的实例，认识正比例。

（2）能根据正比例的意义，判断两个相关联的量是不是成正比例。

（3）利用正比例解决一些简单的生活问题，感受正比例关系在生活中的广泛应用。

● 知识归纳

两个相关联的量，一个量变化，另一个量也随之变化，如果这两个量中相对应的两个数的比值（也就是商）一定，那么这两个量就叫作成正比例，它们的关系叫作正比例关系。

● 基础性作业（必做）

一、填空题

1. 小龙的爸爸匀速（每小时 70 千米）开车去旅游，时间变化，（　　）也随着变化，而且（　　）和（　　）的（　　）（也就是速度）一定，我们就说路程和时间成（　　）。

2. 一块平行四边形菜地的高一定，它的底和面积成（　　）比例。

3. 如果 $s=3n$，则 s 和 n 成（　　）比例。

4. 分母是9的分数，分子和分数值成（　　）比例。

二、解决问题

1. 有一天小龙放学回到家，听到滴答的水声，过去一看是水龙头在漏水，于是记录了水龙头的滴水情况表。

滴水量/mL	20	40	60	80	100	⋯
时间/分	1	2	3	4	5	⋯

（1）滴水量和时间成（　　）比例。

（2）你能计算出这个水龙头每小时滴水多少 L 吗？

2. 放假了，小明跟爸爸去动物园，正好看见大熊猫在吃竹子。爸爸想考考小明：已知竹子5天可以长高175厘米。照这个速度，从25厘米长到690厘米，需要多少天？

3. 某星星书店的文学书、漫画书和故事书共12000本，其中文学书占 $\frac{1}{3}$，漫画与故事书的比是 2∶3，故事书有多少本？

● 拓展性作业（选做）

平远县丙子畲的三华李个大汁多，酸甜可口，十分畅销。大果每个大约有0.02千克，600个装1箱。李叔叔家有1.2吨的三华李，大约可以装多少箱？

六年级自我评价表

完成时间	书写工整	准确率	突破自己	及时订正	推荐评优
	☆☆☆	☆☆☆	☆☆☆	☆☆☆	☆☆☆

第4课时　画一画

● 课时目标

（1）在具体情景中，通过"画一画"的活动，初步认识正比例图像。

（2）会在方格纸上描出成正比例的量所对应的点，并能在图中根据一个变量的值估计它所对应的变量的值。

（3）利用正比例关系，解决一些简单的生活问题。

● 知识归纳

成正比例关系的两个相对应的量表示的各点在同一直线上，即正比例图像是一条直线。

● 基础性作业（必做）

一、判断题

1. 做10道数学题，已做完的题和没做完的题。　　　　　　　　（　　　）

2. 圆的半径和周长。 ( )

3. 除数一定，被除数和商。 ( )

4. 正方体的棱长和它的体积。 ( )

二、解决问题

1. 试驾过程需要顾客在经销商指定人员的陪同下，沿着指定的路线驾驶指定的车辆，从而了解车的性能，下表是一位顾客在试车过程中记录的数据。

汽车所行路程/千米	0	10	20	30
耗油量/升	0	2	5	8

将右图补充完整，并回答下列问题。

(1) 有哪两种变化的量？哪种量没有变化？

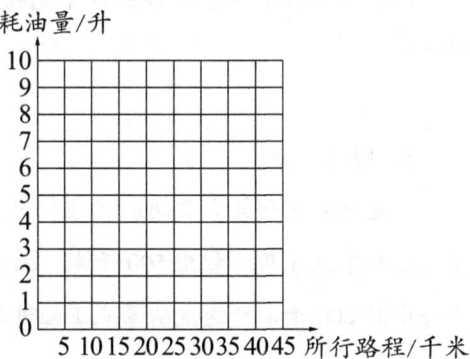

(2) 汽车所行的路程和耗油量有什么关系？为什么？

2. 儿童节要到了，某老师准备给幼儿园小朋友送惊喜，购买糖果的数量和总价如下：

数量/千克	2	4	5	8	10	12
总价/元	8	16	20	32	40	48

（1）老师购买糖果的总价和购买的数量成正比例吗？为什么？

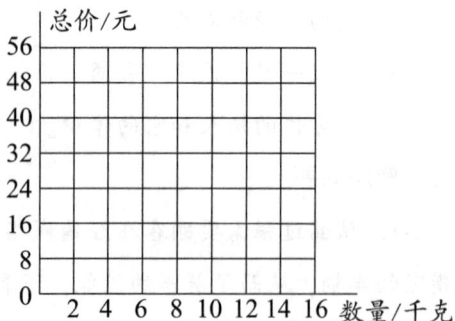

（2）根据表中数据，在右图中描出总价和购买的数量所对应的点，再把它们用线连起来。你发现了什么？

（3）看上图判断，老师买 5 千克糖果需要多少元？60 元可以买多少千克糖果？

3. 解决问题。

某地景点 1 和景点 2 两地在比例尺是 1：20000000 的地图上距离 4 厘米，景点 2 和景点 3 两地相距 500 千米，画在这幅地图上，应距离多远？一辆汽车以每小时 200 千米的速度从景点 1 经过景点 2，去景点 3 需要多少小时？

● 拓展性作业（选做）

梅州某品牌女装店庆，服装全部 8 折销售，服装的现价和原价是否成正比例？如果用 x 表示原价，y 表示现价，请你表示原价和现价的关系。

六年级自我评价表

完成时间	书写工整	准确率	突破自己	及时订正	推荐评优
	☆☆☆	☆☆☆	☆☆☆	☆☆☆	☆☆☆

第5课时 反比例（1）

● 课时目标

（1）结合"长方形相邻两边的边长，路程、时间与速度"等情境，经历反比例意义的建构过程，能从变化中看到"不变"，认识反比例。

（2）经历比较、分析、归纳等数学活动，提高分析比较、归纳概括能力，初步体会函数思想。

● 知识归纳

一个量会随着另一个与它相关的量的变化而变化，而且这两个量的乘积一定，那么，这两个量就是反比例关系。

● 基础性作业（必做）

一、填空题

1. 某学校进行流感检测所收集到的样本需要真空箱打包，所选规格不同数量也就不同。

每箱数量（个）	10	15	20	25	30	…
所装箱数（箱）	150					…

（1）请把上表填写完。

（2）表中（　　　）和（　　　）是变化的量，所装箱数随着（　　　）的变化而变化，而学校所收集到的样本数量是一定的，所以（　　　）和（　　　）成（　　　）比例。

2. 因为 $\frac{1}{4}x = 2y$，所以 $x : y =$（　　　）:（　　　），x 和 y 成（　　　）比例。

二、判断题

1. 被除数一定，商和除数成反比例。 （ ）

2. 长方形的周长一定，它的长和宽成反比例。 （ ）

3. 一条绳子，用去的部分和剩下的部分成反比例。 （ ）

三、解决问题

六一儿童节到了，黄老师把 96 个礼物分给小朋友，每人分得的个数和人数如下表所示：

人数/人	96				
每人分得的个数/个	1	2	3	4	6

(1) 请把上表补充完整。

(2) 表中的两个量成什么比例？为什么？

● 拓展性作业（选做）

六一儿童节到了，小林收到爷爷的礼物，一辆儿童自行车。儿童自行车车轮半径是 25 厘米，前齿轮有 32 个齿，后齿轮有 16 个齿，请你帮小林算一算：蹬一圈自行车，可前进多少米？

（你知道吗？自行车前后齿轮靠链条传动，前后齿轮的齿大小相同，前齿轮转一圈后齿轮转 4 圈，后齿轮走的路程也就是自行车前进的路程）

六年级自我评价表

完成时间	书写工整	准确率	突破自己	及时订正	推荐评优
	☆☆☆	☆☆☆	☆☆☆	☆☆☆	☆☆☆

第6课时　反比例（2）

● 课时目标

（1）进一步经历反比例意义的建构过程，能从变化中看到"不变"，认识反比例。

（2）能根据反比例的意义，判断两个相关联的量是不是成反比例，能举出生活中成反比例的实例，感受反比例在生活中的广泛应用。

（3）经历比较、分析、归纳等数学活动，提高分析比较、归纳概括能力，初步体会函数思想。

● 知识归纳

```
           ┌ 不相关联→不成比例
           │        ┌ 加的关系→不成比例
           │        │
   两种量 ─┤        │ 减的关系→不成比例
           │  相关联┤
           │        │ 乘的关系　积一定→成比例
           │        │
           └        └ 除的关系　商一定→成比例
```

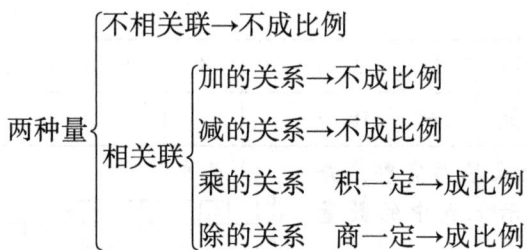

● 基础性作业（必做）

一、填空

1. 下图线段 OA 是五指石旅游区游览车行驶的路程与时间的关系，看图回答问题。

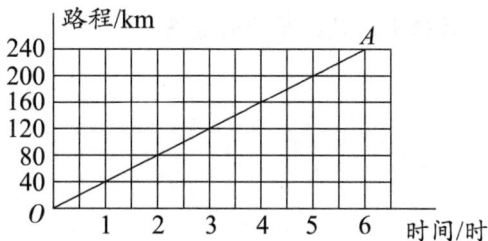

(1) 游览车行驶了（   ）时，行了（   ）km。

(2) 游览车行驶了 4.5 时行驶了（   ）km。

(3) 游览车行驶了 160 km，它用了（   ）时。

(4) 游览车的行车速度是（   ）。

2. 想一想，填一填。

A、B、C 三种量的关系是：$A \times B = C$

(1) 如果 A 一定，那么 B 和 C 成（   ）比例；

(2) 如果 B 一定，那么 A 和 C 成（   ）比例；

(3) 如果 C 一定，那么 A 和 B 成（   ）比例。

二、解决问题

1. 李老师去超市用 36 元购买不同单价的糖，购买的质量和糖的单价如下表所示：

质量/kg	1	2	3	4	5	6	⋯
单价/元	36	18					⋯

(1) 请把上表填写完整，并在右图中描点表示上表中的数量关系。

(2) 连接各点，你发现了什么？购买的质量和单价有什么关系？

(3) 点 (9, 4) 在这条线上吗？这一点表示什么含义？

(4) 根据上图，估算一下，要买 4.5 kg 的糖果，应该选大约什么单价的糖果？

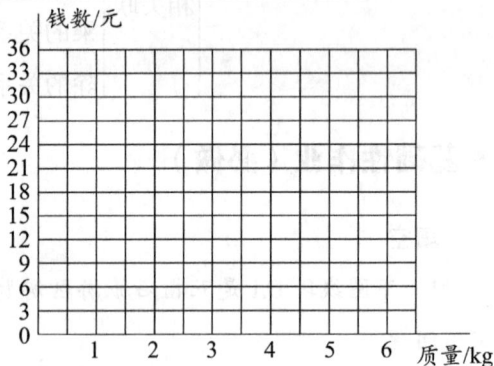

2. 快递员分发一车的快递，已经分发的部分与还未分发的部分的比是 3∶2，又知已经分发的部分比还未分发的部分多 200 件，这车快递一共有多少件？

● 拓展性作业（选做）

平远县东石镇的花生香甜可口，老少适宜，很多人用来榨油。100 千克带壳花生大概可以碾出 70 千克花生，大约榨油 38 千克，要榨出 114 千克的花生油需要多少带壳的花生？如果是纯花生，大约需要多少千克？

六年级自我评价表

完成时间	书写工整	准确率	突破自己	及时订正	推荐评优
	☆☆☆	☆☆☆	☆☆☆	☆☆☆	☆☆☆

第7课时　整理与复习

● 知识归纳

（1）判断两个量是否成反比例的要点：看是不是两种相关联的量；看是不是一种量变化，另一种量也跟着变化；看这两种量中相对应的两个数的乘积是否一定。

（2）用比例知识能解决日常生活中的很多实际问题。根据成比例的数量关系的特点，成正比例的可根据比值不变列比例解答，成反比例的可根据乘积不变列乘法等式解答。

● 基础性作业（必做）

1. 我会填。

(1) 在一幅地图上，用 4 厘米表示实际距离 8 千米，这幅图的比例尺为（　　　），如果实际距离是 27 千米，在这幅图上要用（　　　）厘米表示。

(2) 如果 $x \div y = 71 \times 5$，那么 x 和 y 成（　　　）比例；如果 $x : 4 = 5 : y$，那么 x 和 y 成（　　　）比例。

(3) 5 角与 2 角的张数比为 12 : 35，那么 5 角与 2 角的总钱数比为（　　　）。

2. 选择题。(A. 成正比例　B. 成反比例　C. 不成比例)

(1) 三角形的底一定，面积与高。　　　　　　　　　　　　　（　　　）

(2) 圆的周长一定，直径与圆周率。　　　　　　　　　　　　（　　　）

(3) 加工的总时间一定，加工一个零件的时间与加工零件的个数。

　　　　　　　　　　　　　　　　　　　　　　　　　　　（　　　）

3. 解决问题。

(1) 甲乙两车同时从 A 地开往 B 地，已知甲乙两车的速度比是 3 : 4。甲车行完全程用了 40 分钟，乙车行完全程用了多少分钟？

(2) 一捆铁丝重 520 g，剪下 20 m，这捆铁丝少了 130 g，这捆铁丝长多少米？

•拓展性作业（选做）

每条男领带 20 元，每支女胸花 10 元，某个体商店进领带与胸花件数的比是 3 : 2，共值 4000 元。领带有多少条？胸花有多少支？

六年级自我评价表

完成时间	书写工整	准确率	突破自己	及时订正	推荐评优
	☆ ☆ ☆	☆ ☆ ☆	☆ ☆ ☆	☆ ☆ ☆	☆ ☆ ☆

参考答案

第 1 课时

基础性作业（必做）

一、C

二、1. 总价　总价　数量　总价

总价

三、1. 钢笔的总价随数量的变化而变化，数量增加，钢笔的总价随之增加；数量减少，钢笔的总价随之减少。

2. 已看页数随剩下页数的变化而变化，已看页数增加，剩下页数随之减少；已看页数减少，剩下页数随之增加。

四、28　30　34　36

（1）淘气年龄　妈妈年龄

年龄差

（2）$x-y=26$

拓展性作业（选做）

$50-1.2a$

第 2 课时

基础性作业（必做）

一、填空题

1. 正

2. 面积　宽

3. 不成

二、解决问题

1.（1）$10 : 1 = 10$　$20 : 2 = 10$

30 : 3 = 10   40 : 4 = 10

50 : 5 = 10   60 : 6 = 10

70 : 7 = 10

（2）这个比值表示窗帘布的单价。

（3）成正比例，因为总价÷数量=单价（一定），都是10，所以它们成正比例。

2.（1）通话时间　话费　通话时间　话费

（2）0.9　7

（3）0.3　成正比例

拓展性作业：

1. 它的体积和高成正比例，因为圆锥的体积的3倍÷高=底面积（一定），所以圆锥的体积和高成正比例。

2. 850×38%＝323（千克）

答略。

第3课时

基础性作业：

一、填空题

1. 路程　路程　时间　比值　正比例

2. 正

3. 正

4. 正

二、解决问题

1.（1）正

（2）1小时＝60分

20×60＝1200（mL）

1200 mL＝1.2 L

2. 解：设需要x天

$175 : 5 = (690-25) : x$

$x = 19$

答：需要19天。

3. $12000 × \frac{1}{3} ÷ 2 × 3$

$= 4000 ÷ 2 × 3$

$= 2000 × 3$

$= 6000$（本）

答：故事书有6000本。

拓展性作业：

1.2吨＝1200千克

1200÷0.02＝60000（个）

60000÷600＝100（箱）

答：大约可以装100箱。

第4课时

基础性作业（必做）

一、判断

1. ×　2. √　3. √　4. ×

二、解决问题

1. （1）图略。

变化的量：汽车行驶路程和耗油量。

没变化的量：汽车每千米的耗油量。

（2）成正比例关系，因为每千米的耗油量一定，汽车所行的路程和耗油量成正比例关系。

2. （1）成正比例，因为购买糖果的总价÷购买的数量＝单价（一定），所以它们成正比例关系。

（2）图略。我发现了连起来是一条直线。

（3）买 5 千克糖果需要 20 元，60 元可以买 15 千克糖果。

3. $4 \div \dfrac{1}{20000000} = 80000000$（cm）

80000000 cm＝800 km

$500 \text{ km} \times \dfrac{1}{20000000} = 2.5$（cm）

800＋500＝1300（km）

1300÷200＝6.5（小时）

拓展性作业：

成正比例。

$x : y = 80\%$（$y = 0.8x$）

第 5 课时

基础性作业（必做）

一、1.（1）

每箱数量（个）	10	15	20	25	30	…
所装箱数（箱）	150	100	75	60	50	…

（2）每箱的数量，所装的箱数，每箱的数量，每箱的数量，所装的箱数，反

2. 8：1，正

二、√　×　×

三、（1）

人数/人	96	48	32	24	16
每人分得的个数/个	1	2	3	4	6

（2）成反比例，因为人数和每人分得的个数的乘积是一定的。

拓展性作业

$2×3.14×25×(32÷16) = 314$ （厘米）

$= 3.14$ （米）

答：略。

第6课时

基础性作业（必做）

一、1. （1） 6　240

　　　（2） 180

　　　（3） 4

　　　（4） 40千米每小时

2. （1） 正　（2） 正　（3） 反

二、1. （1） 图略。

质量/kg	1	2	3	4	5	6	…
单价/元	36	18	12	9	7.2	6	…

（2） 是一条曲线，反比例关系。

（3） 在这条线上，表示单价4元的糖果，买了9千克。

（4） $36÷4.5 = 8$ （元）

2. $200÷(3-2)×(3+2) = 1000$ （米）

答：略。

拓展性作业

$100 (114÷38) = 300$ （千克）

$70×114÷38 = 210$ （千克）

答：略。

第7课时

基础性作业（必做）

1. 我会填

　（1） 1∶200000，13.5

　（2） 正、反

　（3） 6∶7

2. 选择题

　（1） A　（2） C　（3） B

3. 解决问题

　（1） 解：设乙车行完全程用了 x 分

　　$4x = 40×3$

　　$x = 30$

　　答：略。

　（2） 解：设这捆铁丝长 x 米

　　$130∶20 = 520∶x$

　　　　　$x = 80$

　　答：略。

拓展性作业（选做）

领带和胸花的钱数比为：

$(20×3)∶(10×2) = 3∶1$

$4000÷(3+1) = 1000$ （元）

领带：$1000×3 = 3000$ （元）

胸花：$1000×1 = 1000$ （元）

答：略。

◇ 精准作业设计（二）
——总复习《数和运算（一）》
第 1 课时 数的认识

● 课时目标

（1）回顾和整理小学阶段所学习的数：整数（包括自然数）、小数、分数，以及正数和负数，沟通各种数之间的关系，构建数的认识知识网络。

（2）体会数的扩充过程，进一步体会数的作用，感受数系扩充的必要性，会用数来表示事物并进行交流。

● 知识归纳

整数分为正整数、零、负整数，自然数包括零和正整数。表示物体个数有多少是整数的基数意义，表示排列顺序的数是整数的序数意义；多位数的读写法都是从高位开始分级读写。

● 基础性作业（必做）

一、填空题

1. 广东省是中国人口第一大省份，总人口 126012510 人。这个数读作（　　　），省略亿后面的尾数是（　　　）人，改写成"万"为单位是（　　　）人。

2. 如果某小学今年毕业 280 人记作-280 人，那么今年招收的一年级新生 302 人记作（　　　）人。淘气家在学校东边 200 米，记作+200 米，他从家向学校方向走 300 米，现在的位置记作（　　　）米。

3. 在 13、-6、1.25、0、1、0.46、0.2222 中，整数有（　　　），自然数有（　　　），小数有（　　　）。

4. 把5吨化肥平均分给4个村民小组，每个村民小组分到（　　　）吨，每个村民小组分到（　　　）%。

二、选择题

一个两位小数，保留一位小数是10.0，这个小数原来可能是（　　　）。

A. 10.05　　　　B. 9.48　　　　C. 10.95　　　　D. 9.99

三、解决问题

同学们排队做操，从前往后数，小明排在20位，从后往前数，小明排在13位。请问这队排队的有多少人？

● 拓展性作业（选做）

1. 小爱同学的身份证号码是441426201005230624。其中的44表示广东省，14表示梅州市，26表示平远县，20100523表示出生年月日，062表示顺序（其中偶数2表示女），最后一位4表示验证码。请你根据身份证编码的方法，为小爱的学校编出学生证号码。（要求能从学生证中看出该生的入学年份，出生年月日，现在就读的班级，男生还是女生等）

2. 我国是个人口大国，2021年第七次全国人口普查为141178万人，比2010年增长5.38%，2021年我国人口增加多少万人？（得数保留整数）

六年级自我评价表

完成时间	书写工整	准确率	突破自己	及时订正	推荐评优
	☆☆☆	☆☆☆	☆☆☆	☆☆☆	☆☆☆

第 2 课时 整数（1）

● 课时目标

（1）进一步理解整数的意义、表示方法等知识，回顾总结整数比较大小的方法，在估计大数、测量数之间的相对大小关系等活动中，发展数感。

（2）回顾整理有关因数、倍数、质数、合数、奇数、偶数等概念，巩固求公因数、最大公因数、公倍数、最小公倍数的方法。

● 知识归纳

在 $4×9=36$ 中，4 和 9 是 36 的因数，36 是 4 和 9 的倍数。一个数除了 1 和它本身两个因数外，没有别的因数，这样的数叫作质数；一个数除了 1 和它本身两个因数外，还有别的因数，这样的数叫作合数。

● 基础性作业（必做）

一、填空题

1. 在 36 的因数中，奇数有（　　　），偶数有（　　　　　），质数有（　　　），合数有（　　　　　），既不是质数又不是合数的数是（　　）。（原创）

2. 如果 $a×b=c$（a、b、c 都是不为 0 的自然数），那么 a 和 b 是 c 的（　　　），c 是 a 和 b 的（　　　）。

3. a 和 b 都是非零自然数，$a÷b=0.25$，a 和 b 的最大公因数是（　　），最小公倍数是（　　　　）。

二、选择题

一个三位数，既是 2 的倍数，又有因数 3，还能被 5 整除，这个三位数最小是（　　），最大是（　　）。

A. 999　　　　　B. 120　　　　　C. 100　　　　　D. 990

三、解决问题

1. 学校开展数学素养展示活动。602 班要制作圆柱体。老师把全班男生 32 人、女生 24 人分成每组男生人数相同，女生人数也相同的小组开展活动，最多能分成几组？每组中男女生各多少人？

2. 李明家 2021 年第四季度的用水量如下表所示。

月份	十	十一	十二
用水量/吨	14	16	12

(1) 11 月用水量比 10 月增加了百分之几？

(2) 如果每吨水按 1.8 元计算，李明家第四季度平均每月交水费多少元？

● 拓展性作业（选做）

1. 王丽老师的手机号码是一个 11 位数，最高位是既不是质数又不是合数的非零自然数，第二位和第九位都是最大一位偶数，第三位和第五位都是最大一位质数，第四位是最大一位数，第六位和第八位是最小的合数，其他各位都是最小质数。王丽老师的手机号码是多少？

2. 在学雷锋活动中，平远县东石中心小学的少先队员到敬老院帮助孤寡老人。根据安排，小王每隔 2 天去一次，小张每隔 3 天去一次。今天星期一，他们同时到该敬老院，最少过几天他们再同时到这敬老院？这天是星期几？（周末休息两天不安排）

六年级自我评价表

完成时间	书写工整	准确率	突破自己	及时订正	推荐评优
	☆ ☆ ☆	☆ ☆ ☆	☆ ☆ ☆	☆ ☆ ☆	☆ ☆ ☆

第 3 课时　整数（2）

● 课时目标

（1）进一步理解整数的意义、表示方法等知识。回顾总结整数比较大小的方法。在估计大数、刻画数之间的相对大小关系等活动中发展数感。

（2）回顾整理有关因数、倍数、质数、合数、奇数、偶数等概念。巩固求公因数、最大公因数、公倍数、最小公倍数的方法。

● 知识归纳

一（个）、十、百、千、万、十万、百万、千万、亿……都是计数单位。其中"一"是计数的基本单位。每相邻两个计数单位之间的进率是 10。这样的计数法叫作十进制计数法。

● 基础性作业（必做）

一、填空题

1. $\dfrac{5}{8} = \dfrac{15}{(\quad)} = (\quad) \div (\quad) = \dfrac{(\quad)}{40} = (\quad)\% = (\quad)$（填小数）

2. 李叔叔用 18 分钟读了一本故事书，共 19800 字，平均每分钟大约读（　　）字，9 分钟读了这本故事书的 $\dfrac{(\quad)}{(\quad)}$，也就是（　　）%。

3. 百万位上的 3 表示（　　　），千位上的 3 表示（　　　），十分位上 3 表示（　　　），千分位上的 3 表示（　　　）。

4. 一件毛呢大衣标价 b 元，打九折出售，这件毛呢大衣的售价是（　　）元。

二、选择题

1. 用 9、4、5 三个数字组成的三位数中，3 的倍数有（　　）个。

A. 3　　　　　　　B. 4　　　　　　　C. 5　　　　　　　D. 6

2. 某种商品降价 20% 后，售价是 76 元，这种商品原价是（　　）元。

A. 10　　　　　　　B. 95　　　　　　　C. 80

三、解决问题

1. "杂交水稻之父"袁隆平一生心系杂交水稻的种植，2019 年第三代杂交水稻亩产量约是 1000 千克，2020 年第三代杂交水稻的亩产量比去年增加 $\frac{1}{2}$，2020 年第三代杂交水稻的亩产量约是多少千克？

2. 为了应对武汉严重疫情，各地积极支援，某市捐赠一批生活物资给武汉灾区，第一次运送了总数的 30%，第二次运送了总数的 45%，第二次运送的比第一次多 174 吨，这批生活物资有多少吨？

● 拓展性作业（选做）

把 43 本笔记本和 38 支圆珠笔平均分给一个组的同学，结果笔记本剩 1 本，圆珠笔剩 3 支。你知道这个组最多有几位同学吗？

六年级自我评价表

完成时间	书写工整	准确率	突破自己	及时订正	推荐评优
	☆☆☆	☆☆☆	☆☆☆	☆☆☆	☆☆☆

第4课时　分数、小数、百分数

● 课时目标

（1）复习整理小数、分数、百分数的意义等，会用多种方式解释分数，进一步梳理整数、小数的数位顺序表及相关知识，进一步理解十进制计数法。

（2）进一步理解小数、分数、百分数之间的关系，理清分数与除法、商不变性质与分数基本性质之间的关系，完善知识网络。

● 知识归纳

（1）小数：把一个整体平均分成 10 份、100 份、1000 份……这样的 1 份或几份是十分之几、百分之几、千分之几……

（2）分数：把单位"1"平均分成若干份，表示这样的一份或几份的数。

（3）百分数：表示一个数是另一个数的百分之几。

（4）分数、小数、百分数之间的互化：见后面的思维导图"数的认识（二）"。

● 基础性作业（必做）

一、填空题

1. 在图中用阴影表示各数。

 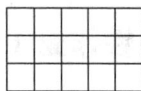

0.4　　　　$\frac{3}{4}$　　　　25%　　　　$\frac{8}{15}$

2. 2.58 的计数单位是（　　），它有（　　）个这样的计数单位。

$2\frac{7}{8}$ 的分数单位是（　　），再加上（　　）个这样的分数单位就是最小的合数。

3. 把一根 4 分米长的木棒锯成 7 段同样长的小木棒，每段占全长的
（　　　），每段长（　　　）分米。

二、选择题

1. 下面算式中，结果最小的是（　　　）。

A. $60 \times \frac{8}{9}$ B. $60 \div \frac{10}{9}$ C. $60 \div \frac{8}{9}$

2. 已知被减数、减数、差的和是 60，且差是减数的 2 倍，差是（　　　）。

A. 10   B. 20   C. 30   D. 60

三、解决问题

下表是小丽家电表今年下半年每月月底的读数：

月份	7	8	9	10	11	12
千瓦时	1774	2156	2444	2698	2923	3235

1. 小丽家 8 月到 12 月平均每月用电量是多少千瓦时？

2. 为鼓励市民节约用电，某市规定每户用电量不超过 320 千瓦时的部分，每千瓦时按 0.65 元收取电费；超过 320 千瓦时的部分，每千瓦时加收 0.08 元，请算一算小丽家 8 月要交电费多少钱？

● **拓展性作业（选做）**

目前医用消毒酒精里的酒精含量为 75%，其用处是使细菌的蛋白质成分出现凝固，又无法让细菌形成自保的薄膜，酒精从而可以继续向细菌内部进行渗透，而使其彻底地消灭杀菌。需要注意的是，消毒酒精里的 75% 指的是体积分数（消毒酒精配置时用的是量筒类的度量设备。首先量出一定体积的无水酒

精，然后配上相应体积的水，就能配出 75% 酒精），也就是说，1 升水配上 1 升无水酒精，那么酒精的含量就是 50%。假设吉尔康有限公司有 1 立方米的无水酒精，那么需要加多少水才可以可以配成 75% 的医用消毒酒精？

六年级自我评价表

完成时间	书写工整	准确率	突破自己	及时订正	推荐评优
	☆ ☆ ☆	☆ ☆ ☆	☆ ☆ ☆	☆ ☆ ☆	☆ ☆ ☆

第 5 课时　运算的意义

● 课时目标

（1）结合具体情景，回顾梳理四则运算的意义，进一步理解四则运算在现实生活中的应用。

（2）通过举例说明，进一步体会加与减、乘与除的互逆关系。

● 知识归纳

和-一个加数 = （　　　　　　）　　减数+差 = （　　　　）

积÷一个乘数 = （　　　　　　）　　被除数 = （　　　）×（　　　）

● 基础性作业（必做）

一、填空题

1. "皇帝柑"每千克 3.5 元，小军妈妈买了 4 千克，一共用了多少钱？用加法列式计算是（　　　　　　），用乘法列式计算是（　　　　　　）。

2. 从 2 里面可以连续减去（　　　）个 0.05，结果为 0.5。

347

二、选择题

如果〇是□的 $\frac{2}{3}$，下面算式正确的是（　　）。

A. $〇×\frac{2}{3}=□$　　B. $〇÷\frac{2}{3}=□$　　C. $〇+\frac{2}{3}=□$　　D. $〇-\frac{2}{3}=□$

三、解决问题

2022 年 3 月 12 日是第 44 个植树节，平远县某小学开展了植树活动。

四年级植树 80 棵，五年级比四年级多植 40 棵树，六年级植的棵数是四年级的 2 倍。

（1）五年级、六年级各植多少棵树？

（2）五年级是四年级的多少倍？

● 拓展性作业（选做）

1. 根据算式，把题中缺少的条件补充完整。

饭堂阿姨去菜市场买菜，买了猪肉 6 千克，_____，买了牛肉多少千克？

（1）列式：$6+\frac{3}{5}$，补充条件：_____

（2）列式：$6-\frac{3}{5}$，补充条件：_____

（3）列式：$6×\frac{3}{5}$，补充条件：_____

（4）列式：$6÷\frac{3}{5}$，补充条件：_____

2. 小粗心在计算有余数的除法时，不小心把被除数 625 写成 937，这样商

就增加了 8，余数恰好相同。请你帮小粗心计算：这题的除数和余数分别是多少？（改编）

六年级自我评价表

完成时间	书写工整	准确率	突破自己	及时订正	推荐评优
	☆ ☆ ☆	☆ ☆ ☆	☆ ☆ ☆	☆ ☆ ☆	☆ ☆ ☆

第 6 课时　计算与应用（1）

● 课时目标

（1）回顾和整理整数、小数、分数的加法、减法、乘法、除法的计算方法及相应的算理。能正确进行相应的计算，并通过比较沟通这些计算方法之间的联系。

（2）复习四则混合运算的顺序，能正确进行简单的四则混合运算（以两步为主，不超过三步）。

（3）再次经历解决问题的过程，复习解决问题的一般过程和方法，提高分析数量关系的能力。能灵活应用不同的方法解决生活中的简单问题，提高发现和提出问题的能力、分析和解决问题的能力。

● 知识归纳

（1）把两个数合并成一个数的运算叫作加法。

（2）已知两个加数的和与其中的一个加数，求另一个加数的运算叫作减法。

（3）求几个相同加数的和的简便运算叫作乘法。

（4）已知两个因数的积与其中一个因数，求另一个因数的运算叫作除法。

● 基础性作业（必做）

一、填空题

1. 植树节到了。一块长方形土地长 22.5 米、宽 16.4 米，它的面积是（　　）平方米，如果志愿者每 3 平方米种一棵柳树，那么可以种（　　）棵。

2. 平远县某家具公司去年实现营业总收入 135 亿元，去年平均每月营业收入（　　　）亿元。今年营业总收入比去年多 15%，今年营业总收入是（　　　）亿元。

3. $\frac{5}{6}$ 的 $\frac{3}{4}$ 是（　　）；$\frac{5}{8}$ 米比（　　）米多 $\frac{1}{5}$ 米；$\frac{16}{9}$ 千克增加 $\frac{1}{4}$ 就是增加（　　）千克。

二、选择题

因为 39÷1.3＝30，所以 3.9÷0.3＝（　　）。

A. 130　　　　　B. 13　　　　　C. 1.3　　　　　D. 0.13

三、解决问题

1. 学校开展了课外素质拓展课，参加毽球班的有 28 人，参加足球班的人数是毽球班的 1.5 倍，足球班的人数比篮球班多 $\frac{5}{16}$。

(1) 足球班有多少人？

(2) 篮球班有多少人？

(3) 如果一共有 200 人报名，剩下的人都去了乒乓球班，那么有多少人报了乒乓球班？

2. 已知被减数、减数、差的和是 80.8，且减数是差的 $\frac{1}{3}$，那么被减数、减数、差分别是多少？

● 拓展性作业（选做）

某训练营买了 10 个足球 和 6 个排球 ，共付了 1189 元。已知 3 个足球的价钱和 4 个排球一样多，那么一个足球和一个排球的价钱分别是多少元呢？

六年级自我评价表

完成时间	书写工整	准确率	突破自己	及时订正	推荐评优
	☆☆☆	☆☆☆	☆☆☆	☆☆☆	☆☆☆

第 7 课时　计算与应用（2）

● 课时目标

（1）回顾与整理小学阶段所学的数、比、分数及其加减乘除运算，并能熟练运用，构建对数的计算与运用的知识网络。

（2）体会数、比、分数在生活中的作用，感受运用数学解决实际生活问题的魅力。

● 知识归纳

（1）把两个数合并成一个数的运算叫作加法。

（2）已知两个加数的和与其中的一个加数，求另一个加数的运算叫作减法。

（3）求几个相同加数的和的简便运算叫作乘法。

（4）已知两个因数的积与其中一个因数，求另一个因数的运算叫作除法。

● 基础性作业（必做）

一、填空题

1. 两个数的和是 235，其中一个数是另一个数的 4 倍，这两个数是（　　）和（　　）。

2. 新冠疫情期间，口罩一罩难求，目前我国的口罩的最大产能可以达到 2000 只/天，如果连续生产 12 天，可以生产（　　）只口罩。

二、选择题

1. 甲数与乙数的比是 $7:3$，甲数比乙数多（　　）。

A. $\dfrac{1}{4}$ 　　　　B. $\dfrac{2}{5}$ 　　　　C. $\dfrac{4}{3}$

2. 在 "$\dfrac{3}{4} \times \dfrac{2}{5}$，$\dfrac{3}{4} \div \dfrac{2}{5}$，$\dfrac{3}{4} \times \dfrac{5}{4}$，$\dfrac{3}{4} \div \dfrac{5}{4}$" 四个算式中，得数大于 $\dfrac{2}{3}$ 的算式个数有（　　）个。

A. 2 　　　　B. 3 　　　　C. 4 　　　　D. 1

3. 解决问题

（1）今年王叔叔家的花生又丰收了，从地里一共收回 150 千克花生，王叔叔设想其中的 $\dfrac{3}{5}$ 用来炸油，炸的油 $\dfrac{1}{3}$ 用来卖钱，其余的留作自己食用，用来卖钱的花生油有多少千克？

（2）红旗小学师生帮助公园铺草坪。计划 8 天铺 192 平方米，实际每天比原计划多铺 1.6 平方米。实际用几天完成任务？

● 拓展性作业（选做）

由于俄乌国际影响，使得我国的油价上涨，92 号汽油由原来的 8.06 元每升上涨到 8.66 元每升。95 号汽油由原来的 8.74 元每升上涨到 9.39 元每升。已知每升油可以行驶 14.5 公里。

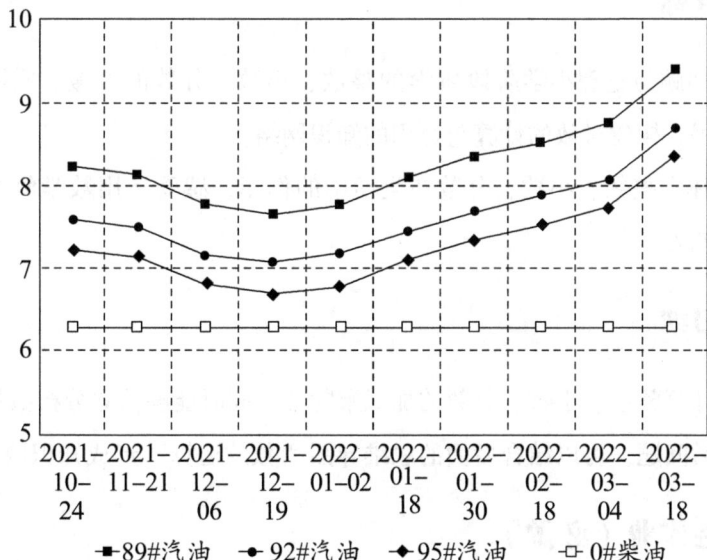

（1）92 号汽油的油价上涨了百分之几？

（2）笑笑妈妈的汽车在价格上涨前加了 322.4 元 92 号汽油，可以行驶多少公里？

（3）你还可以提出什么问题？和同学讨论一下！

六年级自我评价表

完成时间	书写工整	准确率	突破自己	及时订正	推荐评优
	☆ ☆ ☆	☆ ☆ ☆	☆ ☆ ☆	☆ ☆ ☆	☆ ☆ ☆

第 8 课时　计算与应用（3）

● **课时目标**

（1）回顾与整理小学阶段所学的整数、小数、分数的加减、乘除法，并能熟练运用，构建对数的计算与运用的知识网络。

（2）体会整数、小数、分数在生活中的作用，感受运用数学解决实际生活问题的魅力。

● **知识归纳**

正确计算整数、小数、分数的加减乘除法。同时能够独立分析数量关系解决实际生活问题，可以结合后面的思维导图"数的运算"形成知识网络。

● **基础性作业（必做）**

一、填空题

1. 一辆汽车 $\frac{3}{7}$ 小时行驶 27 千米，这辆汽车 $\frac{1}{7}$ 小时行驶（　　）千米，1 小时行驶（　　）千米。

2. 周末，淘气的妈妈出去采购了鸡肉 67.8 元、西红柿 18.16 元、白菜 7.46 元，淘气妈妈一共消费（　　）元。

二、选择题

甲有图书 130 本，乙有图书 70 本，乙给甲（　　）后甲与乙的本数比是 3 : 1。

A. 20 本　　　　B. 30 本　　　C. 40 本

三、解决问题

1. 修路队修一条路，第一周修了全长的 50%，第二周修了 10 千米，还剩 6 千米。这条公路长多少千米？

2. 有甲、乙种列车同时从 A、B 两城出发，相向而行。6 小时后在途中相遇。已知甲车每小时行驶 80 千米，比乙车每小时多行 16 千米。A、B 两城相距多少千米？

● 拓展性作业（选做）

某自来水公司规定如下用水收费标准：每户每月的用水不超过 20 立方米时，水费按"基本价"收费；超过 20 立方米时，不超过的部分仍按"基本价"收费，超过部分按"超出价"收费，某户居民今年 7 月和 8 月的用水量和水费如表所示：

(1) 请你算一算，该自来水公司水费的"超出价"是每立方米多少元？

月份	用水（立方米）	水费（元）
7	19	64.6
8	25	91.5

(2) 若该户居民 9 月用水量为 38 立方米。请你算一算，9 月的水费是多少元？

六年级自我评价表

完成时间	书写工整	准确率	突破自己	及时订正	推荐评优
	☆☆☆	☆☆☆	☆☆☆	☆☆☆	☆☆☆

第 9 课时　估算

● 课时目标

(1) 整理和复习估算的方法，能结合具体情境进行估算，并解释估算的过程。

(2) 在解决具体问题的过程中，能选择合适的估算方法和策略，养成估算的习惯。

(3) 培养估算意识，发展估算能力。

● 知识归纳

(1) 在解决问题的过程中，我们一般采用四舍五入法取近似值，但有时也会根据需要采用进一法或去尾法取近似数。

(2) 四舍五入法：在取近似数的时候，如果尾数的最高位数字是 4 或者比 4 小，就把尾数去掉，等于 5 或比 5 大，就在前一位进 1。

(3) 进一法：根据题意把一个数的尾数省略后，在保留部分的最后一位上加上 1，叫作进一法。

(4) 去尾法：取近似值时，不管多余部分上的数是多少，一概去掉，这种方法叫作去尾法。

● 基础性作业（必做）

一、填空题

1. 估算 496÷21 时，可以把 496 估成（　　　），把 21 估成（　　　），所以 496÷21 ≈（　　　）。

2. 我们学校准备给班级购买 1103 盆绿萝，每盆 18 元，大约需要（　　　）元。

二、选择题

1. 下面三个算式中都有数字看不清了，请你估计一下，比 60 大的是（　　　）。

A. 90−3□　　　　　B. 43+2□　　　　　C. 2□−1□

2. 今年开学，学校准备购进 152000 个一次性口罩，每个口罩 0.25 元，下面的第（　　　）种情况下，估算比精确计算更有价值。

A. 营业员将商品价格和数量输入收款机时

B. 学校考虑预算的钱够不够时

C. 学校被告之要付多少钱时

D. 销售方要找钱给学校时

三、解决问题

1. 学校会议室的大厅有 22 排座位，每排坐 24 人，组织六年级 500 名学生到会议室开会，能坐得下吗？

2. 某小学 604 班有 45 位同学，"六一"节每位同学获得一个礼盒，每个礼盒要用 1.4 m 长的彩带，包装这些礼盒最少要用多少米的彩带？

● 拓展性作业（选做）

据有关统计，一个水龙头没有拧紧，每分钟大约漏水 180 滴，约 90 毫升。照这样计算，一个月大约浪费多少升水？一年呢？根据这样的数据你想对广大市民说什么？

六年级自我评价表

完成时间	书写工整	准确率	突破自己	及时订正	推荐评优
	☆☆☆	☆☆☆	☆☆☆	☆☆☆	☆☆☆

参考答案

第 1 课时

基础性作业

一、1. 一亿二千六百零一万二千五百一十　1 亿　12601.251 万

2. +302　-100

3. 13，-6，0，1　13，0，1
1.25，0.46，0.2222

4. 1.25　25

二、D

三、20+13-1=32（人）

拓展性作业

1. 20162010052360121（入学时间：2016 年；出生年月日：2010 年 5 月 23 日；就读班级 601 班；性别：2 女生，1 男生；顺序码：1）

2. $141178 \div (1+5.38\%) \approx 133970$（万人）

$141178 - 133970 = 7208$（万人）

第 2 课时

基础性作业（必做）

一、1. (1, 3, 9)　(2, 4, 6, 12, 18, 36)　(2, 3)　(4, 6, 9, 12, 18, 36)　(1)

2. 因数　倍数

3. a　b

二、B　D

三、1. 8　3　4　（24 和 32 的最大公因数是 8　3　4　最多能分 8 个小组，每组中男生 4 人，女生 3 人）

2. （1）（16－14）÷14 ≈ 0.143
＝14.3%

（2）（14＋16＋12）×1.8÷3 ＝
25.2（元）

拓展性作业

1. 18797424822

2. 2+1＝3（天），3+1＝4（天）
3和4的最小公倍数是12。
12＋4＝16（天）这一天是星
期二。

第3课时

基础性作业

一、1. 24 20 32 25 62.5
0.625

2. 1100 1 2 50%

3. 3000000 3000 0.3 0.003

4. 0.9b

二、1. D 2. B

三、1. $1000×(1+\frac{1}{2})=1500$（千克）

答：2020年第三代杂交水稻
的亩产量约是1500千克。

2. 174 ÷（45%－30%）＝ 1160
（吨）答：这批生活物资有
1160吨。

拓展性作业（选做）

43－1＝42（本） 38－3＝35（支）
42＝2×3×7 35＝5×7 所以42和35
的最大公因数是7，即最多有7名同
学。答：这个组最多有7名同学。

第4课时

基础性作业（必做）

一、1. ▦ ◔ ▱ ▦

2. 0.01 $\left(\frac{1}{100}\right)$ 258 $\frac{1}{8}$ 9

3. $\frac{1}{7}$ $\frac{4}{7}$

二、1. A 2. B

三、1. (3235－1774)÷5＝292.2（千
瓦时）答：8月到12月小丽
家平均每月用电量是292.2
千瓦时。

2. 2156－1774＝382（千瓦时）
382－320＝62（千瓦时）
320×0.65＝208（元）
62×0.08＝4.96（元）
208＋4.96＝212.96（元）
答：小丽家8月要交电费
212.96元。

拓展性作业（选做）

1立方米＝1000升

$1000÷75\%－1000=\frac{1000}{3}$升

答：需要加$\frac{1000}{3}$升水才可以可以配成
75%的医用消毒酒精。

第5课时

基础性作业（必做）

一、1. 3.5＋3.5＋3.5＋3.5＝14（千
克）3.5×4＝14（千克）

2. 30

二、B

三、1. $80+40=120$（棵）

$80×2=160$（棵）

答：五年级植 120 棵树，六年级植 160 棵树。

2. $120÷80=\dfrac{3}{2}$ 答：五年级是四年级的 $\dfrac{3}{2}$ 倍。

拓展性作业（选做）

1. （1）牛肉比猪肉多买了 $\dfrac{3}{5}$ 千克

（2）牛肉比猪肉少买了 $\dfrac{3}{5}$ 千克

（3）买的牛肉质量是猪肉的 $\dfrac{3}{5}$

（4）买的猪肉质量是牛肉的 $\dfrac{3}{5}$

2. 被除数多了 $937-625=312$

商多了 8

所以除数 $=312÷8=39$

$625÷39=16……1$

所以余数是 35。

第 6 课时

基础性作业

一、1. 369 123

2. 11.25 155.25

3. $\dfrac{5}{8}$ $\dfrac{17}{40}$ $\dfrac{4}{9}$

二、B

三、1. （1）$28×1.5=42$（人）答：足球班有 42 人。

（2）$42÷\left(1+\dfrac{5}{16}\right)=32$（人）

答：篮球班有 32 人。

（3）$200-28-42-32=98$（人）答：有 98 人报了乒乓球班。

2. 假设差是 x，减数为 $\dfrac{1}{3}x$，被减数是 $\left(1+\dfrac{1}{3}\right)x$。

$x+\dfrac{1}{3}x+\left(1+\dfrac{1}{3}\right)x=80.8$

$\dfrac{8}{3}x=80.8$

$x=30.3$

减数：$\dfrac{1}{3}x=\dfrac{1}{3}×30.3=10.1$

被减数：$\left(1+\dfrac{1}{3}\right)x=\left(1+\dfrac{1}{3}\right)×30.3=40.4$

答：被减数是 40.4，减数是 10.1，差是 30.3。

拓展性作业（选做）

解：设足球每个为 x 元，排球每个为 $\dfrac{3}{4}x$ 元。

$10x+6×\dfrac{3}{4}x=1189$ $x=82$ $\dfrac{3}{4}x=61.5$

答：足球每个 82 元，排球每个

61.5 元。

第7课时

基础性作业

一、1. 47　188

2. 24000

二、1. C　2. A

3. （1）$150×\frac{3}{5}×\frac{1}{3}=30$（千克）

答：用来卖钱的花生油有 30 千克。

（2）192÷8＝24（平方米）

192÷(24+1.6)＝7.5（天）

答：实际用 7.5 天完成任务

拓展性作业（选做）

(1)（8.66-8.06)÷8.06×100%＝7.44%

答：92 号汽油的油价上涨了 7.44%。

（2）322.4÷8.06＝40（升）

40×14.5＝580（公里）

答：可以行驶 580 公里。

（3）略

第8课时

基础性作业（必做）

一、1. 9　63　2. 93.42

二、A

三、1.（6+10)÷(1-50%)＝32（千米）

答：这条公路长 32 千米。

2. 80×6+（80-16)×6＝480+384

＝864（千米）

答：A、B 两城相距 864 千米。

拓展性作业（选做）

（1）64.6÷19＝3.4（元）

(91.5-20×3.4)÷(25-20)＝4.7（元）

答："超出价"是每立方米 4.7 元。

（2）20×3.4＋（30－20）×4.7＝115（元）

答：6 月的水费是 115 元。

第9课时

基础性作业（必做）

一、1. 500　20　25

2. 22000

二、1. B　2. B

三、解决问题

1. 22×24≈20×25＝500

22×24＝528（人）

528>500

答：能坐得下 500 人。

2. 45×1.4＝63（米）

答：包装这些礼盒最少要 63 米。

拓展性作业（选做）

(答案不唯一)

90×60≈5400（毫升）＝5.4（升）

5.4×24×30≈4000（升）≈54（升）

答：一个月大约浪费 4000 升水，一年大约 48000 升水。

后　记

我和我的数学课堂

　　近年来，我结合课堂教学实践，深入学习，反复思考，用前沿的理念和鲜活的实践不断滋养自己，努力从学科教学走向学科教育，逐渐对教学有了不一样的理解，不再把知识看作一种事实存在的符号、载体，而是把它看作与儿童的生长、生成和发展相关联的意义系统。我认识到自主和探索是儿童的天性和本义，教育就应顺应这种天性，引导并促进儿童进一步去探索和发现。在此基础上，我对多年的教育教学心得进行总结，提炼出自己的教学主张——"自智数学"，即自主育智，追求生动、深刻、生智三者的圆融通达，致力有温度、有深度、有效度的"三度"课堂的打造，凸显数学味、思维味、成长味，引领学生快乐学习、全面发展，构建了"导向（创设情境　幸福提问）—导学（任务生成　幸福启航）—导探（引而乐学　幸福探索）—导练（学以致用　幸福体验）—导思（总结梳理　幸福发现）""五导法"教学模式。

　　"自智数学"从教的设计转向学的设计，板块呈现，以知识结构和数学思想方法为主线，凸显知识建构与问题解决。教学结构由以教师讲授为主变为"教学评"合一、多元交互。课堂文化建设实施"支持和激励的学习氛围、独立和协作的学习机制、差异化和个性化的教学"。"自智数学"的教学策略：板块设计，问题引领，多元表征，对话生成。儿童立场的学习，需要在真实情境中发生，应通过本原性问题引领学生探寻数学的奥秘，展现学生充实的学习过程，让每个学生都有所发展。在这一理念的引领下，我的数学课堂教学特色彰显三度：有温度、有深度、有效度；凸显三味：数学味、思维味、成长味。

一、教有温度，凸显数学味

营造安全的环境、民主的氛围，学生的思维才会活跃，才会大胆发表自己的看法。在我看来，有温度的教学环境，它不是脱离教学内容、主观臆造、一味地追求儿童化的人为情境的摆设，也不能过于情境化而没有数学味。苏霍姆林斯基认为："人的心灵深处都有一种根深蒂固的需要，就是希望自己是一个开发者、研究者、探索者。"由学生参与知识的发现和创造，他们的理解才变得深刻，也最容易掌握知识规律、性质和它们之间的联系。所以，在我的数学课堂，教学情境的创设，力求呈现开放性和探索性，对学生具有挑战性，通过情境来引导学生进行观察、操作、猜测，鼓励学生从多角度提出问题、思考问题和解决问题，使学生进入探究学习的状态，让学生在有温度的情境中感受学习的乐趣，激发数学思考的潜力。也正如第斯多惠所说：教学的艺术不在传授知识的本领，而在于激励唤醒和鼓舞。

比如，我在教学"乘法分配律"这节课时，上课始向学生抛出问题：只给你算式，你能够根据算式提出生活中的数学问题吗？出示算式$(8+7)×4$和$8×4+7×4$，然后选取两道学生提出的数学问题，以互猜算式和追问方式展开，让学生在解决问题、交流问题的方法与结果等活动中联系乘和加两种运算。这样融洽的数学情境，迎合学生学习的心理和探究的需要，唤起学生探究的"兴趣点"，实现"唤起"和"迁移"的双赢，让学生在有温度的数学情境中进行探究。

二、学有深度，凸显思维味

"数学是思维的体操"，我深知它的内涵，每一节课都做足"问题"设计的功夫，让它在课堂上生根发芽。问题是数学的心脏，数学课堂中的问题设置对学生的学习有着重要的作用。关键恰当的问题，能给学生的学习提供一定的引领作用，引发学生开展数学思考。特别是在经历探究获得新知之后，学生往往满足于知识的获得却较少思考，为什么要这样？因此，我在教学中重视利用数学核心问题，驱动学生学习，找准学生思考的"最近发展区"，抛出具有思考含量的问题，促进学生的深度思考，引导学生经历再发现、再创造的过程，让深度学习真正发生。

在实施过程中，我们设计的"问题"要有适切性，不能太大，大了很难说清楚，甚至无从回答；也不能太小，小了一句话就能说清楚，没有讨论、对话的价值。"问题"要有重要性，要有助于学生对相关知识本质的理解与把握。"问题"要有可接受性，要善于将数学知识由原来的"学术形态"转化为适宜学生学习的"教育形态"。如《小数乘整数》一课的教学，"小数乘整数怎么计算"是这节课的主要问题，呈现的是一种"学术形态"，分解为"教育形态"的三个问题：①橡皮 0.2 元一个，买 4 个要多少钱？②计算 $0.32×3$，没有元、角、分这样的单位，怎样计算呢？③这些小数乘整数的算式，我们是怎样计算的？让学生先自主探究，然后交流分享。这样的问题激发学生不同的见解，学生各抒己见，产生思维的碰撞，学习就有了深度。

三、评有效度，凸显成长味

数学历来就是基于儿童自身特征促进儿童长足发展的学科之一。作为数学老师，我一直以斯霞老师为榜样，用"童心母爱"的育人方式去关照儿童一生的成长。永远葆有一颗童心，理解儿童发展的阶段性、顺序性、不平衡性，切实尊重儿童发展规律，站在儿童的立场思考问题，营造一种尊重、信任、赏识和支持的成长环境，从而促成数学教与学的双向互动，形成一种"暖融融、活泼泼、意切切"的育人生态。

近年来，我变以往课堂单向的师生对话为师生、生生的多向互动，变以教师为中心为以话题为中心。学生作出初步阐释后，教师不着急进行评价，而是组织、邀请更多学生对问题答案发表见解。在这一过程中，我主要进行组织、启发、追问，让学生互相质疑、分析、评价，激发学生的思维和交流，形成围绕话题展开的评价语流，最后教师再梳理、归纳、评价。在这个过程中，学生可以不举手直接发言，但不可以自说自话。一个学生发表意见后，后面的学生不能再简单地重复前面学生的话，要说补充的、不同的、反对的意见，或强调前面说到的重点。这是强调生生对话的内容。互动时"说什么"这一点非常重要，当然也不能忽视"怎么说"。在实践中，我尝试着给学生一个话语系统，如学生说出自己的意见后，最后结束语要说"请问有补充的吗？"或者下一个同学在发表意见时先说"我同意你的想法""我有不同的意见"等进行评价。这样教学过程的开展逻辑更加科学，让儿童经历从不知到有知，从知少到知多，从表层到深层，从局部到整体这样一个螺旋式上升的学习过程，从而让儿童真正学有所获。

回顾农村从教的 20 多年，如果要将专业成长归结为两个字的话，在我看来，不是"规划"，不是"机会"，而是"喜爱"，是一种对这一职业发自内心的喜爱。作为一名数学教师，表现出来的就是爱学生、爱数学、爱教育。我不敢说我有多爱这一份职业，因为我不知道这里面是否有无可选择的成分。但是我肯定我很喜欢教数学，即使是过去了 20 多年，我仍然期待每一天与学生在数学课上的互动与交流。我庆幸有这份期待与喜爱，不能想象如果没有这样的情感我该如何度过这漫长的职业生涯。我也曾寻找这种"喜爱"的动力源在哪里。难道是因为学生在自己的课上有所收获便觉得这般有意义？在正高级教师钟玉坤老师和黄惠娟老师给我的一些评价中我似乎找到了答案，他们说在课堂上我与学生的互动是很有温度的：自然、和谐；是有深度的：老师不是在传授，而是在与学生对话；是有效度的：学生学得开心，老师也教得快乐。我仔细一想，其实我很多时候确实是抱着"和学生一起玩"的心态在上课的。您想，如果我们的上课不是在工作，而是在和学生玩，这得多让人期待和喜欢呀！

2018 年 12 月，我参加了广东省梅州市举行的课堂教学选拔赛，获得小学数学教学技能大赛暨优质课评比说课和现场教学双双第一名，同时取得了代表梅州市参加在 2019 年东莞市举行的广东省第十一届小学数学优质课比赛的入场券。

数年来的呕心沥血，终于叩响了通往省赛神圣的大门，获得了最高奖项，这是我的教育的春天！我知道，这个梦想的实现是一个新的高度、一次全新的挑战，也是一个全新的开始。

成长的路上，离不开我个人的主观努力，更离不开指点我、帮助我、支持我的领导和同事们。如果说我是优秀的，那么我背后的团队就是这优秀的源泉，我是站在团队这个巨人肩膀上的，我的成功凝聚着团队的智慧和汗水。所以，当我载誉归来之际，也就是我们回归团队、感恩团队、服务团队之时，2020 年我担任梅州市首届名师工作室的主持人，有机会和一群志同道合的教师组成团队一起探索数学教学。我们一边把问题教学已研究的成果进行分享、物化，一边不断地改进。"自智数学"的阶段性成果不断涌现，课例获奖、对外展示，多篇论文和教学实录发表等等，出版 1 部专著《指向核心素养的小学数学教学探索与实践》于 2021 年 11 月由吉林教育出版社公开发行。我要在继续追求自己专业发展之路的同时，肩负起一个新的使命——做一粒教学的火种，毫无保留把自己的教育教学经验和教育教学技能与团队分享，把体会到的职业幸福感与团队分享，带动众多的教师投身学科研究之中，让更多的团队成员焕发出教育的光辉。

做教育的有心人，围绕着"自智数学""深度学习""核心素养"等关键词，我们从记录教育现象、记录课题研究、记录自己的感受、记录自己的思考开始，这些记录是思考和创作的源泉，把教育生活中这些一颗颗洒落的"珍珠"串起来，就编织成了一串美丽的项链——《让学生的素养在深度学习中生长》。由于水平有限，时间有限，书中难免有不足之处，恳请各位专家、读者指正。